『浄土真要鈔

頁	行	訂正前	
4	16	讒	
11	2	きらいがあるため、	きらいがあ 岸部氏の反 書 九八頁
25	2	『文類集』	
25	3	ではある。けれども	であるし、 なことにつ けれども
25	8	二、相伝日	
34	3	（d）	
37	7	（「この薬の譬えを」から始まる段落）	
61	5	（この点に注視」以下の一文）	

講読』訂正表

訂正後
（言偏を糸偏に訂正）
る。普賢晃壽和上の『中世真宗教学の展開』では、論の趣旨がより詳しく紹介されてはいるものの（同、それでもまだ簡略なように思われるため、
『取意鈔出』
そもそも『文類集』の全貌が不明である以上、正確いては何一つ言えないことは、その通りではある。
（「日」に「ママ」のルビを振る）
（f）
（段落全体を削除）
（削除）

松尾宣昭著

浄土真要鈔講読

永田文昌堂

はじめに

十四世紀初頭に成立したと推定される『浄土文類集』なる書物があった。その正確な内容は分かっていないが、真宗の先達が製作されたもので、平生業成・不来迎の法義を取り上げて様々な点より注釈を加えた書であったようである。しかし、この書物を見られた仏光寺の了源上人は、これでは分かりづらいのでもっと詳しい説明をつけてほしいとの要請を、存覚上人に出された。その要請に応えられた上人が述作され、元亨四年（一三二四年）了源上人に授与されたのが、『浄土真要鈔』である。『浄土文類集』を基としながらも、聖教の要文を更に添えて解釈し、あるいは問題的な箇所を削除し、また自らの領解するところを加えられたもので、存覚上人ご自身の著作と言ってよいであろう。

『浄土真要鈔』（以下『真要鈔』）は総論と問答より成る。総論の基本的な論調は、親鸞聖人の一流こそ二尊より善導大師そして法然聖人へと伝承された念仏往生の教えを継承している正統であるとの力強い主張である。続く問答は十四あるが、テーマで分類するなら、①平生業成・現生不退・不来迎、②一念・多念、③胎生・化生、④善知識の四種類に分かたれる。とはいえ中心となるのはやはり①であって、残りは①への応答の中で付随的に出てきたテーマである。

最初から所謂「六三法門」を知らされ、臨終来迎不要なりと教えられる現代の我々とは違って、コンパクトで系統立った真宗概説書もなければ、お聖教を読めるのも極々一部の学僧だけでしかなかった当時において、臨終来迎を否定することはまさに人々の「耳をおどろかす」ことであった。なにしろ『大経』三輩段、『観経』九品段、『小経』因果段のすべてにわたって臨終来迎が説かれているのである。加えて法然聖人も、確かに臨終来迎を待って初めて往生決定すなどとは説かれなかったとはいえ、それでも念仏行者には臨終来迎の利益が恵まれることを説かれていた。そうした中で、宗祖は敢えて不来迎・平生業成義を説かれた（宗祖の教えには「平生業成」の言葉はないがその概念は明確にある。『尊号真像銘文』における第十八願文への釈や善導の「摂生増上縁」の文に対する釈などを見よ）。宗祖そしてそれを継承された覚師存師のご苦労には、いろいろな意味で大変なものがあったことと推察されるのである。

思うに、真宗の不来迎・平生業成義の源泉は、法然道場において、久遠からの如来の喚声である南無阿弥陀仏（われを憑め、助けるぞ）を聞信された宗祖親鸞聖人の体験にあった。それは、如来の喚声は常に既に今ここに到来して下さっていたのかという驚きを伴っていたと思う。常に既にわれを摂取して捨てたまわない本願力のたのもしさに目覚められた。それが即ち本願力を憑んだこと、本願力に乗じたことであった。南無阿弥陀仏、南無阿弥陀仏と、今ここの平生において、常に既に本願力がはたらいて下さっている。どうして臨終を待つ必要があろうか。来迎をたのむ必要があろうか。われの三業がどうであろうとそんなこととは無関係に、どんな場合でも、常に既に南無阿弥陀仏が一方的に到来して下さっている。われへと回向されたる他力がこうして徹到して下さっているではないか。つまりは平生業成・不来迎義とは、宗祖聖人の全分他力回向の法義から自ずと帰結する教えなのである。

平成二十八年夏安居の副講を拝命し、『浄土真要鈔』を講じさせていただくこととなった。本派安居における『真要鈔』の講読は、筆者が調べた限りでは初めてのようである。

『真要鈔』は主として真宗教学史の研究対象となる聖教である。教学史はそれぞれの時代環境からの影響のもとに各教学の特色を見ていこうとする。環境には個人史的環境も含まれる。存覚教学の場合であれば、天台宗にて修学された後、西山派の阿日房彰空の教えを受け、また密教の受法をもなされたといった個人史が、後年の教学に、例えばこの『真要鈔』に、どのようなかたちで反映しているかといったことが問題となるであろう。あるいは同じく天台宗にて修学され、西山派のみならず一念義や長楽寺流の教学をも学ばれた覚如上人の教学と、どのような違いがあり、その違いが生まれざるを得なかったのはいかなる理由によるものであったかといったことも、問題となるであろう。個人史的環境よりも更に重視されるべき観点は時代状況である。『真要鈔』で批判されている浄土異流とは、具体的にはいかなる流れのことであったのか、異流の教学のどこがなぜ批判されねばならなかったのかについて、『真要鈔』当面における記述を更に超えた細部にまで立ち入って、上人が否定的に見ておられた異流教学の相貌を詳細に描き出す、それによって『真要鈔』成立の必然性が我々により強く感じられるようになる ― そういった研究が、教学史研究では求められている。筆者もその重要性についてはいささかの疑問も持つものではない。

しかしながら筆者によるこの『真要鈔』講読では、そのような教学史的観点からの学問的講読は、できない。基礎的な御法義を折に触れて確認しつつ、時として疑問や感想を差しはさみながら、この聖教を一通り有り難く拝読させていただくのみである。ただ、そうならざるを得なかった理由については、いささかの釈明を要するだろう。

真宗学における筆者の専門分野は所謂「宗乗論題」中の「外題」と称されるものである。大正十五年、勧学寮にて安心論題三十題、教義論題七十題（以上を「正題」と称する）、そして「秘事法門」「十劫安心」「知識帰命」等々の異安心に関する論題である附題十題が定められた。この附題と先の正題とを併せて「内題」と称する。「外題」は、この内題には含まれないそれ以外の論題を意味する。それは近世以降の実証主義的問題意識や明治以降の哲学的問題意識によって提出された新種のテーマ群であって、「大乗仏説」「往生主体」「輪廻転生」「宿業義趣」などの二十題が選定されている。このようなことを専門にしているため、真宗教学史については素人同然であって、『真要鈔』についての学術研究書を上梓する能力が筆者にないことは明らかであった。浄土異流の一次文献を読み込むことは、毎日の法務に追われる身にとっては、一年足らずの期間では到底無理であった。言うまでもないが、一次文献を消化せずに研究書解説書のたぐいに頼って論ずるほど危険なことはない。そこで本講では、浄土異流については『真要鈔』当面の記述をなぞるにとどめ、それ以上の立ち入った論及は控えることにした。

かくて本書は、『浄土真要鈔』という御聖教を通して筆者自身が弥陀名号法のお聞かせにあずからせていただいた、という性格のものである。筆者の勉強報告書にすぎないとも言える。しかも報告書としてもはなはだ不完全であって、特に『選択註解鈔』と『六要鈔』に対する参照がはなはだ不十分なものに終わってしまったことには、悔やみきれないものがある。時間に追われて後半が駆け足になってしまったことにも忸怩たる思いがある。それでも本書になんらかの意味があるとすれば、それは、いかなる時代環境においても弥陀名号法が間違いなく伝承されてきたその一つのしるしがこの『真要鈔』であることを、本書全体を通して示し得た点に求められるのではないか(そう信じたい)。時代環境がどのように教学に影響しているかについての理解は、どのような時代環境的影響があろうともそれに影響されずに一貫して伝承されているものについての理解と、表裏一体なのである。

貧しい勉強報告書でしかない本書であってすら、多くの方々の御指導、御協力なしには成り立たなかった。記して謝意を表したい。

まず筆者が細々とであれ真宗学の研究を続けることができたのは、今から二十年以上も前に、即如前御門主様主宰の光華会で何度も研究発表の機会を与えていただき、また宗乗余乗の若い研究者の方々と交流させていただいたおかげである。前門様より蒙りたる重恩に対し、甚深の謝意を表するものである。

次に、真宗学のゼミでどのような不躾な質問をしても常に真摯な態度でお答え下さった恩師、岡亮二先生。まことに不遜ながら今となっては先生の学説には追随できないものもあるとはいえ、いただいた深重のお育てには、いくら感謝してもしきれない思いで一杯である。稀有のしあわせを喜ばずにはいられない。

第三に、富山龍谷教学会議の先師、中西智海和上はじめ諸先生方。ならびに、富山教区富山組教学部主催「聖教を学ぶ会」をお世話して下った（下さっている）御住職方。地元のこの二つの会から十年以上にわたって有り難い法縁を頂いていることに、深く感謝するものである。

そして、この講本を書くに当たって御指導いただき、あるいはお世話になった多くの方々。煩わしい質問に快くお答え下さった内藤知康和上、原稿を通読して的確な御教示を下さった赤井智顕師と西塔公崇師、文献入手および校正にご尽力いただいた安部智海師と金澤豊師に、深く御礼申し上げる。とりわけ赤井師には、大谷大学まで出向いて『取意鈔出』の恵空写本を閲覧していただく等をはじめ、大変な御苦労をおかけし、もはや感謝の言葉もないほどである。心から御礼申し上げたい。

最後になったが、いろいろと無理を聞き入れていただき、ご迷惑をおかけした永田文昌堂の永田唯人様に、御礼申し上げる次第である。

平成二十八年七月

富山の自坊にて

松　尾　宣　昭

目　次

凡例

一、『真要鈔』本文は本派本願寺蔵永享十年蓮如上人書写本を底本とするが、『浄土真宗聖典全書 四』所収の翻刻に従い、本文の片仮名は全て平仮名とした。また同全書の翻刻に当たり翻刻者によって鍵括弧が付加されているが、その付け方については、読み易さを勘案し、原則として『浄土真宗聖典（註釈版）』所収の同鈔におけるそれに従うことにした。但し場合によっては鍵括弧を外した箇所もある。

一、『真要鈔』本文及び跋文を除き、和語聖教の引用に当たっては、読み易さを考慮して、平仮名文中の一部を漢字表記にした場合もある。同じ理由から読点の加減も行った。

一、漢語聖教の引用に際しては、漢文は訓み下し、送り仮名は平仮名表記とした。また「専ニシテ」を「専らにして」としたように、送り仮名を補った場合もある。また「若し」「縦令」「也」等、現在では漢字表記を避けることを通例とする語については、平仮名表記に変更した。

一、『真要鈔』を含む全ての聖教の引用に際して、旧字は常用漢字を含む現行の通行体に変更した。

一、宗祖のいわゆる左訓は、漢字混じりの平仮名書きに置き換えた。

一、各種講録等の古い文献からの引用に当たっても、その片仮名文を平仮名文に変換した。「ゝ」「ゞ」等の現代では使われない表記も置き換えた。

一、引用文中の丸括弧（　）内の語句はもともとの引用文中にある語句である。ただ、引用当面にあたってはそれらの語句は単に補助的に読んで頂きたいという意図から引用者（松尾）が丸括弧で括ったものである。また引用文中の中括弧〔　〕内の語句は引用者自身が付した補充である。
一、『般舟讃』からの引用に当たっては偈頌の毎行ごとに繰り返される「願往生」「無量楽」の二句は全て省略した。
一、経論釈の表題の略称は、『大経』『論註』『観経疏』『選択集』等々、概ね宗学の慣用に従った。
一、全集の文献タイトルは以下の略号にて示し、併せて巻数がある場合は巻数を漢数字で二重鍵括弧内に表記した。

『浄土真宗聖典　註釈版』→『註釈版』

『浄土真宗聖典　七祖篇』→『註七祖』

『浄土真宗聖典全書』→『聖典全』

『真宗聖教全書』→『真聖全』

『大正新脩大蔵経』→『大正蔵』

一、『聖典全』『註釈版』『註七祖』『真聖全』から引用する場合、その頁数の表記にあたっては、頁数を表す漢数字のみ記し、漢数字に通常続く「頁」の字の表記は全て省略した。その他の文献についてはその限りではない。
一、引用文の多くには『聖典全』と『註釈版』（または『註七祖』）の両方の頁数を併記したが、段落内における最初の引用ではそれを（例えば）「『聖典全　四』四八四・『註釈版』九五八」と表記するとしても、同じ段落内に続く引用がある場合には、聖典の略称さえ省略して単に（例えば）「同上　四八六・九六一」と表記した。その意味は、「上と同様、『聖典全　四』四八六頁・『註釈版』九六一頁」ということである。
一、古い講録等のタイトルは次のように略記した。

五乗院宝景『浄土真要鈔己卯録』→『己卯録』　頁数の表記は『真宗大系　第二六巻』における頁付けに従う。

開悟院霊晧『浄土真要鈔随聞記』↓『随聞記』　頁数の表記は『真宗全書 第四六巻』における頁付けに従う。
一乗院覚寿『浄土真要鈔略述』↓『略述』
池原雅寿『浄土真要鈔講録（上）（下）』↓『講録（上）』『講録（下）』

浄土真要鈔講読

序論

第一節　『浄土真要鈔』の成立

存覚上人（一二九〇～一三七三年）の生涯・著作の概要・学風等については、この序論の第三節にて掲げた参考文献を適宜参照して各自で確認していただきたい。一つだけ注意を促しておきたいのは、『浄土真宗聖典全書』『浄土真宗聖典註釈版』『真宗聖教全書』のいずれにおいても、覚如上人（一二七〇～一三五一年）の主要著作を一通り掲載した後に存覚上人の著作が掲載されてあるが、このことは覚師の著作が存師のそれに先行することを意味しはしない、ということである。両師の主要著作を年代順に並べてみる（撰述年代は『聖典全　四』各著作解題による。年代不詳のもの、真撰に疑義あるものについては掲載しない）。

制作年	覚如上人	存覚上人
一二九四	報恩講私記	
一二九五	御伝鈔〔草稿〕	
一三〇一	拾遺古徳伝絵詞	
一三二四		浄土真要鈔、諸神本懐集、持名鈔、破邪顕正抄、女人往生聞書
一三二六	執持鈔	
一三三一	口伝鈔	
一三三七	本願鈔、改邪鈔	顕名鈔
一三三八		決智鈔、法華問答、歩船鈔、報恩記、選択注解鈔
一三四〇	願願鈔	
一三四三	最要鈔	
一三五六		存覚法語
一三六〇		六要鈔
一三六二		讒解記
一三六六		嘆徳文

このように『浄土真要鈔』の成立は、覚如上人の重要著作『執持鈔』『口伝鈔』『改邪鈔』のいずれよりも前である。

さて、『真要鈔』の原本（撰者真筆本）は現存しないが、撰者が存覚上人であることは確定している。なぜなら、上人ご自身の作成による『浄典目録』に、『持名鈔』『弁述名体鈔』『破邪顕正申状』『諸神本懐集』『女人往生聞書』と共に『真要鈔』の名が挙がっており、「已上、空性了源の望に依りて之を草す」（『真宗全書　第七四巻』三頁）と記されているからである。仏光寺の空性房了源の求めによって撰述されたことが知られる。

撰述年代は元亨四年（一三二四年）、存覚上人三十五歳の時と推定される。なぜなら建武五年（一三三八年）の最古の現存写本にこの年号「元亨四歳」が記されている。それは奥書の冒頭においてであるが、この奥書はその内容から言って、存覚上人ご自身によるものであると見るのが自然だからである。『真要鈔』成立の背景をうかがうに当たって全文引用の価値がある。

元亨四歳　甲子　正月六日これを書記て釈の仏弟等に授与せしむるところ也。抑、この文をしるすおこりは、ひごろ『浄土文類集』と云書まします。これ当流の先達の御製作也。平生業成の義、不来迎の義、粗かの書にみえたり。しかるにその理、深遠にして、浅智のともがら心えがたきあひだ、なほ要文をそなへ、かさねて料簡をくは

へて、しるしあたふ。浅才の身、しきりに固辞をいたすと云ども、連々懇望のむね、もだしがたきによて、いさ
さか領解するおもむきをしるしおはんぬ。かの書を本体として、和言をくはへたてまつる。又、名をあらたむる
ゆへは、聖人の御作のなかに『浄土文類集』と云へる書あり。その題目、あひまかひぬべし。これさだめて作者
の題する名にあらじ。他人のちにこれを案ずる歟のあひだ、私に、いまこれを『浄土真要抄』となづくるものな
り。凡そいまのぶるところの義趣は、当流の一義也。しかれども常途の義勢にあらざるがゆへに、一流のなかに
おいてなほこの趣きを存ぜざる人あり。いはむや他人これに同ずべからざれば、左右なく一義をのぶる条、荒涼
ににたり。かたがた、そのはばかりありといへども、願主の命のさりがたきによてこれをしるすもの也。文字に
くらからむ人の心へやすからむ事をさきとすべきよし、本主ののぞみなるゆへに、かさねがさねことばをやわら
げ、一々に訓釈をもちゐるあひだ、ただ領解しやすからむをむねとして、さらに文体のいやしからむをかへりみ
ず。みむ人いよいよ嘲りをなすべし。かれにつけ、これにつけ、ゆめゆめ外見あるべからず。あなかしこ、あな
かしこ。

（『聖典全　四』五一九〜五二〇頁　欄外注）

要約すれば次のようになるであろう。

①当時、「当流の先達の御製作」である『浄土文類集』という書物があって、「平生業成の義、不来迎の義」が説かれていた。

②けれども、そこに説かれている道理は「深遠にして、浅智のともがら心えがたき」ものであったため、

存覚上人が「要文をそなへ、かさねて料簡をくはへ」「いささか領解するおもむきをしるし」新たな書物として、これを必要とする人々に与えた。

③その際、題名を『浄土真要鈔』から『浄土真要鈔』へと変更したのは、「聖人の御作のなかに『浄土文類集』と云へる書」即ち『浄土文類聚鈔』が存在しており、名目が紛らわしかったからである。

④また、この書の撰述が必要であったのは、平生業成・不来迎の義は浄土真宗の根本義であるにもかかわらず、「常途の義勢にあらざるがゆへに、一流のなかにおいてなほこの趣きを存ぜざる人」が存在しているからである。

⑤当流の者においてすら然り、「いはむや他人これに同ずべからざれば」、そうした世の反応を顧みずにこの義を述べることには「はばかりありといへども」それでも「願主の命のさりがたきによてこれをしるすもの」である。従って「ゆめゆめ外見あるべからず」。

ここから分かるのは、『真要鈔』が言わば内向きの書であることである。本鈔にはしばしば浄土異流批判が繰り広げられるけれども、それは決して対外的に論争を挑むような種類の批判ではない。それらは、当流において「なほこの〈平生業成・不来迎の〉趣きを存ぜざる人」に向けて、他流の教義に心を惑わされないように述べられたものである。「文字にくらからむ人の心へやすからむ事をさきとすべき」という本鈔の性格からして、本鈔は論争を意図した書ではない。にもかかわらず、異流批判を出さないで

は当流の不来迎・平生業成義は語れなかったとは、当時の浄土真宗が置かれていた歴史的状況を物語っているのであろう。(1)

ところで『真要鈔』成立の元亨四年とは、存覚上人が父である覚如上人から最初の義絶を受けて三年目に当たる。生涯二度にわたる義絶の事由については諸説あるが、本講読ではこの問題には触れない。ただ、存覚上人は真宗と浄土異流との相違は強調されることはあっても、例えば覚如上人のように三代伝持の血脈を主張されて本願寺のもとに真宗教団の統一をはかろうとするような意図は無かったようである。そのことは、本鈔はじめ前記五書を仏光寺の了源上人に授与しているという事実からも推し量れるし、そもそもかなりの問題点を含んだ『浄土文類集』―次節で示す―に対して、先ほどの跋文で**「『浄土文類集』と云書まします」**とか、**「かの書を本体として、和言をくはへたてまつる」**といったふうに敬語を使っていることからも、うかがえることである。問題はあっても同じ浄土真宗の流れを汲む人々が伝えている書物であるということで、敢えて敬意をもって接されているのであろう。(2)

なお、『真要鈔』の写本には、今回講読するような、総論と十四問答から成る広本と、第三問答後半・第六問答・第十四問答を欠いた略本との二系統がある。前述した最古の現存写本である建武五年写本は略本である。撰述から十五年も経たないうちに略本が造られた理由については『浄土真宗聖典全書　四』の『真要鈔』解説（『聖典全　四』四八〇～四八一）を見られたい。(3)

註

（1）　黒田浩明（他）「『浄土真要鈔』の研究 ― 存覚教学とその歴史的背景」（『同朋大学仏教文化研究所紀要　第三十号』）の中の一節、「『浄土真要鈔』執筆の背景としての『戒』考」は、当時の様々な事例を挙げて、「存覚の生きた時代は、一度は忘れ去られたかの如き『戒』という概念が再び脚光を浴び、仏教界全体を飲み込んだ時代であると考えられる」（同　一〇六頁）と述べ、『真要鈔』が真実報土への往生行として排除した「諸行」の、当時における具体例は持戒であったと考えられる、という仮説を提示している。なお戒については、存覚上人は『破邪顕正抄』の中で「戒はこれ仏法の大地、衆行の根本なり。これを受持せんは仏法の威儀なり。たれかこれを非せんや」（『聖典全　四』五九三・『真聖全　三』一六六）として一面では認めながら、しかしわれらのような「在家愚鈍の道俗」においては戒を「たもちうべきひとなし」が現状であるため、戒を顧みず「念仏の一行をつとむべき」（同上　五九四・一六七）だと勧められるのであるという、与奪の論法をもって論じている。

（2）　明和二年（一七六五年）刊行の叢書『真宗法要』所収の『真要鈔』写本の校異に掲載されている跋文（『註釈版』九五五～九五六）では、この敬語部分が全て取り去られている。

（3）　岸部武利「浄土真要鈔広本に就いて」には、この問題に関する詳しい考察がある。また川村伸寛「『浄土真要鈔』第三問答削除に関する一考察」（小島惠昭（他）「続『浄土真要鈔』の研究 ― 存覚の『親鸞一流』理解をめぐって」『同朋大学仏教文化研究所紀要　第三一号』）は、この岸部論文を批判発展させたものである。

第二節　『真要鈔』と『浄土文類集』

前節で見たように、『真要鈔』は『浄土文類集』（以下『文類集』）なる書を基にして述作された。その『文類集』であるが、原本はもとより、少なくとも『浄土文類集』と題された写本もまた散失してしまったようである。撰者も不明である（撰者問題については『聖典全書』の『真要鈔』解説に説かれている（『聖典全　四』四八〇）、そちらを参照されたい）。但し、『文類集』の一部ないし大部を伝えていると推測される文書の写本が現存している。それは『四部国字鈔』と『取意鈔出』なる文集であるが、それらについても原本は失われ（従って撰述年代は分からず）撰者も分かっていない。

まず『四部国字鈔』であるが、龍大蔵の明応四年（一六五八年）の写本によれば、この書は「浄土文類集」「十四行偈聞書」「願以此功徳文意」「女人最要鈔」という四種類の文章を集めたもので、その最初に置かれてあるのが「浄土文類集」である（『真宗史料集成　第五巻』二八九頁以下に翻刻あり）。その末尾に「写本云」として、「浄土真要鈔者斯鈔為本述作之者也」と記されてあるためであろうが、大正九年、橋川正氏は『四部国字鈔』所収の「浄土文類集」が、そのまま「真要鈔の底本」であるとした（橋川正『日本仏教文化史の研究』大正一三年、中外出版　三七八頁）。これに対し昭和四一年、岸部武利氏が反論した（『印度学仏教学研究　第十五巻　第一号』三〇九頁）。ただ、その反論はわずか二行にも満たないもので、簡略すぎるきらいがあるため、以下ではかなり敷衍して紹介する。

十八世紀に作成された三つの目録、即ち泰巌師の『蔵外法要菽麦私記』、僧樸師の『真宗法要蔵外諸書管窺録』、そして先啓師（大派）の『浄土真宗聖教目録』では、はっきりと『浄土文類集』という書名が挙がっている。つまり、十八世紀には『浄土文類集』と題された写本が、まだ散逸していなかったことになる。その『浄土文類集』を解題した泰巌師の文章の中に、『文類集』には「人法並彰故名阿弥陀」という善導大師『観経疏』からの引文があるとの記事があり、更にはその引文についての『文類集』の釈文は「全く『他力信心聞書』に同じ」と述べられてある（『真宗全書　第七四巻』六七頁）。この『他力信心聞書』は仏光寺の了海上人（一二三九～一三一九年）の作ではないかと推測されるものである（同上）。つまり『浄土文類集』は、それと同時代に成立したと推測される『他力信心聞書』の一部を含んでいた、ということになる。原初形態での『文類集』にはくだんの一部はなくそれが編入されたのは後世の増広であるという可能性は、その可能性を積極的に想定すべき根拠が現時点では無いので、空虚な可能性として無視しても構わない。

他方、同じく『文類集』を解題した僧樸師の文章の中に、『文類集』が「華厳二文を引」いているという記事があり、続いてやはり善導大師の「人法並彰の義を釈」する段があることを述べて、「この一段、全く『還相回向聞書』の意にて」、一部の文章は『還相回向聞書』の文と同文であると指摘している（『真宗全書　第七四巻』九六頁）。この場合も、この同文部分の挿入が後世の増広かもしれない可能性は、先と同じ理由によって無視してよい。ところで、この『還相回向聞書』は、やはり了海上人述作とされるものであるが、先の『他力信心聞書』の場合よりも更なる確からしさでもってそのように推定されている（『真宗史料集成　第五巻』三三頁、及び前掲岸部論文同頁）。つまり『文類集』は、その原初形態において、それと同時代に成立した『還相回向聞書』の一部をも含んでいた、ということになる。泰巌師が『文類集』自身を「これ仏光寺了海の作とみえたり」（『真宗全書　第七四巻』六七頁）とされたのも、無理のないことであった。

かくて『文類集』には、『華厳経』からの引文が二箇所、そして、ともに了海上人作と推測される右記二文書からの部分的な流用があった、との推測が成り立つ。この推測が正しければ、橋川氏の仮設は破棄されるべきことが帰結する。なぜなら、橋川氏がそのまま『文類集』であるとされたところの『四部国字鈔』中の「浄土文類集」には、『華厳経』からの引文もなければ、『他力信心聞書』『還相回向聞書』からの流用もないからである、かくて、『四部国字鈔』中の「浄土文類集」は、本来の『文類集』の全貌を伝えてはいない。これが橋川氏に対する岸部氏の反論であった。

岸部氏は反論するにとどまらず、『文類集』の全貌により近い伝承本として『取意鈔出』なる書の存在を指摘した。和歌山市真光寺蔵の室町時代末期の写本を古写本とし、谷大蔵の江戸時代初期の恵空伝写本その他の新しい写本とも比べて大きな相違はないとのことである。この『取意鈔出』はその前半が『四部国字鈔』中の「浄土文類集」とほぼ完全に一致し、その後半には問題の『華厳経』引文と、『他力信心聞書』『還相回向聞書』との部分的同文が含まれている。加えて、『般舟讃』と「龍樹偈」、および『涅槃経』からの引文も認められるが、そのうち『般舟讃』と『涅槃経』からの引文は『真要鈔』でも採用されているものである。というわけで、この『取意鈔出』には原初形態の『文類集』が、先の場合と比べ、より全貌に近いかたちで収められていると推測してよい、ということになる。

さいわい名古屋市祐誓寺（住田智見師自坊）の「蓬戸山房文庫に所蔵される恵山（恵翁）書写の」『取意鈔出』が、『同朋学園仏教文化研究所紀要　第三号』（昭和五六年）にて翻刻されている。同写本末尾に「右写本者師恵空之自筆也　校合畢」と記されているように、先述の恵空伝写本を忠実に書写したものであり、従ってまた岸部氏の先ほどの報告を信頼するならば、この恵山書写本もまた室町末期の古写本とも大きな相違はないことになる。そこで、同翻刻は普賢晃壽和上の『中世真宗教学の展開』に掲載済みではあるけれども、資料的価値大と見て、少し掲載方法を変更した上で、以下に掲げることにする。『真要鈔』とほぼ同文の文章を太字で示し、大意ないし趣意が同じであると認められる文章を傍線で示す。いずれの場合も、それら一連の文章の区切りがついた直後に、『真要鈔』のどの文章と同じ（ないし同じ趣旨）なのかを示すために、『真要鈔』の頁数を付す。

冒頭のタイトル「取意鈔出」は「表紙貼題箋に記された題」であり、次の「浄土文類集に曰　取意鈔出」は、それに続く数行に対するタイトルではなく、この『取意鈔出』全体に対するものと考えられる(1)。その意味では副題ないし内題に準ずるものと言ってよいかもしれない。続いて、この『浄土文類集』を貫く核心テーゼとして「来迎は諸行往生にあり」云々の文を掲げ、このテーゼを「相伝に云く」以下によって解釈していく、という体裁になっている。なお、このテーゼは『末燈鈔』冒頭また『執持鈔』でも冒頭に置かれた親鸞聖人の有名な言葉であるが、『末燈鈔』の編集は一三三三年、『執持鈔』は一三二六年の成立とされているから、それよりも以前に、この『浄土文類集』がそれを伝えていたということになる。

取意鈔出

浄土文類集に曰　取意鈔出

来迎は諸行往生にあり。自力の行者なるがゆへに。臨終まつことと来迎たのむことは、諸行往生のひとにいふべし。真実信心の行人は、摂取不捨のゆへに、正定聚に住す。正定聚に住するがゆへに、かならず滅度にいたる。滅度にいたるがゆへに、大涅槃を証するなり。かるがゆへに、臨終まつことなし、来迎たのむことなし。〔以上『聖典全 四』四八九・『註釈版』九六四〕　已上

相伝に云く

他力真実の信心の行人は、第十八の願の信心をえて、第十一の必至滅度の願の果をうるなり。これを念仏往生といふ。〔以上『聖典全 四』五一〇・『註釈版』九八六〕自力不真実の虚仮の善人は、第十九の願にちかひまします「修諸功徳乃至現其人前者」の文をたのみて、極楽にのぞみをかく。しかれども、もとより諸善は本願にあらず、かの土の生因にあらざるがゆへに、往生をとげず。しかれども、遠生の縁となるがゆへに、しばらくこれを諸行往生と名づけたり。この機のためには臨終を期し、来迎をたのむべしとみえたり。これみな方便なり。されば願文の仮令の句は、現其人前も実義にあらざるかたをあらはさるることばなり。この機は臨終正念に住し、来迎まちえずしては、辺地胎生までも生ずることあるべからずとみえたり。〔以上『聖典全 四』五一二～五一三・『註釈版』九八八～九八九〕しかるに、

いまの時の凡夫、煩悩あつく、先業のがれがたければ、臨終おもひのごとくならんこと、おほきに不定なり。**しかれば、本願にあらざる不定の**諸行**往生を執せんよりは、仏の本願に順じて、臨終を期せず来迎をたのまずとも、一念の信心さだまれば平生に決定往生の業成就する念仏往生の願にまかせて、他力をたのむべきなり。**〔以上『聖典全 四』五一三・『註釈版』九八九〕

『大無量寿経』四十八願の中の**第十八願に**のたまはく、**「設我得仏、十方衆生、至心信楽、欲生我国、乃至十念、若不生者、不取正覚」**文。この願文に臨終平生の沙汰みえず。**ただ至心信楽の機**のうへに**十念往生**といへり。**しかれば、臨終に信楽せば臨終に往生治定すべし。平生に至心せば平生に往生決得すべし。しかるにわれらは、すでに平生に聞名欲往生の義あり。ここにしりぬ、臨終の機にあらずといふことを。**これによりて臨終をふたたびまつべからずとなり。〔以上『聖典全 四』四九一〜四九二・『註釈版』九六六〜九六七〕同経の下巻の願成就の文にのたまはく、

「諸有衆生、聞其名号、信心歓喜乃至一念、至心回向、願生彼国、即得往生住不退転」文。

因願に十念といへる。至極短命の根機にかふらしむれば、なを難成なり。これによりて、いまの願成就には一念とつづめられたり。これ易行他力の至極をあらはさるるなり。**信心さだまるとき往生を証せんこと、その証なり。**〔以上『聖典全 四』五〇二〜五〇三・『註釈版』九七八〕

『大無量寿経』下巻に言はく、**「諸有衆生、聞其名号、信心歓喜乃至一念、至心回向、願生彼国、即**

得往生住不退転」。この文のこころは、よろづの衆生、無碍光如来のみなをききえて、生死出離の強縁これにすぐべからずと、よろこびおもふこころの一念をこるとき、往生はさだまるぞとなり。一念といふは、相好光明等の功徳を観想する念にあらず、ただかの如来の御ちかひをききえて、機教の分限をおもひさだむるくらゐをさすなり。〔以上『聖典全 四』四九二～四九三・『註釈版』九六七〕これを光明寺の大師も「相応一念」と釈したまへり。「相応」といふは、如来のちかひにあひかなふとなり。「往生」といふは捨此穢身の時分にあらず、無始已来輪転六道の妄業、一念南無阿弥陀仏と帰命する仏智無生の名願力にほろぼされて、涅槃畢竟の真因はじめてきざすところをさすなり。すなはちこれを「即得往生住不退転」とときあらはさるるなり。「即得」といふは、やがてうるといふことなり。一念帰命の解了たつとき、往生やがてさだまるとなり。「うる」といふはさだまるこころなり。この一念帰命の信心は凡夫自力の迷心にあらず、如来清浄本願の智心なり。しかれば二河の譬喩にも「能生清浄願往生之心」と釈したまへり。凡夫我執の心ならば清浄の心とは釈すべからず。経にはこれを「令諸衆生功徳成就」ととけり。しかれば法蔵比丘、難行苦行積功累徳のいにしへ、未来衆生往生浄土のたねは成就をはりにき。そのことはりをききうる位に、無碍光如来の光明、かの帰命信心を摂取してすてたまはざるなり。これを『観無量寿経』には「光明遍照十方世界、念仏衆生摂取不捨」ととけり。〔以上『聖典全 四』四九三～四九五・『註釈版』九六八～九七〇〕「念仏」といふは摂取不捨といふことにてあるなり。

「摂取不捨」といふは、弥陀仏のひかりのなかに、われら凡夫をおさめとりてすてずといふことなり。〔以上『聖典全 四』四九五・『註釈版』九七〇〕仏のひかりといふは、智恵きはまりさとりのあらはれたるところなり。この智恵のなか、さとりの中に、まよひふかくさはりおもき無善の極悪の凡夫をおさめとて、へだてなく一体に生じたまへるなり。この心を「かれこれの三業あひ捨離せず」と釈したるなり。まことに仏の智恵におさめとられたる身なれば、わが三業のほかには仏の三業ましますべからず。かくのごとく仏とわれと一になりぬれば、口に称し、心に念じ、身に礼したてまつる三業の行、ことごとく仏とひとつになりたる功徳なれば、我等がために仏になりたまへる阿弥陀仏はすなはち我等が行にてあるなり。しかれば口に南無阿弥陀仏の名号を称す。「南無」とは、我等が帰命、仏とへだてなしとおもふこころなり。この心をはなれては阿弥陀仏の体ましまさざれば、南無阿弥陀仏といふは、仏とわれとへだてなしといふことを、口にもとなへあらはし、こころにもこのことを念じ、身にもかく我等を摂取したまふ仏とおもふ心より礼したてまつる。三業になすところ、みな仏とわれらとひとつになりたる功徳にてあるなり。これを「摂取不捨」とはときたるなり。かく仏とへだてなくなりて、いかなることありてか凡夫の往生うかる〔↓往生うたがふ〕べきや。疑はんと思とも、かなふべからざることにてあるなり。

般舟讃に云く

なんぞ今日、報国にいたることを期せん。まことにこれ娑婆本師のちからなり。**もし本師知識のすすめにあらずば、弥陀の浄土にいかんしてかまいらん。**〔以上『聖典全 四』四八六・『註釈版』九六〇〕

又云はく、三途をまぬかるることをうることは、知識の恩なり。もし知識をしへて仏をとなへしむるにあらずば、いかにしてか弥陀国にまいることをえん。

龍樹偈に云く

善友のをしへなければ、愚痴の闇いでがたし。知識のをしへにあはざれば、また三界のかなしみ、まぬかれがたし。又云はく、一切の草木なをこれ善知識なり。いかにいはんや、よき同行をや。

涅槃経に曰く

一切梵行の因は善知識なり。一切梵行の因、無量なりといへども、善知識をとけば摂尽しぬ。〔以上『聖典全 四』五一八・『註釈版』九九五〕わが所説のごとし。一切悪行の因は邪見なり。一切悪行の因、無量なりといへども、もし邪見をとけば、すなはちすでに摂尽しぬ。又云はく、善男子、第一に真実の善知識といふは、いはゆる菩薩諸仏なり。世尊なにをもてのゆへに〔↓いはゆる菩薩諸仏世尊なり。なにをもつてのゆへに〕。つねに三種の善調御をもてのゆへなり。何等をか三つとする。一には畢竟軟語、二には畢竟呵責、三には軟語呵責なり。この義をもてのゆへに、仏菩薩はすなはちこれ真実の善知識なり。又つぎに善男子、仏および菩薩を大医とするがゆへに善知識となづく。なにをもてのゆへに。病をしりて薬をしる、病に応じて薬をさづくるがゆへに。譬へば、良医のよき八種の術のごとし。まづ病相を観ずる。相に三種あり。何等をか三つとする。いはく風熱水なり。風病の人には、これに蘇油をさづく。熱病の人には、これに石蜜をさづく。水病の人には、これに薑湯をさづく。病根をしるをもて薬をさづくるに癒ことをう。かるがゆへに良医となづく。仏および菩薩またかくのごとし。もろもろの凡夫の病をしるに三種あり。一には貪欲、二には瞋恚、三には愚痴なり。貪欲の病にはおしえて骨相を観ぜしむ。瞋恚の病には慈悲相を観ぜしむ。愚痴の病には十二因縁を観ぜしむ。此義をもてのゆへに**諸仏菩薩を善知識となづく。たとへば船師のよく人を渡すがゆへに大船師となづ**

くるがごとし。諸仏菩薩もまたかくのごとし。諸の衆生をして生死の大海をわたす。この義をもてのゆへに善知識となづく。〔以上『聖典全 四』五一七・『註釈版』九九三〕抄出

華厳経に云く

なんぢ、善知識を念ずること、〔われを生ずる〕**父母のごとし。われをやしなふ乳母のごとし。菩提心を増長す**〔↑わが菩提分を増す〕。〔以上『聖典全 四』五一八〜五一九・『註釈版』九九五〕衆疾を医療するがごとし。天の甘露をそそぐがごとし。日の正道をしめすがごとし。月の浄輪を転ずるがごとし。又云はく、如来大悲、世間に出現して、あまねくもろもろの衆生のために、無上法輪を転じたまふ。如来、無数劫に勤苦せんことは、衆生のためなり。いかんしてか、もろもろの世間、よく大師の恩を報ぜん。已上〔以下末までの〈 〉で括った文章は『他力信心聞書』の一部（『真宗史料集成 第五巻』五四〇〜五四一頁）とほぼ同文〉〈善導和尚の云く、「人法並彰故名阿弥陀仏〔人法並べ彰す、ゆゑに阿弥陀仏と名づく〕」と。云々 これすなはち、法といふは他力の法、人といふは他力の行者なり。この二つよりあひて阿弥陀仏となるなり。たとへば、田をつくるは、食をなさんがためなり。春、田をかへすよりはじめて、うへ、草とり、稲になして、かりをさめ、も

みになし、米になし、飯になして、そなふるをえて、くふとき、食にはなるなり。法藏比丘そこばくの思惟をめぐらして、かまへたまへる法食を、われらたまはりて、禅悦のあぢはひを南無阿弥陀仏となめぬるとき、食を成ずるなり。そなふる人とうけとる人と、よりあふて食を成ずるがごとくに、法と人とよりあふて阿弥陀仏となると、のたまへり。また、阿弥陀といふは願なり。仏といふは力なり。願といふは法なり。力といふは世々の光徳なり。願よく力をたもち、力は願をたのみて、願力ともにあひたすけて成就するを、阿弥陀仏といふなり。かるがゆへに仏の願の成就するは衆生の往生するゆへなり、衆生の往生するは仏の願の成就するがゆへなりとは、のたまへるなり〉。〔以下末尾までの《　》で括った文章は『還相回向聞書』の一部（『真宗史料集成　第五巻』一一九〜一二〇頁）とほぼ同文〕《たとへば、公家には宣旨の目印、武家には御教書の所判、本主は動ぜずといへども、十方にその意趣を達したまふにさはりなく、用滅ぜざるがごとし。弥陀はかしこに住して動じたまはずといへども、智恵をしてここに生ぜしめて、利益をほどこしたまふと、なんの疑かあらん。浄土の仏法は、ひとへに唯仏与仏の知見なれば、凡地の境界にあらず。かるがゆへに此の方便をして、周遍法界の体をも、言語道断の法をも、衆生にさとらしめたまふなり。これをもてしるべし。人倫の情すら身を動ぜずして威を十方にあらはす。いはんや仏智の不思議力をして智恵を娑婆にほどこし、利益を十方に遍満したまふ方便、たれか疑をなさん。まさに教化地のみことばを信ずべきことはり、このたとへにあらはれたり。あやしの民なりといへども、上の綸言を帯しぬれば、いかなる関城のかためにもさへられず。王位の威のおもきがゆへに。教化地の諸大菩薩は、かの弥陀法王の使者として、娑婆界にいでて、本願の宣旨を帯してましませば、四重の鉄囲山をもうちくづして、こころざす衆生を化度したまふにさはりなし。当体の面目をまほりて自由をなすべからず。本主の願力を信じて恩徳をあふぐべし。》

右写本者師恵空之自筆也　校合畢　恵山筆

さて、以上を見ると、『真要鈔』が採用した（『取意鈔出』が伝えていると推測されるところの）『文類集』の文章は、平生業成・不来迎義についてのものに集中していることが分かる。即ち、まず善知識に関する文章はごく短く刈り込まれており、次に「彼此三業不相捨離」や仏凡一体に関しての、真宗義より逸脱するかのような表現は、完全に削除されていることが見て取れる。

まず前者の点についてであるが、なるほど『真要鈔』でも平生業成義を伝えて下さった善知識のご恩について説かれはする。けれども、それに対応する『文類集』の部分は、右を一瞥しただけで分かるように、『真要鈔』におけるとは比較にならないほど、全体に対して大部を占めるものであった。

存覚上人は、『文類集』における「龍樹偈」『涅槃経』『華厳経』からの引文、および最後の『還相回向聞書』からの引文については完全に切り捨てられるか、ごく刈り取られた形でのみ採用された。真宗義から知識帰命的な印象を極力排除せんとする上人の意図が、はっきりとうかがえる。

次に第二の点について。平生業成は宗祖において現生不退と一体であるが、現生不退義における重要語句「摂取不捨」に関連して、『文類集』では善導大師の「彼此三業不相捨離」を引き、それを「わが三業のほかには仏の三業ましますべからず」という神秘主義的とも言うべき表現でもって解釈している。「南無阿弥陀仏といふは、仏とわれとへだてなしといふことを、口にもとなへあらはし、こころにもこのことを念じ、身にもかく我等を摂取したまふ仏とおもふ心より礼したてまつる。三業になすところ、みな仏とわれらとひとつになりたる功徳にてあるなり。これを『摂取不捨』とはときたるなり」などという解釈は、真宗義では認められないものであって、存覚上人はこれを完全に削除されている。

なお、別に『真宗意得鈔』なる書物があり、右に掲げた『取意鈔出』中の、願成就文の引用から始まり『観経』の「光明遍照十方世界、念仏衆生摂取不捨」まで続く一連の文章と、ほぼ同文の文章を含んでいる。この書も、撰者は覚如説、存覚説、蓮如説、性信説と全く定まっていない。『真宗史料集成　第五巻』（三三四～三三五頁）に翻刻所収されているので、解題（同　四八頁）をも含めて参照されたい。

さて、改めて『取意鈔出』と『真要鈔』とを見比べてみると、『真要鈔』にそのまま用いられている『文類集』の文章は『真要鈔』全体の一割五分にも満たないことが分かる。もっとも、それらは結構重要な内容の文章ではある。けれども、そのことを差し引いても『真要鈔』は存覚上人の著作だと言ってよいであろう。従って本講読では、『文類集』からの流用の問題についてはこの序論で敢えて打ち切り、本文講読では『真要鈔』を全て存覚上人の文章として拝読するという方針を取ることにしたい。

註

(1) 岸部論文では「取意鈔出は、一、浄土文類集曰、二、相伝曰、三、般舟讃云、四、龍樹偈云、五、涅槃経曰、六、華厳経云という項目をもっており」という書き方になっており、恐らくこれに影響されたためか、宗学院の『古写古本真宗聖教現存目録』(昭和五一年)でも、「内容は左の如し。一浄土文類集曰二相伝云三般舟讃云四竜樹偈云五涅槃経曰六華厳経云(恵空伝写本)」となっており、『註釈版』欄外注(『註釈版』九九六)も同じ体裁になっている。これらの漢数字の付け方を見ると、「浄土文類集曰」は「相伝曰」「般舟讃云」「龍樹偈云」「涅槃経曰」「華厳経云」と並列的なタイトルのように見えてしまうであろう。しかし現物の恵空伝写本(大谷大学蔵)で確認すると、これらの漢数字は一切、無い。岸部氏が論文上で親切のつもりで、しかし不用意につけてしまったものと思われる。真光寺蔵古写本の現物は確認できなかったが、古写本にはあった漢数字が全て省略されたとは考えにくいことではないかと思う。本講では『取意鈔出』の冒頭の「浄土文類集曰」のタイトルは、「相伝曰」以下の五つのタイトルと並列的なものではなく、それらを全部包括したところの、本文全体に対する総タイトルであると理解しておく。因みに赤井智顕師に依頼して龍大写字台文庫蔵の『四部国字鈔』写本の当該箇所を確認してもらったところ、最初に「浄土文類集」という題で一行が切ってあり、改行の上で「来迎は諸行往生にあり」から「来迎たのむことなし 已上」までの文章が続き、そして改行なくして続けて「相伝にいはく」以下の文章が始まっていることが確かめられた。つまり冒頭の「浄土文類集」の文字は「相伝」として掲載されたる文章をも含めた全体に対する表題として理解するのが自然な体裁となっていた。このことは、『取意鈔出』での「浄土文類集曰」が「相伝云」以下全文を包括した総タイトルであるとの上記の理解を強めるものと言えよう。

第三節　底本・写本・参考文献

底本については本書の凡例を見られたい。写本については『聖典全 四』の解題を見られたい。
本講本執筆に当たってしばしば参照した書物は以下の通り。本派における『真要鈔』の大部の講録（翻刻されているもの）が見当たらなかったので、大派の講録に頼らざるを得なかった。

五乗院宝景、浄土真要鈔己卯録（文政二年）『真宗大系 第二六巻』所収

開悟院霊暀、浄土真要鈔随聞記（文政七年）『真宗全書　第四六巻』所収
吉谷覚寿、浄土真要鈔略述（明治三九年）西村護法館
池原雅寿、浄土真要鈔講録（大正一一年）大谷派本願寺寺務所編纂課

以上が大派の系統である。本派系統としては、

神子上恵龍、浄土真要鈔（昭和一〇年）小山書店『聖典講讃全集　第六巻』所収
普賢晃壽、真宗のすくい ─ 『浄土真要鈔』のこころ（昭和六〇年）本願寺出版部

が『真要鈔』の解説書である。『真要鈔』はじめ存覚教学の諸問題について論じられた書物としては、

普賢晃壽、中世真宗教学の展開（平成六年）永田文昌堂
林智康（編）、存覚教学の研究（平成二六年）永田文昌堂

が挙げられる。

また『真要鈔』全文の現代語訳は以下に収められている。

細川行信、真宗教学史の研究 ─ 『口伝抄』『浄土真要鈔』（平成二年）法蔵館

『真要鈔』関係の学術論文としては、右記『中世真宗教学の展開』と『存覚教学の研究』に所収の諸論文の他、調べた限りでは以下のものがあった。教えられるところが多かったが、時間の制約上、この講本にあまり活かすことができなかったことが悔やまれる。

赤井智顕、存覚上人における一念多念観（平成二四年）『宗学院論集　第八四号』
井上見淳、真宗教学史における来迎理解とその源泉（平成二二年）『真宗学　第一二一号』
織田顕信（他）、共同研究 ― 蓬戸山房文庫所蔵恵山書写真宗史料（昭和五六年）『同朋学園仏教文化研究所紀要　第三号』
梯實圓、初期真宗における善知識論の一形態（平成六年）『中西智海先生還暦記念論文集　親鸞の仏教』
葛野洋明、存覚上人の証果論（平成一二年）『印度学仏教学研究　第四九巻　第一号』
岸部武利、浄土文類集について（昭和四一年）『印度学仏教学研究　第十五巻　第一号』
岸部武利、浄土真要鈔広本に就いて（昭和四二年）『印度学仏教学研究　第十六巻　第一号』
黒田浩明（他）、『浄土真要鈔』の研究 ― 存覚教学とその歴史的背景（平成二三年）『同朋大学仏教文化研究所紀要　第三〇号』
小島惠昭（他）、続『浄土真要鈔』の研究 ― 存覚の「親鸞一流」理解をめぐって（平成二四年）『同朋大学仏教文化研究所紀要　第三一号』
塚本一真、初期真宗における善知識観の展開（平成一六年）『龍谷大学大学院文学研究科紀要　第二六集』

橋川正、浄土文類集について（大正九年）後に『日本仏教文化史の研究』（大正一三年）所収
八力廣喜、『浄土真要鈔』の往生思想（平成二一年）『印度哲学仏教学　第二四号』
普賢晃壽、「選択集」と存覚教学（平成七年）『真宗学　第九一・九二号』
普賢保之、存覚の念仏往生説（平成一五年）『真宗学　第一〇七号』
堀祐彰、存覚教学における行信論の基本的立場（平成一三年）『教学研究所紀要　第十号』

本文講読

第一節　表題

「浄土真要鈔」という表題は二通りに訓読され得る。一つは「浄土真宗の肝要（簡要）なる鈔」、いま一つは「浄土の真要なる鈔」という読み方である。[1]このように二通りの読み方があるが、後者は結局は前者に、以下の理由によって帰着するであろう。まず後者における「浄土」の語は、世界ないし境界としての浄土の意味ではなく、聖道門に対する浄土門の意味である。もしくだんの「浄土」の語が仏国土の意味であるならば、その語は「極楽世界」「安養」等といった同義語で置き換え可能ということになるが、「極楽国土真要鈔」では本書の内容と一致しない。本書はこのような仏国土の真要を述べたものではなく、浄土に往生する法門の真要を述べたものである。こうして第二の読み方における「浄土」の語は聖道門に対する浄土門の意味である。

更に、第二の読み方における「真」の語は真実の意味であり、「偽」に対し、また「仮」に対する。

宗祖の真仮偽の教判によれば、仏陀の説かれた教法でないものは全て「偽」の教えであり、仏陀の説かれた教法の中でも、全聖道門そして浄土門中の定散自力の法門は全て「仮」の教え、即ち方便の教えである。真実の教えは浄土門中の他力の法門であり、これを浄土真宗という。また「要」は肝要、要義の意味である。かくて、「浄土の真要なる鈔」という第二の読み方は、「浄土真宗の要義の鈔」という意味となり、これは第一の読みと一致する。[2]

最後の「鈔」の語については、宗祖が『唯信鈔』の「鈔」の語を定義して、「すぐれたることをぬきいだしあつむることばなり」（『聖典全　二』六八四・『註釈版』六九九）と仰ったことを想起すればよいであろう。『真要鈔』には宗祖も重視された要文のみならず、真宗聖教中存覚上人以外には引用例がみられない経文も認められる。いずれにせよ『真要鈔』は、上人が肝要と認められた多数の要文を引きながら浄土真宗の他力の法門の要義について述べられたものである。

註

（1）　前者は『己卯録』『随聞記』『略述』の読み方、後者は『講録（上）』および神子上師『浄土真要鈔』、普賢師『真宗の救い』の読み方である。

（2）　『略述』のみ「肝要」ではなく「簡要」の語を用いている。この場合は、聖道門および浄土仮門から浄土真宗を簡び分ける要点といったほどの意味になろう。

第二節　総　論 ― 専修念仏の相承

冒頭には『真要鈔』全体の総論を述べた一段が置かれる。この段は三つに大別でき、論旨の流れは次のようになる。（A）釈尊から善導大師を経て法然聖人に相承されたのは念仏為本の教法であった。（B）法然聖人のこの教えをそのまま継承しているのはわが親鸞聖人の一流のみである。（C）その流れを幸いにも汲むわれらはその御恩に報謝すべく念仏の信心を伝えなければならない。

（A）念仏為本の教法

（a）「一向専修の念仏」

それ一向専修の念仏は、決定往生の肝心なり。

（『聖典全　四』四八三・『註釈版』九五七）

目下の一段（A）の流れは、この（a）において**「それ一向専修の念仏は、決定往生の肝心なり」**という一文を掲げた上で、（b）『大経』の第十八願、（c）『大経』三輩段の文を挙げ、（d）善導大師の称名正定業義を述べて、（e）法然聖人の三選の文へとつなげ、（d）専修念仏を勧める ― という構成になっている。この流れを見るに、この（A）の一段は元祖法然聖人の教えの要義を示したものであることが、明らかである。従って冒頭の、この**「一向専修の念仏は、決定往生の肝心なり」**の一文も、元祖の称名念仏の教えを標示したものであると見なければならない。

「一向専修の念仏」とは、後の（c）に述べられてある**「ただ念仏の一行に」**向かい、**「ひとへに弥陀一仏を念じたてまつる」**ことである。[1]**「念ず」**が観念ではなく称念の意であることは言うまでもない。つまり**「一向専修の念仏」**とは生涯ただ本願の名号を称えてゆくことである。そしてこれこそが**「決定往生の肝心」**だと言われる。**「決定」**は「彼の願力に乗じて定めて往生を得」（『聖典全 一』七六三・『註七祖』四五七）の「定めて」の意、即ち確実にの意であり、また**「肝心」**は『御伝鈔』が伝える宗祖の言葉「一向専念の義は、往生の肝腑」（『真聖全 四』一〇〇・『註釈版』一〇五七）に倣ったもので、肝要・核心の意である。

『随聞記』（二八頁）は**「決定往生の肝心」**を「決定往生の正因」と解する。確かに宗祖の上でも「安養浄土の往生の正因は念仏を本とす」（『聖典全 二』六四〇・『註釈版』六六五）とか、「実報土の正因として、乃至十声・一声称念すれば、無上菩提にいたる」（同上 六四六・六六九）という言い方がなされることもある。これらは共に『尊号真像銘文』の文であるが、前者は『選択集』の標宗の文「南無阿弥陀仏 往生之業 念仏為本」を解釈した文、後者は聖覚法印の「然至我宗者、弥陀本願、定行因於十念（然るに我が宗に至りては、弥陀の本願、行因を十念に定む）」を解釈した文である（「行因」をわざわざ「正因」と言い換えられている）。それ以外で称名念仏について「正因」という言葉が使われている箇所は、宗祖には、ない。つまり、法然聖人の行々相対で示された念仏為本の法義に即して述べられた場合に限定される用法にすぎない。宗祖の根本義は言うまでもなく行々相対ではなく唯信独達として示された信心正因であって、称名念仏を「正因」と呼ぶことは誤解を招く可能性がある。(2) ただ先にも述べたように、今見ている（A）は ― そして『真要鈔』全体も ― 元祖聖人の念仏為本の教えを示したものである。その限りでは『随聞記』の解釈は間違ってはいない。『真要鈔』と同年の撰述である『破邪顕正抄』にも、「専修念仏の勝業は決定往生の正因なり」（『聖典全 四』五八一・『真聖全 三』一五五）と出ている。

ところで『真要鈔』とやはり同年の撰述である『持名鈔』には「南無阿弥陀仏といふは……決定往生の業因な（り）」とあって（『聖典全 四』五七一・『註釈版』一〇一三～一〇一四）、名号が「業因」と言われている。宗学でも「正因」と「業因」とを区別する。(3) 衆生を往生成仏せしめる力用が「業因」と言われ、それは本願成就の名号である（「本願名号正定業」）。この業因たる名号が正しくこの私に徹到して私の信心となった時をもって私の往生成仏は決定するわけであるから、私に徹到した名号の信心を私の往生成仏の「正因」と言う。このように「業因」も「正因」もどちらも往生成仏せしめる力用となる原因の意味ではあるが、前者は言わば普遍的な、後者は言わば個別的な文脈で使用される用語として、区別するのが今では通例となっている。もっとも『一念多念文意』では「弘誓を信ずるを、報土の業因とさだまるを、正定の業となづく」（『聖典全 二』六七一・『註釈版』六八八）という言い方がなされているように、宗祖において「正因」と「業因」は必ずしも厳密な術語として区別されているわけではない。存覚上人も先の『持名鈔』のように名号を「業因」とする一方で、後年の『顕名鈔』のように名号を「往生の正因なり」（『聖典全 四』六四二・『真聖全 三』三三二）としている箇所もあり、厳密に使い分けられてはいない。しかしそれでも、この普遍（生仏一般）と個別（生一人）の区別そのものは重要であって、そもそも法然聖人『三部経大意』の説かれたところである。即ち、「ただふかく信心をいたして〈名号を〉となふるものをむかへむとなり。耆婆・扁鵲が万病をいやす薬は、万草諸薬をもて合薬せりといへども、その薬草なんぷん和合せりとしらねども、これを服するに万病ことごとくいゆるがごとし。ただしうらむらく、この薬を信ぜずして、我病はきわめておもし、いかが此薬にていゆることあらむとうたがひて服せずば、耆婆が医術も、扁鵲が秘方も、むなしくてその益あるべからざることを。弥陀の名号もかくのごとし」（『真聖全 四』七九二～七九三）。

存覚上人も『顕名鈔』にてこれを取意され、「されば名号を往生の正因なりと深く信じて、一向に称するよりほかは、またしるべきところもなし」と結ばれている（『聖典全 四』六四二・『真聖全 三』三三二）。法然聖人の念仏為本の言葉も、またそれを開説せんとした『真要鈔』の今の文**「一向専修の念仏は、決定往生の肝心なり」**も、あくまでも信心が往生の決め手であることを弁えた上で書かれているのである。(4) それは信心正因の宗祖義と違するのではなく、ただ信心正因という真理をどんな文脈でどのように言挙げするのかの点で異なるだけである。

この薬の譬え(5)を注意深く読むと気づかされることがある。それは、法然聖人『三部経大意』でも存覚上人『顕名鈔』でも、「薬」として譬えられるものは明確に「名号」と言われているが、薬の「服用」についてはそれが何の譬えであるかが必ずしも明言されてはいないことである。「となふる」「称する」ことが「服用」に譬えられているように一見は思われるであろうが、特に存覚上人の場合にはそうではないことは、右に引用した『顕名鈔』の文に先立つ部分を読めば明らかである。即ち、「南無阿弥陀仏と称するは、すなはち如実の修行なるがゆへに、いかなるゆへありとしらねども、これをとなふるに往生をとげ、いかなる徳ありとわきまへざれども、これを信ずれば定聚のかずにいる。たとへば耆婆が薬童子にむかへば、をのづから万病をのぞくがごとし」（『聖典全 四』六四二・『真聖全 三』三三二）。「耆婆が薬童子」とは、『大宝積経』に説かれるところの、耆婆が作った薬童子のことである（『大

正蔵 第十一巻』四五頁c)。即ち、耆婆が薬草をとって生まれたばかりの童子を作る。軽症の病人は自由自在に動き回るこの童子と遊び、中症の者は一緒に座り、重症の者には添い寝をさせる。するとどの病も自然と癒えるという趣旨の話である（霊睢師『顕名鈔講義』三九頁、『真宗体系 第二七巻』所収）。存覚上人はこの話を引用し、「耆婆が薬童子にむかへば、をのづから万病をのぞく」と要約する。薬童子と対面しただけで自然と治癒するというわけである。かくて名号に「むかふ」という表現は、その前に置かれた「信ずる」と「となふる」の両方を包括する表現であると言える。名号に「むかふ」ことが薬の服用である。(6)

宗祖「行文類」の「大行」を名号と解する立場は所行説と言われ、称名と解する立場は能行説と言われる。そして所行説の先駆が覚如上人、能行説の先駆が存覚上人であると一般には見られている。能行説と所行説の対立は行信論に連なる一大テーマであるため、本書では立ち入らない。(7)いま確認しておきたいのはただ一つ。名号こそが無明煩悩の病を治癒する薬であり、この薬の服用の最初の瞬間は信の一念であるという宗祖義は、能行説と所行説とに関わらず、一貫されているということである。

さて話を戻せば、そもそも**「一向専修」**という四字熟語は元祖聖人が初めて用いたものであって、『大経』三輩段の「一向専念」と『観経疏』「散善義」の「専念専修」（『聖典全 二』七六六・『註七祖』四六二）とを合した造語であると言われる（『講録（上）』一七頁）。但し『選択集』には「一向専修」の語は出ていない。初出は「九条殿北政所御返事」のようである（『随聞記』一七頁）。今は『西方指南抄』所収の二つの文章、「念仏大意」と「九条殿北政所御返事」にて、この熟語の用例を見ておくことにする。少々長くなるが、それはここで「一向専修」という言葉の用例を見るのみならず、この語が含意する背景をも確かめるためにである。

まず「念仏大意」より。「末代悪世の衆生の、往生のこころざしをいたさむにおきては、また他のつとめあるべからず、ただ善導の釈につきて一向専修の念仏門にいるべきなり。しかるを一向の信をいたしてその門にいる人、きわめてありがたし。そのゆへは〔中略〕まことしく往生浄土のねがひ、ふかきこころをもはらにする人、ありがたきゆへか。〔中略〕かくのごときの末代の衆生を、阿弥陀仏かねてさとりたまひて、五劫があひだ思惟して四十八願をおこしたまへり。その中の第十八の願にいはく、『十方の衆生こころをいたして信楽してわがくににむまれむとねがひて、乃至十念せむに、もしむまれずといはば、正覚をとらじ』とちかひたまひて、すでに正覚なりたまへり。これをまた釈尊ときたまへる経、すなはち『観無量寿』等の三部経なり。かの経はただ念仏門なり。〔中略〕そのうへまた、六方十方の諸仏の証誠、この経等にみえたり。他の行におきては、かくのごときの証誠みえざるか。しかれば、ときもすぎ、身にもこたふまじからん禅定・智慧を修せむよりは、利益現在にして、しかもそこばくの仏たちの証誠したまへる弥陀の名号を称念すべきなり」（『真聖全 四』二二一〜二二三）。法語中、三部経の代表として『観経』の名を挙げているのは、『観経』流通文に釈尊の念仏付属が記されてあるためであると思われる。これが正しいとすれば、この法語は「一向専修の念仏」が弥陀の本願の行であること、釈尊付属の行であること、諸仏証誠の行であることを述べていることになる。

次に「九条殿北政所御返事」より。「まことに往生の行は、念仏がめでたきことにて候なり。そのゆへは、念仏は弥陀の本願の行なればなり。余の行は、それ真言・止観のたかき行法なりといゑども、弥陀の本願にあらず。また念仏は釈迦付属の行なり、余行はまことに定散両門のめでたき行なりといゑども、釈尊これを付嘱したまはず。また念仏は六方の諸仏の証誠の行なり、余の行は〔中略〕諸仏これを証誠したまはず。このゆへにやうやうの行おほく候へども、往生のみちには、ひとえに念仏すぐれたることにて候なり。〔中略〕これは恵心僧都『往生要集』に、『往生の業 念仏を本とす』と申たる、このこころなり。いまはただ余行をとどめて、一向に念仏にならせたまふべし。念仏にとりても、一向専修の念仏なり。そのむね三昧発得の善導の『観経の疏』にみえたり。また『双巻経』に『一向専念無量寿仏』といへり。一向の言は、二向・三向に対して、ひとへに余の行をゑらびて、きらひのぞくこころなり」（『真聖全 四』二三三〜二三四）。この法語においても、「一向専修の念仏」が弥陀の本願の行であること、釈尊付属の行であること、諸仏誠証の行であることが述べられているのが分かる。そして一向専修念仏を特徴づけるこれら三点は、『真要鈔』でもすぐ後において（『聖典全 四』四八五・『註釈版』九五九）そのまま繰り返されることになる。

それはそれとして、法然聖人のこれらの文章は、**「それ一向専修の念仏は、決定往生の肝心なり」**という『真要鈔』劈頭に置かれた一文を開くものである。現代われわれの多くは生まれ落ちたときから念仏の声に囲まれてきた。往生を目指して定散諸行に励んでいるような人間など身近に目撃したためしがないのが普通であろう。けれども当時はそうではなかった。「余の行をゑらびて、きらひのぞく」即ち諸行を簡び捨て称名の一行を取れという指勧が、まだ出現していなかった時代である。行に迷う人々が多かったであろう当時の状況を忘れてはならない。『真要鈔』と同年の『持名鈔』は、諸行の例として「持戒・坐禅」「転経・誦呪」を挙げている（『聖典全 四』五六二・『註釈版』一〇〇四）。実践していた人々が一定数いたからこそ、これらの行の名が挙げられたのであろう。しかるに「いまこの〈凡夫の〉身にてその行を修せば、行業成ぜずしてさだめて生死を出でがたし」（同上 同頁）。かくて行に迷うばかりか、いずれの行も及び難きわが身に絶望していた人々も多かったのが、当時の状況であったであろう。そのような時代に、後生の救いの求めに対して、「いまはただ余行をとどめて、一向に念仏にならせたまふべし」、「いまただ一向専修の但念仏者にならせおはしますべく候」（『真聖全 四』二三四）という力強いお勧めに遇った人々の驚き、その胸に湧き上がった感動は、想像するに難くない。そのように驚き、感動した人々の多くは、元祖の力強いお勧めのそのまま、ただ念仏する身となったであろう。

そして真にただ念仏する身となった者には、論理的に言って ― 心理的にや経験的にではなく論理的に言って ― 念仏の信心は自ずと具されているはずである。宗祖が『一念多念文意』で「一向専修」の「専修」を定義して、「専修は、本願のみなをふたごころなくもはら修するなり」とされ（『聖典全 二』六七一・『註釈版』六八七）、また『唯信鈔文意』にて「一向専修」の「専」について「もはらといふはふたごころなかれとなり」と示されて（同上 七〇五・七一二）、「専修」を弘願の正信念仏と同義とされたのも、法然聖人の「一向専修」の力強い教説に、宗祖ご自身が心射抜かれたからに他ならない。「ただ念仏して弥陀にたすけられまゐらすべし」との仰せがそのままこの身を貫通したならば、この身は論理的必然として「ただ念仏」の身となるしかない。それを（言わば事後的に）指し示して「信心を具した念仏」と言うのである。

従って、『末燈鈔』では「念仏往生の願を一向に信じてふたごころなきを、一向専修とはまふすなり」（『聖典全 二』八一四・『註釈版』七八〇）と述べられ、「一向専修」が専ら信心の言葉を使って定義されているかのように見えるけれども、それはあくまでも「念仏往生の願」の信受、「本願の名号」（同上 八一五・八〇七）の信受なのであるから、結局は同じことである。念仏往生の願を真に信受するならば、その論理的必然として、ただ念仏するより他はなくなるのである。

こうして**「一向専修の念仏は、決定往生の肝心なり」**というこの一文そのものに、一向専修の念仏を勧める（信ぜしめる）力が秘められている、とも言えるであろう。もとより、この力にそのまま撃たれずに、おのれの称えぶりや信じぶりに往生に繋がる価値を見出す自力の行者は、当然存在するであろう。けれども、法然聖人の語りの多くの場面がそうであったのと同様、その元祖聖人の念仏の教えを述べた『真要鈔』のこの段においても、そうした側面について殊更に言挙げされることは、ない。『選択集』標宗の文に倣って信心ではなく念仏が表現されているのは、多くの先哲によって指摘されるように、存覚上人の意図が親鸞聖人は法然聖人のまさに正意を継承されたことを示すことにあったためである、と考えられる。

註

（1）『選択集』の「一向」の定義は念仏以外の「余を兼ねざること」であり（『聖典全 一』一二七七・『註七祖』一二一八）、ここで存覚上人が挙げている「弥陀一仏を念じたてまつる」の意は出されていない。それを出しているのは宗祖の『一念多念文意』の定義であり、そこでは「一向」を定義して「余の善にうつらず、余の仏を念ぜず」とある（『聖典全 二』六七一・『註釈版』六八七）。

（2）「称名正因」という言葉は称名行為に何か功能を認めるニュアンスがあるので、法然聖人の念仏為本の場合でも「称名正因」とは言わないのが普通である。後の（f）で詳しく見るが、法然聖人は諸行に対して念仏が勝れている理由を称名行為には求めておられず、名号そのものに一切の功徳があるからだという説明をなされている。

（3）以下の記述は勧学寮（編）『新編 安心論題綱要』（第二版 二〇〇二年）本願寺出版社、三五頁。

（4）『持名鈔』の、前段落で引用した文を含めた次の問答を参照。「南無阿弥陀仏といふは、弥陀の本願なるがゆへに決定往生の業因ならば、これを口にふれんもの、みな往生すべし。なんぞわづらはしく信心を具すべしというや。〔中略〕こたへていはく、南無阿弥陀仏といへる行体は往生の正業なり。しかれども、機に信ずると信ぜざるとの不同あるがゆへに、往生をうるとえざるとの差別あり」（『聖典全 四』五七一～五七二・『註釈版』一〇一三～一〇一四）。

（5）譬えの限界はある。第一に、この薬は一度の服用で問題の病を癒やすほど強力な薬であるのに、なぜ何度も服用すべきなのかがこの譬えでは表せない。第二に、薬を信じた者は必ず服用するにしても、信じていなくとも服用はでき、その場合でもほぼ同じ程度の効用があることになりかねないという難がある。しかしこれら譬えの限界については今の問題ではない。

（6）このことを押さえた上で、再度、法然聖人の『三部経大意』をも注意深く読み直すと、法然聖人においても、たとえ存師におけるように「信」の言葉は出てはいなくとも、それでも、薬の服用があくまでも称名に限定される譬えであるとまでは、必ずしも明言されてはいないことがうかがえるが、これは深読みしすぎかもしれない。今は存覚上人の場合について確認を取っておけば十分である。

(7) 内藤知康師『顕浄土真実行文類講読』六二〜七〇頁にコンパクトな紹介がある。

(b)『大経』の第十八願取意文

これすなはち『大経』のなかに弥陀如来の四十八願をとくなかに、第十八の願に念仏の信心をすすめて諸行をとかず、「乃至十念の行者かならず往生をうべし」ととけるゆへなり。

(『聖典全 四』四八三・『註釈版』九五七)

先の(a)の**「一向専修の念仏は、決定往生の肝心なり」**から、右の(b)の文が続くその連なり方は――右の文における第十八願に関する取意文**「乃至十念の行者かならず往生をうべし」**を(b')と表記するならば――〈(a)ということが、経に(b')と説かれていることの理由である〉という論理になっている。これを言い換えるなら、〈(a)であるが故にこそ経に(b')と説かれている〉となる。しかるに経の言葉は仏語であり、虚妄なしであるから、(b')の真実性は当然、前提されている。ということは、〈(a)であるが故にこそ経に(b')と説かれている〉という形の文章は、むしろ(b')の真実性に基づいて(a)の真実性を証明する文章であることになる。つまり、〈経に(b')と説かれているが故に(a)は真実である〉という論理と等しいことになる。即ち、(b)において存覚上人は第十八願を取意し、それに基づいて（a）**「一向専修の念仏は、決定往生の肝要なり」**の真実性を証明しているわけである。

さて、この（b）文**「第十八の願に念仏の信心をすすめて諸行をとかず、『乃至十念の行者かならず往生をうべし』ととけ〔り〕」**における**「第十八の願」**という語句が何を指すかがまず問題となるが、これについては厳密に願文とも成就文とも限定しない方がいいように思う。というのも、もし願文に限定するなら、**「乃至十念の行者かならず往生をうべし」**が「乃至十念若不生者不取正覚」の取意であると説明できる反面、**「念仏の信心をすすめて」**が願文のどこを取意したのかが説明できなくなるからである（「至心信楽欲生我国」を**「念仏の信心」**であると取意することには無理があろう）。他方、これを成就文に限定して説明するならば、**「念仏の信心」**は「聞其名号信心歓喜」の取意、**「乃至十念の行者かならず往生を得べし」**は「乃至一念（願生彼国）即得往生　住不退転」の取意である、となる。この説明には先ほどのような種類の無理はない。実際『随聞記』『略述』『講録（上）』のいずれも、（b）の「第十八の願」を第十八願成就文のこととして解釈している。

とはいえ、それでもこの解釈は次の二点において不自然な印象を免れないように思う。第一に、「乃至一念」のところに（のみ）願文の「乃至十念」の表現が用いられていることの不自然さである。このズレは「乃至一念」を元祖は行の一念と解されたのに対し宗祖は信の一念と解されたという相違があることを存覚上人が配慮された結果であろうが、今問題にしている文章が願文ではなくあくまでも願成就文の取意であると見るならば、このような暗黙の説明が追加されねばならないこととなる。第二の難点はより本質的である。即ち「念仏の信心」が「聞其名号」の取意であるのなら、この「念仏」は第十七願所誓の称無碍光如来名となる。つまり「念仏」の主体は諸仏である。ところが他方「乃至十念」の「十念」の主体は当然のことながら諸仏ではなく衆生でなければならない。諸仏の念仏が、言い換えれば諸仏咨嗟の名号が、衆生に聞かれて信心となり、そのようにして衆生に徹した名号が今度は衆生の乃至十念となって発露するという、この行信行の論理が、くだんの文章の背後に隠されているということになる。存覚上人ご自身はこのような論理に当然自覚的であられたであろうが、『真要鈔』の読み手に対して上人が、（b）文の背後にそのような黙して語られざる複雑な含意があることを察知するよう期待されていたとは、とても思えない。

以上のように（b）文の「第十八の願」を願成就文に限定して解釈するならば、二重の意味での言わば隠密を想定せざるを得なくなって、不自然であると思うのである。

最も早い成立の講録である『己卯録』は、「念仏の信心」の一句を願文や成就文に即して解釈することはせず（「かならず往生をうべし」のみ願文「若不生者不取正覚」に即して解釈）、元祖宗祖における幾つかの用例に即して解釈している。例えば「名号をとなへんものをば極楽へむかへんとちかはせたまひたるを、ふかく信じ（てとなふるがめでたきことにて候）」（『聖典全　二』七九四・『註釈版』七八五）が「念仏の信心」に当たると言う。この解釈に従うならば、（b）文の「念仏（名号をとなへん）」の主体と「乃至十念（となふる）」の主体とは、先ほどの場合とは違って一致するので、複雑な論理を背後に想定する必要はなくなる。

もしこの解釈がここでの存覚上人の真意に近いとするならば、（b）文の**「第十八の願」**が何を指しているかについても、自ずと推測がつく。それは道綽禅師や善導大師による第十八願取意の文である。即ち、『安楽集』の「もし衆生ありて、たとひ一生悪を造れども、命終の時に臨みて、十念相続して我が名字を称せむに、もし生ぜずは正覚を取らじ」（『聖典全　一』六一三・『註七祖』二四二）。あるいは『観経疏』の「もし我、仏を得たらむに、十方の衆生、我が名号を称して、我が国に生ぜむと願ぜむに、下十念に至るまで、もし生ぜずは、正覚を取らじ」（同上　六七四・三二六）である。『選択集』では、大体において同文の本願取意の文が、『観念法門』と『往生礼讃』からそれぞれ引かれている（同上　一二六六・一二〇二）[1]という事情も、想起されるべきである。つまり法然聖人は道綽善導両師の本願取意文を重視されている。ならば、その法然聖人の念仏義を開陳しようとした現在検討の『真要鈔』テキストが、**「第十八の願」**ということで、両師の第十八願取意文を念頭に置いていたと推測することは、自然なことであろう。[2]

なるほど本願取意文には「信」の語は出ていない。けれども、前々段落で引用した宗祖の文が暗示しているように、「名号をとなへんものをば極楽へむかへん」という阿弥陀仏のやるせない誓願を目にする（↓聞く）者は、それに対する態度決定を ― 受け入れるのか無視するのか ― 自然と迫られることにならざるを得ない。仏の方から言えば勿論、これを受け入れよと迫っている。言い換えれば本願文（とその取意文）はそれに遇う者に対して信受を迫っているのである。このように味わうならば、本願取意文には「信」の語は確かに文字として出ていないとはいっても、それがまさに本願、つまり如来の願心からの迸りである限り、その全体が如来の大信心の体現なのであり、従ってこの如来の心を受け入れよという仕方で間接的に信を語っている ― と言っても許されるのではないかと思う。

これは次の（c）で見る『大経』三輩往生の文とも関連するが、法然聖人は『選択集』「三輩章」において、『観経疏』の一文の意に准じて、第十八願では称名以外の諸行は説かれていないと断定する（「本願の中に更に余行なし」『聖典全 一』一二七七・『註七祖』一二一七）。他方、同じ箇所で「（発）菩提心」を諸行に数え入れている。心を発すことも「行」とされるわけである。しかるに同じく心である、第十八願中の「至心信楽欲生」については、そこでは何の言及もない。即ち同じく心ではあっても菩提心とは違って行とは見なされていないということである。故に、第十八願の中には「乃至十念」以外の行は全く説かれていないという右の元祖の言葉は、信の側面は措いて、専ら行に関して本願を見た場合の言葉である。信心を語ってはいないが（それは「三心章」にて語られる）それは今は措いておかれてあるというだけであって、信心が救済の構成要素ではないことを意味するわけではない。本願取意文に「信」の語が出ていないことについても、これと同様に受け取ることが許されるのではないかと思う。即ち「至心信楽欲生」は、第十八願で誓われている唯一の往生行としての「乃至十念」の根源として、当然前提されているのである、と。

因みに『唯信鈔』にも本願取意文が取り上げられており、宗祖も『唯信鈔文意』にてこれを解説されているが（『聖典全 二』七一三～七一四・『註釈版』七一五～七一六）、その取意文に先立って、両鈔共に「名号をとなふる人おほけれども、往生する人のかたきは、この三心を具せざるゆへなり」（同上 一〇九一・一三四六）、「この一心かけぬれば、真の報土にむまれず」（同上 七一〇・七一四）として釘を刺してある。

註

（1）　この『礼讃』所引の本願取意文は本典の「後序」においても感激をもって引かれている。

（2）　「行文類」でも『往生要集』における本願取意文が引かれてある（『聖典全 二』四六～四七・『註釈版』一八四）。

（c）『大経』の三輩往生の文

しかのみならず、おなじき『経』の三輩往生の文に、みな通じて「一向専念無量寿仏」とときて、「一向にもはら無量寿仏を念ぜよ」といへり。「一向」といふはひとつにむかふといふ、ただ念仏の一行にむかへとなり。「専念」といふはもはら念ぜよといふ、ひとへに弥陀一仏を念じたてまつるほかに二をならぶることなかれとなり。

（『聖典全 四』四八三・『註釈版』九五七）

最初に「**しかのみならず**」とあるのは、先の（b）では第十八願の含意、即ち弥陀の招喚（我が名号を称えよ、極楽に迎えん）が述べられたわけであるが、それにとどまらず、それに加えて、今度は『大経』下巻の三輩段の教意、即ち釈尊の指勧について述べるためであろう。

『大経』三輩段は、阿弥陀仏の浄土への往生を心から願う者を三種類に大別した一段である。上輩は出家し、無上菩提心を発し、「**一向専念無量寿仏**」一向に専ら無量寿仏を念じ、出家者としての各種の功徳を積む。中輩は出家はできないが、無上菩提心を発し、やはり「**一向専念無量寿仏**」一向に専ら無量寿仏を念ずる。八戒斎をたもち、堂塔を建て、仏像を造り、出家者に食事を提供する等、在家者としての各種の功徳を積む。最後の下輩は、功徳は積めないが、やはり無上菩提心を発し、これも同様に「一向に意を専らにして乃至十念、無量寿仏を念じたてまつ」り、「深法を聞きて歓喜信楽し、乃至一念、かの仏を念じたてまつる」。三輩を通じて、行の違いはあれども、一向に専ら無量寿仏を念ぜよという釈尊の指勧は不変である。これによって先の（a）の真実性はますます明らかとなる―という意図からの引文が、この（c）における**「一向専念無量寿仏」**という引用文であろう。(1)

註

（1）『教行証文類』や『浄土三経往生文類』では『大経』三輩段は第十九願成就文と見られている（『聖典全二』一八四、五八七〜五八八・『註釈版』三七六、六三二〜六三三）。即ち宗祖は三輩段を、『観経』当相と同様、釈尊が聖道門の機を浄土門へと誘引するために諸行往生を説いた一段である、と見られるのである。これは『選択集』「三輩章」において、『大経』三輩段の見方が「廃立」「助正」「傍正」の三通りとして示される中で、最後の「傍正」の見方に立って当段を見たものであると言えるが、法然聖人ご自身は三輩段を「廃立」の立場で見ておられる。即ち「善導に依らば、初（＝廃立）を以て正となす」（『聖典全一』一二七九・『註七祖』一二二〇）として、諸行を廃し念仏を立てる旨を説いた一段と見ておられるのである。そこで、宗祖がなぜ敢えて元祖とは別の立場を取られたかが問題となる。「これは義門の不同にて黒谷は経文の本意に約し吾祖は経文の当相に約したまふ」（『略述』八頁）と見るのが一般的のようであるが、問題は宗祖がなぜ「経文の当相」の方を採用されたかである。これについては次のように考え得るように思われる。即ち、元祖は『大経』三輩段と『観経』九品段とを単なる「開合の異」として説明されている。即ち簡略である三輩段を開いたものが九品段であり、詳細である九品段を合したものが三輩段だという見方である。ところで宗祖にとっては、『観経』の「定散九品の文」即ち正宗分全体を第十九願成就文と見ることは動きようのない洞察であった。そこで右の「開合の異」の観点と、この宗祖の洞察とを併せるならば、三輩段も必然的に第十九願成就文となるべきことが帰結してくる。こうして宗祖は三輩段をも十九願成就文と見られたのではないかと思う。ただ、宗祖は三輩段について固定的な見方をしておられるわけではなく、「信文類」菩提心釈における『論註』引文（『聖典全 二』九一～九二・『註釈版』二四七）のように、三輩段の「菩提心」を他力信心と見ておられる箇所もあるとの指摘（内藤知康師『安心論題を学ぶ』二〇〇四年、本願寺出版社 二五七頁）もある。九品段についても、安心論題「転教口称」の出拠文として言及される『唯信鈔文意』の一段もあるように（同上 七一四～七一六・七一六～七一七）、常に十九願成就文として単純に固定的に見られているわけではない。顕彰隠密義より帰結する「三輩について三種の三心あり、また二種の往生あり」の文（同上 一八八・三八三）も見落とせない。

(d)『観経疏』「散善義」の文

これによりて、唐土の高祖善導和尚は、正行と雑行とをたてて、雑行をすてて正行に帰すべきことはりをあかし、

正業と助業とをわかちて、助業をさしをきて正業をもはらにすべき義を判ぜり。

（『聖典全 四』四八三・『註釈版』九五七）

最初に**「これによりて」**とあるのは、（b）の弥陀の誓願、（c）の釈迦の指勧に基づいて、善導大師が（a）の**「一向専修の念仏」**を勧められたことを、この（d）において言うためである。

善導大師が**「正行と雑行とをたて」**られたのは、「散善義」深心釈の次の文である。「行に二種あり。一には正行、二には雑行なり。正行と言ふは〔中略〕一心に専らこの『観経』『弥陀経』『無量寿経』等を読誦し、一心に専注してかの国の二報荘厳を思想し観察し憶念し、もし礼するには即ち一心に専らかの仏を礼し、もし口に称するには即ち一心に専らかの仏を称し、もし讃歎供養するには即ち一心に専ら讃嘆供養す、これを名づけて正となす。〔中略〕この正助二行を除きて已外の自余の諸善は悉く雑行と名づく」（『聖典全 一』七六七・『註七祖』四六三～四六四）。所謂「五正行」を規定し、それ以外の全ての諸善を「雑行」として規定した文である。また**「雑行をすてて正行に帰すべきことわりをあかし」**た文は、同じく深心釈の次の文である。「もし前の正助二行〔＝五正行〕を修すれば、心常に〔阿弥陀仏に〕親近して、憶念たえず、名づけて無間となす。もし後の雑行を行ずれば、即ち心常に間断す。回向して生ずることを得べしと雖も、すべて疎雑の行と名づく」（同上 七六七・四六四）。更に、**「正業と助業とをわかち」**た文は、同じく深心釈の、「この正〔＝五正行〕のなかにつきてまた二種あり。一には一心に専ら弥陀の名号を念じて、行住座臥に時節の久近を問わず、念々に捨てざるは、これを正定の業と名づく。〔中略〕もし礼誦等に依るを即ち名づけて助業となす」（同上 七六七・四六三）であり、**「助業をさしおきて正業をもはらにすべき義を判」**じた文とは、右と重複するが「一心に専ら弥陀の名号を念じて〔中略〕念々に捨てざるは、これを正定の業と名づく。かの仏の願に順ずるが故なり」がそれに相当する。

『真要鈔』が善導大師の文を一文も引かずに、その趣旨のみを記すに留めたのは、次に引文する『選択集』「三選の文」とほとんど同趣旨だからであろう。ただ、**「助業をさしおく」**という、ここで存覚上人が採用している表現そのものは、善導大師にも法然聖人にもない。これは宗祖の表現である。即ち『選択集』のいわゆる「三選の文」における元祖の「正助二業中、猶傍於助業」の文を、宗祖は『尊号真像銘文』において、「正行・助業ふたつのなかに助業をさしおくべしとなり」と解説される（『聖典全 二』六四一・『註釈版』六六六）。元祖の「傍らにして」を「さしおくべし」と言い換えておられる。但し、「さしおくべし」は聖道門と助業について述定されるにとどまらず、雑行についても（元祖原文では「抛て」とあるのを宗祖は「なげすてさしおく」（同上 同頁）と敷衍して解説されている。即ち宗祖は原文では第一選に対してのみ述定された「さしおく」の語を、三選全体に係るものとして受け取られたわけである。

しかしこれは宗祖独自の発揮というより、むしろ元祖聖人の真意の表現であると言ってよい。その理由は以下のようになる（今は『真要鈔』当面の理解に必要な限りにおいて、助業を「さしおく」場合に限定して述べる）。

先ほど引用した、正定業と助業とを分別した善導大師の文について、『講録(上)』（二七頁）は「これは助正を分別して助業を捨てて専修念仏に帰すべきことを顕はし給ふなり」と言うが、善導大師が助業を「捨て」ることを「顕はし」なさったというのは明らかに言い過ぎであろう。しかし、善導大師は確かに助正に関する廃立は言葉としては出されてはいないけれども、称名を「正定業」と名づけられ、その理由を「順彼仏願故」と述べられたところに「おのづから廃立の義が含んである」（『己卯録』二四頁）と言うことであれば可能であろう。そしてこの潜在的な廃立の義を顕在化されたのが元祖聖人であった。即ち、先ほども見た『選択集』「三輩章」において元祖は、『大経』三輩段では三輩全てを通じて「一向専念無量寿仏」と説かれるにも拘わらず、三輩それぞれについて各種の諸行が説かれている理由に関しては、三通りのものが考えられると言う。即ち、第一に「廃立」（諸行を廃して念仏一行に帰せしめるために諸行についても説かれた）、第二に「助正」（正業である念仏を助成せんがために諸行が説かれた）、第三に「傍正」（正業である念仏の傍らとして位置づけるために諸行が説かれた）である。元祖は「もろもろの学者、取捨心にあり」として、これら三者を各学者の取捨選択に任せているが、「もし善導に依らば、初（＝廃立）を以て正となすのみ」（『聖典全 一』一二七九・『註七祖』一二二〇）として、自らの立場は善導に依る、その善導の立場は廃立であることを明言されるのである。つまり助正と傍正の観点は善導大師において捨てられている、というのが元祖聖人の見方である。ところで前三後一の助業は「同類の助成」として、第二の「助正」の観点における「諸行」に入るものと見なされている（同上 一二七・一二八）。ということは、元祖は、善導は助業を「さしおく」立場であったと見られていたということ、また自らもそれに従う立場であることを宣言されたということになる。そしてこのことを明言したのが宗祖の「正行助業二つのなかに助業をさしおくべしとなり」の言葉なのであり、存覚上人はこの言葉に依られているわけである。

しかしそれならば善導大師・元祖聖人・祖師聖人は助業は一切なされなかったかと言えば、そうではない。『観経疏』「後跋」には大師ご自身の読誦正行・観察正行の実践が書き留められている。また覚如上人の『拾遺古徳傳繪詞』では、臨終間際の法然聖人が弟子等に対して「三尺の弥陀の像を病床のみぎにすへたてまつりて、この仏礼したまふべし」（『聖典全 四』二一一・『真聖全 三』七五五）と勧められたと伝えられている。それらは廃された助業の復活ではなく、報恩行だったのであろう。

（e）『選択集』の「三選の文」

ここにわが朝の善知識黒谷の源空聖人、かたじけなく如来のつかひとして末代片州の衆生を教化したまふ。その

のぶるところ釈尊の誠説にまかせ、そのひろむるところもはら高祖の解釈をまもる。かの聖人のつくりたまへる『選択集』にいはく、「速欲離生死、二種勝法中、且閣聖道門選入浄土門。欲入浄土門、正雑二行中、且抛諸雑行選応帰正行。欲修於正行、正助二業中、猶傍於助業選応専正定。正定之業者即是称仏名。称名必得生。依仏本願故」といへり。この文のこころは、「すみやかに生死をはなれんとおもはば、二種の勝法のなかに、しばらく聖道門をさしをきてえらんで浄土門にいれ。浄土門にいらんとおもはば、正雑二行のなかに、しばらくもろもろの雑行をなげすててえらんで正行に帰すべし。正行を修せんとおもはば、正助二業のなかに、なを助業をかたはらにしてえらんで正定をもはらにすべし。正定の業といふはすなはちこれ仏名を称するなり。みなを称すればかならずむまるることをう。仏の本願によるがゆへに」となり。

（『聖典全 四』四八三〜四八四・『註釈版』九五七〜九五八）

まず、『選択集』末尾付近に置かれ、内容的に『選択集』の総括とも言える「三選の文」の原文が、その冒頭「計也、夫（はかりみれば、それ）」を省略して全文、掲げられる。これが「三選の文」と言われているのは、三重にわたって「**えらんで**」という語でもって選択が勧められているからである。即ち、第一に聖道門をさしおいて「**えらんで**」浄土門に入れ、第二に雑行をなげすてて「**えらんで**」正行に帰せ、第三に助業をかたわらにして「**えらんで**」正定業を専らにせよ、という三重の選択である。

続いて「**この文のこころは**」とあり、三選の文の解説に移るが、大意略述ではなく、全文の訓読である。若干の注釈を加えておく。

（一）この『真要鈔』でのように**「すみやかに生死をはなれんとおもはば」**と訓読されるべき一句を、宗祖は「すみやかにとく生死をはなれむとおもへとなり」という命令として受け取られた（『聖典全 二』六四〇・『註釈版』六六五）。「生死」は「輪廻 saṃsāra」の異訳である。この生涯にて曠劫来流転の輪廻を打ち止めにせんと思え（なぜなら「もしまたこのたび疑網に覆蔽せられば、かへてまた曠劫を経歴せむ」）との強いお勧めである。この「すみやかに」について『己卯録』（二八頁）は「老少不定の娑婆無常迅速。実に今も知れぬ露命なれば、油断しては居られぬほどに早く後生の一大事を心に掛けよ」との含意があると言う。つまり、単にこの生涯にて輪廻から解脱せよとのお勧めがあるというばかりではなく、この生涯における将来に持ち越すのではなく——なにしろ無常迅速なのであるから——まさにこの生涯の今において解脱の因を成就すべしとのお勧めだ、ということである。しばしば宗祖には蓮師のような無常の強調はないと言われる。けれどもだからといって、宗祖は無常迅速（言い換えれば老少不定）の教説には否定的だったということにはならないはずである。「なによりも、こぞ・ことし、老少男女おほくのひとびとの、しにあひて候らんことこそ、あはれにさふらへ。ただし生死無常のことはり、くはしく如来のときをかせおはしましてさふらふうへは、おどろきおぼしめすべからずさふらふ」（『聖典全 二』七八六・『註釈版』七七一）との御消息からもうかがえるように、無常の「ことはり」についてはもはや一々言い表す必要もないほど内面化されてあったとも言い得るであろう。従って右の『己卯録』の注釈は論理的に見るならば不当とは言えない。(1)

（二）**「しばらく聖道門をさしをきて」**。『随聞記』（二五頁）は、この**「しばらく」**は続く**「えらんで」**と共に「与奪の一対」をなすと見る。即ち聖道門に配慮して**「しばらく」**の字を与えることで聖道からの論難を牽制する一方で、**「えらんで」**の字によって弥陀・釈迦・善導・元祖の正意を顕わす、というわけである。これに対し、『己卯録』（二九頁）は、この**「しばらく」**を「未尽の言」と解する。即ち**「しばらく」**さしおくというと、後に復活する可能性を認めているかのようにも見えるが、そうではなく、この**「しばらく」**は、後続の第二選、第三選が未尽である（まだ完了していない）ため、それらが完了するまでの間を指し示している**「しばらく」**であるとする。完了するまでの間といってもそれは時間的な「間」ではない。続く第二第三ステップを見据えて、とりあえず第一ステップとしてはこうだ、という意味での言わば論理的な「間」にすぎない。そもそも「三選」とはいっても、第一の分岐点に立って二者択一し、そこから進んで第二の分岐点に到って更に二者択一し、そこからまた進んで第三の分岐点に到り最後の二者択一をする、というのではない。第一ステップで**「浄土門にいれ」**とあるからといって、浄土門に入り終わった次に第二ステップが現れるのではない。第二ステップは**「浄土門にいらんとおもはば……正行に帰すべし」**となっているのであるから、第二ステップもまた第一ステップと同様、浄土門入門以前の段階である。第三についても同じで、**「正行を修せんとおもはば……正定をもはらにすべし」**となっているのであるから、第三ステップも正行を修する以前、だからまた浄土門に入る以前のステップである。要するに、浄土門に入り、正行を修し、正定業を専らにするという（概念としては）三つの事柄は、言わば一挙に同時に果たされるべき事柄なのである。「三選」の「三」は論理的「三」なのであって、時間的ないし心理的「三」なのではない。この点に注視するならば、**「しばらく」**の語の解釈としては『己卯録』のものが適当であるように思われる。

（三）夙に指摘されているように、第一選**「聖道門をさしをきてえらんで浄土門にいれ」**は『選択集』「二門章」の、また第二選**「もろもろの雑行をなげすててえらんで正行に帰すべし」**は同「二行章」の、そして第三選**「助業をかたはらにしてえらんで正定をもはらにすべし」**は同「本願章」と「三輩章」の要を一言でまとめたものと言える。なお存覚上人は『選択註解鈔』にて、第二選と第三選を併せて「第二の二行の章のこころなり」（『聖典全 四』九八六・『真聖全 五』二二九）としている。

（四）ここでは元祖の原文通り、助業は**「かたはらにして」**という表現が用いられてあるが、先の（d）では、宗祖の指南に従って助業についても**「さしおきて」**と述べられていたのだった。しかしそれでは宗祖は読誦も礼拝もされなかったのかというと、それはおよそ考えられないことである。すると**「さしおきて」**と言われているのはあくまでも決定往生という文脈においてである、ということが帰結してくる。この文脈においては、前三後一の助業をも含めて、念仏以外のあらゆるものが否定されることになる。しかし、往因の文脈を外すなら、前三後一の助業を含めたあらゆるものが念仏往生の生活の道を成す御縁となる。元祖が「現世をすぐべき様は、念佛の申されん様にすぐべし〔中略〕ひじりで申されずば、めをまうけて申すべし。妻をまうけて申されずば、ひじりにて申すべし」云々との有名な言葉を述べた後で、「衣食住の三は念仏の助業なり。これすなはち自身安穏にして念仏往生をとげんがためには、何事もみな念仏の助業なり」（『真聖全　四』六八三～六八四）と述べられるのは、まさにこの意味においてであろう。なお、ここには助業と報恩行との相違ないし関連という問題はあるが、これは助正論という大きなテーマに連なる問題であるので、この講読では深入りは避けたい。

（五）**「正定の業といふはすなはちこれ仏名を称するなり……仏の本願によるがゆへに」**。先の（d）で引用した「散善義」深心釈の「一心に専ら弥陀の名号を念〔ず〕……これを正定の業と名づく。かの仏の願に順ずるが故なり」に基づく文である。聖覚法印によれば、これは元祖聖人を回心せしめた決定的な一句である（井川定慶（編）『法然上人傳全集』七九六頁）。『選択集』「二行章」の問答にも反映されている。「問ひて曰く、何が故ぞ……独り称名念仏を以て正定の業と為るや。答へて曰く、彼の仏の願に順ずるが故に」（『聖典全　一』一二六一・『註七祖』一一九四）。この「順彼仏願故」という回答ひとつで満ち足りてあることを信心決定のすがたというのであろう。人間理性から見る限りでは全く理由になっていない。

これが理性的な答であったなら更なる疑問、例えば「では、なぜ本願に誓われてあるからということが念仏往生の根拠となるのか」といった疑問が発生するだけである。但しだからといって、**「みなを称すればかならずむまるることをう」**と**「仏の本願による」**との間にはもはやいかなる言葉もあり得ない、というわけではない。全く逆で、まさにそこからこそ限りないご讃嘆の言葉が湧き出てくるのである。

註

（1）この生涯を区切りとして輪廻は打ち止めにすべきこと、およびこの生涯はいつ終わるかわからないのだから直ちに成仏の因を獲得すべきことという、以上で述べた二つのことは、『持名鈔』冒頭においてもうかがわれる。前者は傍点部として明らかに認められ、後者も傍線部においてひそかにうかがいうるところであろう。「ひそかにおもんみれば、人身うけがたく仏教あひがたし。しかるにいま、片州なれども人身をうけ、末代なれども仏教にあへり。生死をはなれて仏果にいたらんこと、いままさしくこれときなり。このたびつとめずして、もし三途にかへりなば、まことにたからのやまにいりて、手をむなしくしてかへらんがごとし。なかんづくに、無常のかなしみはまなこのまへにみてり、ひとりとしてもたれかのがるべき。三悪の火坑はあしのしたにあり、仏法を行ぜずはいかでかまぬかれん。みなひとこころをおなじくして、ねんごろに仏道をもとむべし」（『聖典全 四』五五七・『註釈版』九九九）。

（f）まとめ「往生のまさしくさだまるたね」

すでに南無阿弥陀仏をもて正定の業となづく。「正定の業」といふは、まさしくさだまるたねといふこころなり。これすなはち往生のまさしくさだまるたねは念仏の一行なりとなり。自余の一切の行は往生のためにさだまれるたねにあらずときこえたり。しかれば、決定往生のこころざしあらんひとは、念仏の一行をもはらにして、専修専念・一向一心なるべきこと、祖師の解釈はなはだあきらかなるものをや。

（『聖典全　四』四八四～四八五・『註釈版』九五八～九五九）

三選の文の引用と訓読が終わった後のこの（f）の一段は、『隨聞記』『略述』『講録(上)』では共に、三選の文の中の「正定業」の別釈と見られている。この場合は「**祖師の解釈**」は三選の文を指すことになる。他方、『浄土真宗聖典　註釈版』の欄外注によれば「**祖師の解釈**」は「善導大師および源空上人の解釈」と見なし得る。いずれであってもよいと思うが、今は後者に従っておく[1]。つまりこの（f）の一段は、冒頭よりここに至るまでの暫定的なまとめであると見るのである。このように見た場合には、この部分の中心は「**往生のまさしくさだまるたねは念仏の一行なり**」の一文となる。即ち、本書冒頭（a）の「**一向専修の念仏は決定往生の肝心なり**」の「**決定往生の肝心**」を、「**正定の業**」「**往生のまさしく**

さだまるたね」と言い換えて再度強調した文章となる。

「正定の業」の第一義は、今示したところの**「往生のまさしくさだまるたね」**、即ち往生を正しく決定せしめる業因のことである。これを「正決定の業」の義という。正定業義については、その他として「正選定の業」の義[2]および「正定聚者の作業」の義の三義[3]があると古来より言われてきたが[4]、中心はあくまでも正決定の義にある。先の（d）にて拝読した「散善義」の「一心専念弥陀名号、行住座臥、不問時節久近、念念不捨者、是名正定之業」が「正定業」の語の初出であるが、そこでの意味もこの正決定の義である。[5]

さて、**「すでに南無阿弥陀仏をもて正定の業となづく」**とある。この**「すでに」**については『己卯録』と『略述』が言及している。『略述』によれば、先の（e）に**「正定の業といふは、すなはちこれ仏名を称するなり」**とあったにも拘わらず、ここで称名ではなく**「南無阿弥陀仏」**が**「正定の業」**とされている。それは、『選択集』標宗の文に「南無阿弥陀仏　往生之業　念仏為本」とあるからである（ここまでの論述からして、「往生之業」＝「正定業」ということは明らかになっている）。即ち、くだんの**「すでに」**は『選択集』標宗の文においてすでに、の意である。（以上、『略述』の注釈をその意を汲んで敷衍した。）

他方『己卯録』（三五頁）は、**「すでに」**について「過去を挙げて談ずる義なり」という辞書的定義を示し、続く**「南無阿弥陀仏をもて正定の業となづく」**の一文は「名号の法体を正定業と名づ」けているのだ、と言う。「まだ行者の受け取らぬ第十七願の諸仏咨嗟の諸仏の口に在る所の所行の名号を正定業といふ」ているのだ、というわけである。この説明では**「すでに」**の中身が何かが全く不明であるため、**「南無阿弥陀仏」**を法体名号として解釈するくだりが唐突の感を免れない。そもそも読者がここで法体名号に思い当たってくれることを著者の存覚上人が読者に期待しているとは、その筆致からみておよそ考えられないのではないかと思う（存覚師個人としては法体名号が念頭にあった、ということならば十分に考えられるとしても）。

正解は『略述』と『己卯録』の中間にあるように思われる。**「すでに」**とは『選択集』標宗の文のような（『真要鈔』本文から見て）遠いところを指しているのではなく、ほぼ直前に近いところに**「仏名を称する」**の一句を出した時のことを指しているのではないか。仏名を称するとは勿論、南無阿弥陀仏と称するのである。それを「称南無阿弥陀仏」ではなく、ただ**「南無阿弥陀仏」**と表記したとしても、差支えはないはずである。一般に「南無阿弥陀仏」という表記は様々に解され得る。それは本願成就の瞬間の法体名号とも解され得るし、諸仏咨嗟に至った所讃の名号とも解され得るし、本願招喚の勅命とも解され得るし、この口からお出ましあそばされる如来さまとも解され得るし、私が親様をお慕いして発する音声とも解され得る。どのように解するのが適切かは文脈次第である。今検討している本文箇所における**「南無阿弥陀仏」**は、諸仏咨嗟されてあるところの名号が暗黙に含意されつつ、表立っては直前の（e）の**「仏名を称する」**を承けたものである ― と読むのが最も自然な読み方であるように思われる。この**「南無阿弥陀仏」**を『己卯録』のように法体名号に特化してしまうと、**「南無阿弥陀仏をもて正定の業と名なづく」**の一文と、続く**「すなはち往生のまさしくさだまるたねは念仏の一行なり」**との繋がりが、不自然なものとなってしまうであろう。後者における**「念仏の一行」**の**「念仏」**が諸仏咨嗟の大行を指すものではないことは、すぐ後の**「しかれば、決定往生のこころざしあらんひとは、念仏の一行をもはらに」**すべしという文から見て、明らかである。

このように、**「すでに南無阿弥陀仏をもて正定の業となづく」**における**「南無阿弥陀仏」**を存覚上人が法体名号の意味に特化して書かれたとは思えないが、宗祖が「正定業」の体について少なくとも三つの言葉で語られていることについて、上人が知悉されていたことは言うまでもない。周知の通り、宗祖において正定業は、第一に「本願の名号は正定の業なり」（「正信偈」）のように名号と言われ、第二に「弘願を信ずるを報土の業とさだまるを正定の業と名づく」（『一念多念文意』）のように信心と言われ、第三に「正定の業因はすなはちこれ仏名をとなふるなり」（『尊号真像銘文』）のように称名であると言われる。宗祖義によれば、本願成就の名号が勅命となって私に徹到し、仰せの通りとなったところを信心と言い、この信心から名号が口業として露現することが称名であるから、信心と称名は機受の上で語られた名号に他ならない。従って正定業を右の「正信偈」におけるように名号自身において語ろうが、『一念多念文意』におけるように信心において語ろうが、『銘文』におけるように称名において語ろうが、その体は同一である。

そもそも法然聖人の称名正定業は能称の機功を往因とする教えではなく、所称の名号を往生の業として頂く教えであった。『選択集』「本願章」において法然聖人は、諸行に対して念仏が勝れている理由として「所以はいかんとならば、名号はこれ万徳の帰する所なり。然れば則ち弥陀一仏のあらゆる〔中略〕功徳、皆悉く阿弥陀仏の名号の中に摂在せり。故に名号の功徳最も勝となす。余行は然らず」（『聖典全 一』一二七〇・『註七祖』一二〇七）と述べられて、称名行為にではなく名号そのものに一切の功徳があるからだという説明をなされている。往因が衆生の称名行為にあるのではなく弥陀の名号にあるとは、往因は法蔵菩薩の五兆修行の証果にあるということである。「もはら我が名をとなえむ衆生をむかへむとちかひたまひて、兆載永劫の修行を衆生に回向したまふ」（『真聖全 四』七八二）。

なお最後の**「念仏の一行をもはらにして、専修専念・一向一心なるべ〔し〕」**についてであるが、この一向専修の念仏が勧められている対象を指す言葉として「十方衆生は」「皆人は」等とは言われず、**「決定往生のこころざしあらんひとは」**と言われている。これは条件を付けているのではなく、弥陀の調熟の光明によって**「決定往生のこころざし」**が芽生えるご縁を頂いた人はということであろう。**「決定往生のここ**

ろざし」も他力のお育てによるものであることは言うまでもない。

註

（1）**「祖師の解釈」**を「親鸞聖人のご領解」と読むこと（細川行信師『真宗教学史の研究　口伝鈔　浄土真要鈔』二七三頁）は不自然だと思う。ここまでの本文範囲では宗祖のご領解については何も言及がないからである。「祖師」は「浄土の祖師その数また多し」「道綽禅師は……浄土の祖師なり」（『聖典全　一』一三二四～一三二五・『註七祖』一二八六～一二八七）の例文からも分かるように、ごく一般的な語である。

（2）法蔵菩薩が諸々の往生行より正しく選択されたところの浄土往生の業因という意味。法然聖人『無量寿経釈』に「正定とは、法蔵菩薩……念仏往生の願を選定す。故に定と云ふなり」（『真聖全　四』二八四）とある等を根拠とする。

（3）浄土往生が決定している獲信者が報恩行として行ずる業作という意味。この義に対応する聖教上の御文は見出し難いが、信心正因称名報恩の常教に立てば正定業と言われる称名は報恩の作業となることからこの説が説かれるようになったと考えられる（桐渓順忍師『講座　真宗の安心論題』昭和五八年、教育新潮社、二〇七頁）。

（4）大派の講録では第一義が「決定往生の義」（『己卯録』）「決定業の義」（『随聞記』『略述』『講録』）、第二義が「選定の義」（『己卯録』）「選定業の義」（同上前）と称されており、第三の義についての言及は、ない。

（5）桐渓師前掲書　二〇七頁。

(B) 浄土異流と「親鸞聖人の一義」

(g) 種々の浄土異流の存在

しかるにこのごろ浄土の一宗にをいて、面々に義をたて行を論ずるいへいへ、みなかの黒谷のながれにあらずといふことなし。しかれども、解行みなおなじからず。おのおの真仮をあらそひ、たがひに邪正を論ず。まことに是非をわきまへがたしといへども、つらつらその正意をうかがふに、もろもろの雑行をゆるし諸行の往生を談ずる義、とをくは善導和尚の解釈にそむき、ちかくは源空聖人の本意にかなひがたきものをや。

(『聖典全 四』四八五・『註釈版』九五九)

法然聖人の教えはただ一通りに伝承されたわけではない。「行を論ずるいへいへ（家々）」とあるように、特に行をめぐる問題（諸行を許すか、許すならどのように位置づけるか、念仏は一念か多念か等々）において、「面々に義をたて」「おのおの真仮をあらそひ、たがいに邪正を」主張し合っていた。行以外にも、来迎不来迎の問題、体失不体失往生の問題等があった。これらの問題は一念多念の問題ともあわせて、信心にも関わってくる。『己卯録』『略述』『講録』のいずれも、「解行みなおなじからず」の

「解」を安心（信心）の意味であるとする。

応長元年（一三一一年）東大寺の凝然大徳が『浄土法門源流章』を著わしている。応長元年は法然聖人ご往生より百年後、『真要鈔』より十三年前のことである。その『浄土法門源流章』には「源空大徳の門人一にあらず」として、幸西、隆寛、証空、聖光、信空、行空、長西の七人の名が「面授の弟子」として挙げられている。『源流章』ではこのうち信空と行空を除く五人の教義が紹介されている。

『真要鈔』はこうした浄土異流の対立状況について、差し当りは**「まことに是非をわきまへがたし」**即ち、いずれが是でありいずれが非であるかの判断をつけることはまことに難しいとする。『己卯録』（四三〜四四頁を敷衍取意）によればこれは謙遜の表現であろうが、社交辞令の綺語ではない。なぜなら、是非の判断のためには善導法然両祖の[1]**「正意を」「つらつら」**うかがってみなければならぬとされているからである。現代の末学のわれらは諸行や雑行を許すは善導法然義に背くと当然のように思っているが、それは宗祖、覚師、存師、蓮師から現在に至るまでのご相承のお聖教のご指南があるためであり、善導法然当面をざっと読めば誤解の余地なく誰にでも直ちに分かるような事柄なのではない。例えば元祖が「三輩章」において諸行と念仏の関係を廃立、助正、傍正の三義から解釈していることは先に見たが、三義相互の優劣は「知りがたし」と言い、取捨を各人に任せるような記述がある。助正や傍正も可なりとされるならば、自ずと**「もろもろの雑行をゆるし諸行の往生を談ずる義」**への道が開かれることになるであろう。しかるに法然聖人の真意はあくまでも廃立なのである。つまり雑行の許容、諸行往生は断じて認められない。存覚上人のこの確信が、浄土異流は**「とをくは善導和尚の解釈にそむき、ちかくは源空聖人の本意にかなひがたきもの」**という強い批判の言葉となっているのである。

註

(1) 文中の**「つらつらその正意をうかがうに」**の**「その」**は、『己卯録』『随聞記』『略述』に従って、「善導大師・法然聖人の」の意味に解する。

(h) 当流こそ法然聖人を継承する

しかるにわが親鸞聖人の一義は、凡夫のまめやかに生死をはなるべきをしへ、衆生のすみやかに往生をとぐべきすすめなり。そのゆへは、ひとへにもろもろの雑行をなげすてて、もはら一向専修の一行をつとむるゆへなり。これすなはち余の一切の行はみなとりどりにめでたけれども、弥陀の本願にあらず、釈尊付属の教にあらず、諸仏証誠の法にあらず。念仏の一行はこれ弥陀選択の本願なり、釈尊付属の行なり、諸仏証誠の法なればなり。釈迦・弥陀をよび十方の諸仏の御こころにしたがひて念仏を信ぜんひと、かならず往生の大益をうべしといふこと、

うたがひあるべからず。

（『聖典全　四』四八五・『註釈版』九五九～九六〇）

「しかるに」は対照の言葉。先の**「善導和尚の解釈にそむき」「源空聖人の本意にかなひがたき」**浄土異流に対して、**「わが親鸞聖人の一義は」「もろもろの雑行をなげすてて、もはら一向専修の一行をつとむる」**ことを勧めるものであり、これこそ**「決定往生の肝心」**だったのであるから、この宗祖義こそ**「凡夫のまめやかに**（＝全くもって真実に）**生死をはなるべきをしへ、衆生のすみやかに往生をとぐべきすすめ」**である、と述べられてある。

続いて、弥陀の本願（『大経』）、釈尊の付属（『観経』）、諸仏の証誠（『小経』）という三つの観点から**「念仏の一行」**と**「余の一切の行」**との比較がなされる。まず念仏は第十八願に誓われてある唯一の行である。余行は**「弥陀の本願にあらず」**第十八願には誓われていない。次に念仏は『観経』流通分にて釈尊が阿難に付属した唯一の行である。余行の定散二善は正宗分にて長々と説かれてきたにもかかわらず、**「釈尊付属の教にあらず」**釈尊は阿難に付属されなかった。最後に念仏は六方の諸仏が証誠したもうた唯一の行である。余行は**「諸仏証誠の法にあらず」**であって、六方諸仏は余行を証誠されなかった。以上第一は『選択集』「本願章」の、第二は「念仏付属章」の、第三は「証誠章」の要義である。念仏以外の余行は**「みなとりどりにめでたけれども」**どれもそれぞれなりの小善根福徳があろうが、少善根福徳の因縁をもってしてはかの国に生まれることは得られないとして、釈尊は執持名号の念仏一行を説かれた。これは『選択集』「多善根章」の趣意である。

かくて**「念仏の一行はこれ弥陀選択の本願なり、釈尊付属の行なり、諸仏証誠の法な〔り〕」**念仏は弥陀の願意、釈尊の本意、諸仏の正意にかなっている。この三点を根拠として、(1)往生決定の行は念仏に限ると述べた元祖の「念仏大意」および「九条殿北政所御返事」については、先に見た。本鈔も右のことを根拠として**「釈迦・弥陀をよび十方の諸仏の御こころにしたがひて念仏を信ぜんひと、かならず往生の大益をうべしといふこと、うたがひあるべからず」**として念仏の信心が勧められる。

註

（1）宗祖の「行文類」二教対においても各々「有願無願対」「付属不付属対」「証不証対」として念仏と諸善（諸行）とが比較されてある（『聖典全 二』五七・『註釈版』一九九）。また存覚上人は『持名鈔』でも一向専修の念仏を往生決定の行とする根拠としてこれら三者を挙げておられる（『聖典全 四』五五八・『註釈版』一〇〇〇）。

（ⅰ）宿縁を慶び、報恩すべきであること

かくのごとく一向に行じ、一心に修すること、わが流のごとくなるはなし。さればこの流に帰して修行せんひと、ことごとく決定往生の行者なるべし。しかるにわれらさいはひにそのながれをくみて、もはらかのをしへをまもる。宿因のもよほすところ、よろこぶべし、たうとむべし。まことに恒沙の身命をすてても、かの恩徳を報ずべきものなり。

（『聖典全　四』四八五〜四八六・『註釈版』九六〇）

「かくのごとく」先に述べたごとく余行一切をさしおいて、念仏一行を**「一向に行じ、一心に修すること」**を説くに徹底しているのは、**「わが流のごとくなるはなし」**わが親鸞聖人の一流のみである。**「さればこの流に帰して修行せんひと」**だから親鸞聖人の一流に身を置いて念仏を修するひとが**「決定往生の行者」**であることになる。**「しかるにわれらさいはひにそのながれをくみて」**ところでわれらはさいわいにも親鸞聖人の一流に属し、**「もはらかのをしへをまもる」**聖人の教えのみに従う者であるが、それは**「宿因のもよほすところ」**過去世の因縁のしからしむるところであり、**「よろこぶべし、たうとむべし」**この尊い宿縁を喜ぶべきである。存覚上人はこのように述べ、**「まことに恒沙の身命をすてても、かの恩徳を報ずべきものなり」**何度生まれ変わって身命を捨てても、その御恩に報いなければならないとして、続けて善知識の

御恩について述べる（C）の段へと入っていく。

以上で問題があるとすれば、**「われら」**とはどの範囲を指すのかであろう。これに関連して二つの読み方が可能である。一つは、**「この流に帰して修行せん」**というフレーズαと、**「そのながれをくみて、もはらかのをしへをまもる」**というフレーズβとを同義と見なす読み方である。**「この流に帰して修行せんひと、ことごとく決定往生の行者なるべし」**と言われている以上（「なる」は断定助動詞「なり」の連体形）、αは、『真要鈔』の後出（第一問答）の言葉を使えば**「信心をうるとき往生すなはちさだまる」**（『聖典全 四』四八七・『註釈版』九六一～九六二）の成就を意味し、真実信心を獲得したことを指している。従って、αとβを同義とみなすこの第一の読み方に従うなら、くだんの**「われら」**とは、われら真実信心を頂いた者という意味となる。

他方いま一つの読み方は、αとβの表現上の微妙な違い――**「流に帰（す）」**と**「ながれをくむ」**の違い――を指示内容の違いとして解釈し、**「この流に帰して修行」**するのは獲信者を指しているが、**「そのながれをくみて、もはらかのをしへをまもる」**のはもっと広く、未信者をも含めた親鸞聖人一流にご縁のある人々全体を指している、と解する読み方である。この第二の読み方に従うなら、くだんの**「われら」**とはわれら宗祖の流れにご縁のある者全般という意味となる。

これに対しては次の異論があるかもしれない。即ち、すぐ続けて出されている**「かの恩徳を報ずべき

ものなり」というようなことは未信者に対しては言い得ないのではないか、なぜなら『正像末和讃』に「信心の智慧にいりてこそ　仏恩報ずる身とはなれ」とあり、『御文章』三帖十一通にも「弥陀願力の信心を獲得せしめたらん人のうへにおいてこそ、仏恩報尽とも、また師徳報謝なんどとも申すことはあるべけれ」とある、そのように報恩できるのは信心を得た人だけなのであるから ― と、このような疑問があるかもしれない。これに対しては次のように答えることができよう。すぐ後で引かれる**「自信教人信……真成報仏恩」**の聖語が示すように、「報仏恩」の第一歩こそ「自信」（自ら信ずること）なのである。信心を得ることこそが報恩の最初の一歩であることは、同じ『御文章』の三帖九通に「未安心のひとも、すみやかに本願真実の他力信心をとりて、わが身の今度の報土往生を決定せしめんこそ、まことに聖人報恩謝徳の懇志にあひかなふべけれ」とあることからも明らかである ― と。従って、未信者に対して**「かの恩徳を報ずべきものなり」**と呼びかけることは不可能なことではない、ということになる。

また逆に、第二の読み方を擁護する次のような議論もあるかもしれない。即ち、第二問答において**「ながれをくむやから、ただあふいで信をとるべし」**（『聖典全 四』四九一・『註釈版』九六五）という表現が出てくる。已信の者に「信をとるべし」とは言わないはずであろう。ということは**「ながれをくむやから」**には未信の者が含まれることになる、と。しかしこの議論は弱い。右にいう「信をとるべし」は「弥陀願力の信心を獲得」すべしと言われる信心と同じかどうかについては議論の余地があるし、そもそも目下の「**ながれをくむやから**」と第二問答におけるそれとがたとえ文字として一致していたとしても、だからといって指示対象が同じとは限らないからである。

そのような次第で、どちらの読み方が適切であるか決することは困難であるし、必ずしも必要なこととも思われない。ここでは、どちらの読みが適切かは敢えて決めない方がいいように思う。くだんの両フレーズにはそうした微妙な両義性が敢えて負わされているとさえ見ることも不可能ではないからである。個人的感想にすぎないが、このような両義的表現の使用は存覚上人の語りの特徴の一つではないかとも思われる。

(C)「仏恩を報ずるつとめ」

(j) 善知識の御恩

釈尊・善導この法をときあらはしたまふとも、源空・親鸞出世したまはずは、われらいかでか浄土をねがはん。たとひまた源空・親鸞世にいでたまふとも、次第相承の善知識ましまさずは、真実の信心をつたへがたし。善導和尚の『般舟讃』にいはく、「若非本師知識勧、弥陀浄土云何入」といへり。文のこころは、「もし本師知識のす

すめにあらずは、弥陀の浄土にいかんしてかいらん」となり。知識のすすめなくしては、浄土にむまるべからずとみえたり。また法照禅師の『五会法事讃』にいはく、「曠劫以来流浪久、随縁六道受輪廻、不遇往生善知識、誰能相勧得回帰」といへり。この文のこころは、「曠劫よりこのかた流浪せしことひさし、六道生死にめぐりてさまざまの輪廻のくるしみをうけき。往生の善知識にあはずは、たれかよくあひすすめて弥陀の浄土にむまるることをえん」となり。

（『聖典全 四』四八六・『註釈版』九六〇～九六一）

ここでは、宗祖の源空讃「善導源信すすむとも 本師源空ひろめずは 片州濁世のともがらは いかでか真宗をさとらまし」と類似のトーンによって、「釈尊・善導」「源空・親鸞」「次第相承の善知識」を讃嘆する。ここで特に釈尊・善導大師・源空聖人の名が挙げられているのは、『真要鈔』冒頭よりここに至るまで、『大経』の願文と三輩段（釈尊）、「散善義」（善導）、そして「三選の文」（源空）から引文してきたことに合わせてのことであろう。「次第相承の善知識」とは、この『真要鈔』の著者にとっては如信上人と覚如上人を指すが、後世にも通じるように、「次第相承の善知識」という抽象的な言葉で表現したのであろう。なお「次第相承の善知識ましまさずは、真実の信心をつたへがたし」とあって、「真実の信心」という真宗にとって大切な言葉が、ここで初めて出されている。『真要鈔』冒頭ではただ「念仏の信心」という言葉で出されていたものが、他力回向の念仏の信心であることが初めて明かされ、それが源空聖人の念仏往生義の正意であったことがさりげなく示されている。

続いて『般舟讃』からの引文と訓読が出される。この**「もし本師知識のすすめにあらずは、弥陀の浄土にいかんしてかいらん」**という文は、「なんぞ今日宝国に至るを期する　実にこれ娑婆本師の力なり」の前句（『聖典全　一』九八一・『註七祖』七四四）から直接するものであって、従って句中の**「本師知識」**は『般舟讃』当面では「娑婆本師」即ち釈尊ただ一人を指す。しかし『真要鈔』では右記の前句が省略されたかたちで当該文脈に埋め込まれた結果、**「本師」**は釈尊を指すものの、**「知識」**の方は七高僧から宗祖そして次第相承の善知識を指示ないし含意するものとなっている。(1)

更に続いて法照禅師『五会法事讃』（具名『浄土五会念仏略法事儀讃』）からの引文がある。法照禅師は八～九世紀の律宗の僧で、この方の文は宗祖の「行文類」にもしばしば引用されている。また宗祖の『唯信鈔文意』にて最初に注釈される御文「如来の尊号は甚だ分明なり。十方世界に普く流行せしむ」云々は法照禅師の文であり、その注釈の最後に、「この文は、後善導法照禅師とまふす聖人の御釈なり。〔中略〕唐朝の光明寺の善導和尚の化身なり」（『聖典全　二』六九一～六九二・『註釈版』七〇四）と讃えられてある。さて、この『五会法事讃』からの引文であるが、先と同様に続いて訓読が施されている。ただし最初の**「曠劫以来流浪久」**を**「曠劫よりこのかた流浪せしことひさし」**と読んであるのは純粋な訓読であるが、**「随縁六道受輪廻」**〔縁に随ふて六道に輪廻を受く〕」を**「六道生死にめぐりてさまざまの輪廻のく**

るしみをうけき」としたのは訓釈である。後半も同様で、「**不遇往生善知識**」を「**往生の善知識にあはずは**」と読んだのは直訳であり、「**誰能相勧得回帰**〔誰か能く相ひ勧めて回帰することを得ん〕」を「**たれかよくあひすすめて弥陀の浄土にむまるることをえん**」と訓じたのは意訳である。「**回帰**」は『略述』〔一六頁〕は「回入帰依」とするが、回心帰入の方がよいように思う。

さて、ここで述べられている「**曠劫よりこのかた流浪せしこと久し、六道生死にめぐりてさまざまの輪廻のくるしみをうけき**」は仏教全般の、とりわけ浄土教の出発点となる問題である。なぜなら、聖道門に相応しい聖者の機類であればたとえ輪廻の苦を受けるとしてもそれが（少なくとも「聖道」の概念からみる限りでは）無窮ではないが、浄土門に相応しい機類においては輪廻は無窮であるより他はないからである。『論註』にいう、「哀れなるかな衆生、この三界にしばられて顛倒不浄なり。〔中略〕この三界はけだしこれ生死の凡夫の流転の闇宅なり」〔『聖典全 一』四五六～四五七・『註七祖』五七～五八〕、「凡夫の衆生は身口意の三業に罪を造るを以て、三界に輪転して窮まり已むことあることなからむ」〔同上 五〇八・一二八〕。『安楽集』にいう、「無始劫よりこのかたここに在りて、輪廻無窮にして身を受くること無数なることを明かす〔中略〕六道に輪廻して苦楽の二報を受け、生死窮りなし」〔同上 六〇九・二三六〕。『観経疏』にいう、「自身は現にこれ罪悪生死の凡夫、曠劫よりこのかた常に没し常に流転して、出離の縁あることなし」〔同上 七六二・四五七〕、『法事讃』にいう、「娑婆広大にして火宅無辺なり。六道にあまねく居して重昏永夜なり。生盲無目にして慧照いまだ期せず。引導無方なれども、ともに死地に摧く。循還来去して逝水長流に等し。託命投神して、誰かこれを能く救はむ。これすなはち識含無際にして、窮塵の劫さらに踰えたり」（同上 八〇一・五〇七）。「六道にあまねく居して」は地獄・餓鬼・畜生・阿修羅・人・天の境界をまんべんなく経めぐってということ、「重昏永夜」は六道のいずれにおいても悟りの明るさは得られず迷いの夜はいつまでも続くということ、「循還来去」「逝水長流」も同じく輪廻無窮の意を強く示唆する言葉であり、最後の「識含無際にして、窮塵の劫さらに踰えたり」は、有情の迷いは過去を遡ること無限の昔からであり塵点劫よりも越えている、ということである。われわれが久遠劫より輪廻してきて未だに輪廻から出離できないことを歎き悲しむ善導大師の肉声が聞こえてくるようである。どうしても浄土門が開かれねばならなかった必然性が迫ってくる。

『往生要集』にいう、「悪を作りて苦を受く。徒に生じ徒に死して、輪転、際なし。『経』の偈に云ふが如し。『一人一劫の中に受けたる所の諸の身骨を、常に積みて腐敗せずは、毘布羅山の如けむ』と。一劫のすら、なほししかなり。況や無量劫のをや。我等、未だむかしにも道を修せざるが故に、徒に無辺劫を歴たり。今もし勤修せずは、未来もまた然るべし」（同上 一〇四〇・八四二）。源空聖人『無量寿経釈』にいう、「過去生生世世、弥陀の誓願に値はざりければ、今三界皆苦の火宅に在りて、いまだ四徳常楽の宝城に至らず。過去みな以てかくの如し。未来また空しく送るべし」（『真聖全 四』二一七四)。宗祖聖人の「三時讃」にいう、「往相・還相の回向に　まうあはぬ身となりにせば　流転輪廻もきはもなし　苦海の沈淪いかがせん」(『聖典全　二』四九一・『註釈版』六〇八)。以上はどれも典型的な例だけを挙げた。類似のものは数多くある。輪廻無窮であらざるを得ない、しかるにその無窮の輪廻から解脱しなければならない凡夫のために説かれた仏道が浄土門だ、ということである。

存覚上人も、これら祖師方の問題意識をそのまま継承されている。『持名鈔』にいう、「われらがありさまをおもふに、地獄・餓鬼・畜生の三悪をまぬかれんこと、道理としてはあるまじきことなり。十悪・三毒、身にまつはれて、とこしなへに輪廻生死の因をつみ、五塵・六欲こころにそみて、ほしいままに三有流転の業をかさぬ。五篇・七聚の戒品ひとつとしてこれをたもつことなく、六度・四摂の功徳ひとつとしてこころにもかけず。あさなゆふなにおこすところはみな妄念、とにもかくにもきざすところはことごとく悪業なり。かかる罪障の凡夫にては、人中・天上の果報をえんこともなをかたかるべし。いかにいはんや出過三界の浄土にむまれんことは、おもひよらぬことなり」(『聖典全　四』五七二〜五七三・『註釈版』一〇一五)。晩年の『存覚法語』でも繰り返される。「業愛痴の縄ひとをしばりてをくれば、われらいかでか獄卒の呵責をまぬかれん。業風のふくにしたがひて苦のなかにおつれば、罪人なんぞ泥梨の苦にもれん。〔中略〕これらの三業の罪愆は多生のあひだにもことごとくこれをおかし、かくのごときの一切の惑障は今世にもみなこれを具せり。染浄の因にこたへて善悪の果をうるならば、『垢障覆深』の凡夫なににによりてか輪廻の果報をまぬかるべき。曠劫の流転もこれによれり、未来の沈淪もまたおなじかるべし」（『聖典全 四』八二九・『真聖全 三』三五六～三五七）。

凡夫は自力では金輪際、輪廻から解脱できない。輪廻から解脱できないということは生老病死をはじめとする八苦を際限なく繰り返していく、言い換えればどこまでいっても苦しみ続けなければならないということである。そのように輪廻無窮に決まっているこの身を、その輪廻の苦しみから救って下さったのが弥陀の本願であり、本願信受を勧めて下さった**「往生の善知識」**なのである。まことに謝せずんばあるべからずと言うより他はない。右に引用した『持名鈔』の文章の直前にあって、右の内容の帰結をなすものこそ以下の文章である。「おほよそ無始よりこのかた生死にめぐりて六道四生をすみかとせしに、いまながき輪廻のきづなをきりて無為の浄土に生ぜんこと、釈迦弥陀二世尊の大悲によらずといふことなく、代々相承の祖師・先徳・善知識の恩徳にあらずといふことなし」（『聖典全 四』五七二・『註釈版』一〇一四～一〇一五）。『真要抄』の今の箇所と同じ趣旨が述べられていることが見て取れる。

なお後の第十二節（D）とも関連するが、真如においては輪廻はない。言い換えるなら、輪廻は言わば夢幻なのであって、実在しはしない。しかしだからといって、「輪廻はない」とか、「生死（輪廻）がそのまま涅槃である」とか、まして「煩悩と菩提を区別し煩悩を否定的にみること自体が間違いである」などと、われらが考えるならば、大きな過ちを犯すことになる。輪廻が実在しないこと、即ち真如にあっては輪廻が存在しないことは、輪廻から解脱した境界が涅槃（真如）なのだから、当たり前のことである。輪廻から解脱してもいないわれらがその言葉だけを捉えて右のように言うのは、現に飯を貪り喰いながら「貪りなど実在しない」と言っているようなものである。夢はあくまでも夢として実在しはしないが、夢を見ている当人にとっては夢の世界こそが彼の現実世界であるとしか言いようがないであろう。夢を実在との対比において語り得るのは夢から覚めた存在者だけであって、[2]夢の世界に閉じ込められている当人にはその種の語りは拒まれている（たとえ言葉の上ではそう語ったとしても文字通り「寝言」にすぎない）。同様、輪廻の迷界は実在しないが、迷っているわれらにとってはこの迷いの世界こそがわれらが今生きている現実世界であると言うしかないはずである。かくて輪廻は、われらが今現に迷って嵌まり込んでいる夢幻の現実として、少なくとも今（まで）は有る。当然のことながらどの祖師方も輪廻と涅槃のこの構造は弁えておられるのであって、[3]存覚上人も勿論例外ではない。『決智鈔』に言われる。「まよひの凡夫は、煩悩即菩提ときけどもその理を達せざれば、煩悩はもとの煩悩にて罪因となり、菩提はもとの菩提にてまたく正見にかなはず。生死即涅槃と観ぜんとすれどもそのさとりをえざれば、生死はもとの生死にて六道に輪廻〔す〕」（『聖典全 四』六七一・『真聖全 三』一八八）。

註

（1）宗祖は、この『般舟讃』の文を右記の前句をも含めたかたちで「信文類」真仏弟子釈（『聖典全 二』一〇一・『註釈版』二六〇）ならびに「化身土文類」真門釈（同上 二〇九・四一一）に引文されている。これが真仏弟子釈のみならず真門釈でも引文されていることは、先の（i）で述べた事柄、即ち自力建立の信心の行者にも報恩が勧められているということを確証するものではないか。無論それは自力建立の信心でよしとすることではなく、「仏智うたがふつみふかし」と懺悔回心して他力回向の信心を領受することこそ報恩の第一歩である、ということなのである。

（2）例えば「地獄も真如なり、餓鬼も真如なり。真如を実の仏と名くれば、十界悉く仏界と云事明なり」（『聖典全 四』七六八〜七六九・『真聖全 三』二三二）などが、夢を実在との対比において語る語りの一例である。そしてこのような語りを真になし得るのは「地獄の門に遊戯」しうる存在者（同上 七八五・二五一）のみである。

（3）特に源信僧都はこの構造について表明的に語られた（『聖典全 一』一〇八〇・『註七祖』九〇九、同 一〇八四・九一五）。

（k）「自信教人信」こそ報恩

しかれば、かつは仏恩を報ぜんがため、かつは師徳を謝せんがために、この法を十方にひろめて、一切衆生をし

て西方の一土にすすめいれしむべきなり。『往生礼讃』にいはく、「自信教人信、難中転更難、大悲伝普化、真成報仏恩」といへり。こころは、「みづからもこの法を信じ、ひとをしても信ぜしむること、かたきがなかにうたたさらにかたし。弥陀の大悲をつたへてあまねく衆生を化する、これまことに仏恩を報ずるつとめなり」といふなり。
（『聖典全 四』四八六～四八七・『註釈版』九六一）

仏恩と師徳を報謝するために、専修念仏の教えを人々に勧めるべきであると述べられ、『往生礼讃』の「**自信教人信**（自ら信じ人を教へて信ぜしむること）、**難中転更難**（難きが中にうたた更に難し）、**大悲伝普化**（大悲をもて伝へて普く化するは）、**真成報仏恩**（真に仏恩を報ずるに成る）」の文が引かれ、[1]「**弥陀の大悲をつたへてあまねく衆生を化する、これまことに仏恩を報ずるつとめなり**」として、意訳がなされている。

当該文は「初夜讃」の文で（『聖典全 一』九二八・『註七祖』六七六）、『大経』流通分の「若聞斯経 信楽受持難中之難 無過此難」に基づいている。「自信」が「難中之難 無過此難」であればこそ、その僥倖を賜った者はその賜った恵みを伝えなければならない。それがたとえ一人にであったとしても、それだけで大悲の普化は連続することになり、同様のことが繰り返されるだけで大悲弘普化となる、即ち連続無窮することとなるからである。「もし一人も苦を捨てて生死を出づることを得れば、これを真に仏恩を報ずと名づく」（『聖典全 一』七三〇・『註七祖』四一〇）。

『講録(上)』(五六頁)は、「自信」が報恩だという教説は信因称報の義に背くことにはならないのかという疑問を取りあげている。その答は、信因称報は従機向法で言われることであって、「従法向機で弥陀の御手前より云へば、信ずるも仏意に叶ひ、念仏申すも仏意に契ふゆへ、悉く報恩なり」となる。また称名念仏は歓喜感謝の自然な発露であるとともに、当人には自覚されなくとも自然と仏化助成となっている。それは即ち教人信に他ならない。

註

(1) この文は、(「大悲伝普化」を「大悲弘普化」とした智昇法師『集諸経礼懺儀』所収の当該文が意図的に採用されて、)宗祖「信文類」真仏弟子釈(『聖典全 二』一〇一・『註釈版』二六一)と「化身土文類」真門釈(同上二〇九・四一二)の両方において、先の(j)で見た『般舟讃』引文に引き続いて引かれているものである。これの意味するところは(j)の注(1)で触れた。「自ら信じ」これが報恩の出発点である。

第三節　第一問答 ― 平生業成・不来迎義

以下の十四番の問答のうちの第一問答。(A)宗祖義は平生業成の教えであるが臨終業成を排しない、ただ臨終来迎を望む必要のない宗旨であることを明言し、（B）信の一念において往生決定の利益を得ることを「正信偈」の文によって述べ、（C）その利益を改めて住正定聚・不退転の益として確かめ、（D）故に臨終来迎不要なりとの旨を『末燈鈔』の文を出して示す、という流れで進められる。

（A）宗祖義の根本は平生業成・不来迎

問ていはく、諸流の異義まちまちなるなかに、往生の一道において、あるひは平生業成の義を談じ、あるひは臨終往生ののぞみをかけ、あるひは来迎の義を執し、あるひは不来迎のむねを成ず。いまわが流に談ずるところ、これらの義のなかにはいづれの義ぞや。

こたへていはく、親鸞聖人の一流においては、平生業成の義にして臨終往生ののぞみを本とせず、不来迎の談にして来迎の義を執せず。ただし平生業成といふは、平生に仏法にあふ機にとりてのことなり。もし臨終に法にあはば、その機は臨終に往生すべし。平生をいはず、臨終をいはず、ただ信心をうるとき往生すなはちさだまるとなり。これを即得往生といふ。

（『聖典全 四』四八七・『註釈版』九六一～九六二）

第二節の（g）で述べたように、法然聖人門下からは様々な流派が出た。各流派は浄土往生の道のありかたをめぐって、それぞれ異なる見解を持っていた。それらのうちここで取りあげられるのは、いわゆる平生業成あるいは来迎不来迎の問題である。この問題に関して**「あるひは平生業成の義を談じ、あるひは臨終往生ののぞみをかけ、あるひは来迎の義を執し、あるひは不来迎のむねを成ず」**というように、様々な見解があった。このように**「諸流の異義まちまちなるなか」**で**「わが流に談ずるところ」**は[1]**「いづれの義ぞや」**と問うている。

「往生の一道において、あるひは平生業成の義を談じ、あるひは臨終往生ののぞみをかけ、あるひは来迎の義を執し、あるひは不来迎のむねを成ず」という語り口からすると、四つの立場が示されているようにも見える。しかしここは、平生業成にして不来迎義の当流と、臨終業成にして来迎義の他流との二つの立場が示されている、と見るべきであろう。『己卯録』（五七頁）は当該文を、平生業成義vs臨終業成義、そして更に来迎義vs不来迎義という、二種の観点にわたる対立を語ったものと読んで、形式的には四通りの組み合わせが可能であるが不来迎義は当流だけのものである故に全部で三通りの立場があるとして、西山義を平生業成義かつ来迎義というカテゴリーに分類しているが、あまり良い解釈のようには思えない。少なくとも『真要鈔』拝読に当たっては不必要に煩雑な解釈と言ってよいのではないか。というのも『真要鈔』のすぐ後の記述は、明らかに臨終業成義と来迎義とを連続的に捉えているからである。即ち当該問題についての宗祖の見解を確認する一段として、『真要鈔』は宗祖の言葉を要約的に引くが、そこには**「来迎は諸行往生にあり、自力の行者なるがゆへに。臨終まつことと来迎たのむことは、**

諸行往生のひとにいふべし。真実信心の行人は〔中略〕臨終まつことなし、来迎たのむことなし」（『聖典全 四』四八九・『註釈版』九六四）とあって、そこでは明らかに臨終業成と来迎たのむこととが同じ事柄の二つの側面であると見られているからである。それ故これを引いて当該問題の答としている『真要鈔』もまた同じ見方である、と見るのが自然である。

さて、『真要鈔』は、「**親鸞聖人の一流においては、平生業成の義にして臨終往生ののぞみを本とせず、不来迎の談にして来迎の義を執せず**」とする。臨終往生ののぞみを「**本**」としないとか、来迎の義に「**執着**」しないといった表現には、臨終業成そのものや来迎そのものについては必ずしも全面的に否定するのではないようなニュアンスがあるとも受け取れる。このように受け取った場合には、続く「**臨終に法にあはば、その機は臨終に往生すべし。平生をいはず、臨終をいはず、ただ信心をうるとき往生すなはちさだまるとなり**」という部分がこのニュアンスの意味の事実上の説明となっている、と読めるであろう。即ち、平生業成義の本質は、信心を得る時に往生も定まると説く点にあるのであって、それは臨終業成そのものの否定（臨終に業因成就することなどあり得ないとすること）をいうものではない。平生であろうが臨終であろうが、そうしたこととは無関係に、信心を得た時が往生が定まった時であると説くのが平生業成義の核心なのである。従って、もし平生において信心を得ることができなかった人が、臨終を間近に控えた死の床にて信心を得る「**のぞみ**」がかかることを排撃しているのではない。平生業成義が排撃しているのは諸行往生、あるいは自力往生なのであって、臨終における業因成就、即ち臨終における信心決定往生一定までもが否定されているわけではないのである。この種の臨終業成は、言わば平生業成義に包括される臨終業成だと言えるであろう。

これに対し、平生業成義と対立する限りでの臨終業成義では、平生と臨終という時の対立そのものが本質的なものとなる。平生ではなく臨終が決定的に重要な時となり、それに伴ってまた臨終来迎にも重大な関心が持たれることとなる。臨終業成義においてはなぜ平生と臨終という時の対立が本質的なものとなるのか。先ほどの『末燈鈔』の文は、この問題に事実上答えたものと言い得る。即ち、臨終業成義の核心は諸行往生、つまりは自力往生にある。自力であるから、その人の次生の因がいかなるものとなるか ― 往生可能な因にまで成就がなされたかどうか ― は、必然的に、彼が全ての自力の行を積み終わってからでないと最終決定されることができない。つまりは彼の生涯の最後の時、即ち臨終に至って初めて最終決定されることにならざるを得ない。こうして臨終は、自力の行者がその生涯に積み上げた善根功徳が総決算を迎えるという、極めて重要な時となる。そして、最後の総決算の時が最も重要な時となるというこのことは、それまでの平生の時には行者には心からの満足があり得ないことを意味する。満足があり得ないとは裏返せば不安がつきまとうということである。時が窮り臨終を迎えたからといって、そのこと（つまりそうした時の経過、極まり）だけをもってこの不安が安心に転ぜられる道理がない。そこで来迎が行者の安心のためにどうしても要請されることになる。ここに来迎の義が「執」せられずにはいられない所以があると言えよう。

これに対し、平生にであれ臨終にであれともかく他力回向の信心を領受した念仏行者は、願と行を具足した南無阿弥陀仏という仏の喚声が至り届いたのであるから、それで往生は決まったのであり、**「これを即得往生といふ」**即ち名号徹到による往生決定こそが本願成就文で「即ち往生を得」と説かれていることなのだ、というのが、ここでの存師の説示である。往生一定の他力信心の念仏行者は、至り届いた南無阿弥陀仏ひとつで満ち足りている。満足しているから、来迎を期待する必要がない。だからまた来迎に執着することはあり得ないのである。

註

（1）**「わが流に談ずるところ」**は**「いづれの義ぞや」**という問の出し方からは、『真要鈔』が対外論争的な性格のものではなく、当流での会読のように、自流の教えを問答を通して確かめていく性格のものであることを示している。他流との論争であれば答の中で自流宗祖の御文を出しても無効のはずであるが、本鈔ではしばしば宗祖の御文が権威あるものとして出されているということは、本鈔の性格が右のようなものであることの証左であると言える。以上は『己卯録』（七八〜七九頁）の指摘である。『真要鈔』の文脈を離れて、法然聖人、弁長上人、証空上人、親鸞聖人のそれぞれの平生と臨終および来迎についての見方を確認しようと思う人は、例えば浅井成海師『浄土教入門』（平成元年、本願寺出版社）の第Ⅵ章と第Ⅶ章、あるいは同師『法然とその門弟の教義研究』（平成一六年、永田文昌堂）第四章の各節に来迎をテーマにした項があるので、そちらを参照されたい。

(B) 平生業成義に基づく「即得往生」の解釈

これによりて、わが聖人のあつめたまへる『教行証の文類』の第二、「正信偈」の文にいはく、「能発一念喜愛心、不断煩悩得涅槃、凡聖逆謗斉回入、如衆水入海一味」といへり。この文のこころは、「よく一念歓喜の信心をおこせば、煩悩を断ぜざる具縛の凡夫ながらすなはち涅槃の分をう。凡夫も聖人も五逆も謗法もひとしくむまる。たとへばもろもろのみづのうみにいりぬれば、ひとつうしほのあぢはひとなるがごとく、善悪さらにへだてなし」といふこころなり。ただ一念の信心さだまるとき、竪に貪・瞋・痴・慢の煩悩を断ぜずといへども、横に三界六道輪廻の果報をとづる義あり。しかりといへども、いまだ凡身をすてず、なほ果縛の穢体なるほどは、摂取の光明のわが身をてらしたまふをもしらず、化仏・菩薩のまなこのまへにましますをもみたてまつらず。しかるに一期のいのちすでにつきて、いきたへ、まなことづるとき、かねて証得しつる往生のことわりここにあらはれて、仏・菩薩の相好をも拝し、浄土の荘厳をもみるなり。これさらに臨終のときはじめてうる往生にはあらず。されば至心信楽の信心をえながら、なほ往生をほかにをきて、臨終のときはじめてえんとはおもふべからず。し

たがひて信心開発のとき、摂取の光益のなかにありて往生を証得しつるうへには、いのちをはるとき、ただそのさとりのあらはるるばかりなり。ことあたらしくはじめて聖衆の来迎にあづからんことを期すべからずとなり。

（『聖典全 四』四八七〜四八八・『註釈版』九六二〜九六三）

右の一段は、先の（A）の最後に言及された本願成就文の**「即得往生」**を、宗祖の「正信偈」の文に基づいて解釈したものである。まず「正信偈」の文が出され、訓釈が施される。以下、瞥見していく。

まず原文の**「一念喜愛心」**が**「一念歓喜の信心」**と訓釈され、意味内容がより明確化されている。そして原文の**「不断煩悩**〔煩悩を断ぜずして〕**」**が**「煩悩を断ぜざる具縛の凡夫ながら」**と敷衍されている。続く**「得涅槃**〔涅槃を得〕**」**が**「涅槃の分を得」**となっているのは、『論註』の「煩悩を断ぜずして涅槃分を得」（『聖典全 一』四九五・『註七祖』一一二）の文字に戻したのであろう。「正信偈」の「（不断煩悩）得涅槃」は『銘文』の御自釈によれば「無上大涅槃をさとるをうる」（『聖典全 二』六五二・『註釈版』六七二）ということであるから、証大涅槃の当益である。しかし今の文脈は現生での平生業成であるから、存覚上人の意図としてはここは現益でなければならない。「涅槃の分を得」という言葉によって涅槃の因を得るという意味を表す意図があったということである。(1)

次の**「凡聖逆謗」**は意味を取って**「凡夫も聖人も五逆も謗法も」**と読まれる。次に**「斉回入**〈ひとしく回入す〉**」**が、なぜか**「ひとしくむまる」**と読み替えられている。当該字句に関する宗祖の御自釈によれば、**「回入」**は「回心して真実信心海に帰入」することであり〈『聖典全 二』六五二・『註釈版』六七二〉、現生の事柄である。他方**「むまる」**とは当来の事柄である。勿論それらは因のところで示すか果のところで示すかの違いにすぎないのであって、全く別の事柄ではないのであるが、読み替えの必然性が分からない。[2]読み替えが今の文脈に影響されてのものでない証拠には、存師は『六要鈔』でもこの「ひとしく回入すれば」を「ひとしく仏願に乗じて同じく報土に生ずれば」〈『聖典全 四』一〇八七・『真聖全 二』二六七〉と解説して、宗祖の御自釈では表されていなかった当来の義を付加している。もっとも、些細な問題と思われるので深入りは避けることにしたい。さて、自力を捨てて本願力に乗ずるの一点では善悪諸機に何の違いもなく、譬えるなら**「如衆水入海一味**〈衆水、海に入りて一味なるが如し〉**」**であることを、『真要鈔』は、**「たとへばもろもろのみづのうみにいりぬれば、ひとつうしほのあぢはひとなるがごとく、善悪さらにへだてなし」**と解説している。先の読み替えがここに影響しないことは、回心の時点で善悪浄穢もなかりけりである以上、往生の時点でもそれは同様であることから明らかである。

さて、「正信偈」の**「能発一念喜愛心」**以下四句を以上のように解説して、それを**「ただ一念の信心さだまるとき、竪に貪・瞋・痴・慢の煩悩を断ぜずといへども、横に三界六道輪廻の果報をとづる義あり」**とまとめている。**「ただ一念の信心さだまるとき」**は**「能発一念喜愛心」**に、**「竪に貪・瞋・痴・慢の煩悩を断ぜずといへども」**は**「不断煩悩」**に、**「横に三界六道輪廻の果報をとづる義あり」**は**「得涅槃」**に対応する。順に見ていくなら、まず**「竪に」**とは自力での意、**「横に」**は他力に依っての意である。(3)**「三界六道輪廻の果報をとづる」**とは、六道、即ち地獄界・餓鬼道・畜生道・修羅道・人間界・天界の一部は欲界、残りの天界の全部は色界・無色界とにわたってあるが、こうした欲界・色界・無色界の三界にわたり六道を延々と輪廻転生しているのがわれら衆生である、けれども他力に依るならばこの六道輪廻は今生をもって打ち止めとなる、即ち往生成仏するということである。往生して涅槃を得ることを、**「六道輪廻の果報をとづる」**即ち来世の輪廻という結果が招来されず閉じられた、と表現したのである。――こうして信心定まる時、煩悩具足の身のままで往生もまた定まるという平生業成の義を述べた文として、**「能発一念喜愛心」**以下の句が解釈されたわけである。

続く**「しかりといへども」**以下より(B)の最後までは、この平生業成義に基づいて**「即得往生」**を解釈し、そこからの帰結として不来迎義を導出するものである。まず**「いまだ凡身をすてず、なを果縛の穢体な〔り〕」**とある。**「果縛」**は「子縛」に対する語で、煩悩に縛せらるるを子縛(「子」は種子、即ち因の意)、苦果に縛せらるるを果縛と言う(『望月仏教大辞典』「子縛果縛」の項)。われらは臨終に至るまで**「果縛の穢体」**なのであり、その限りで、われらは**「摂取の光明のわが身をてらしたまふをもしらず」**と述べられてある。しかし、すぐ次の（C）にてわれらは**「摂取心光常照護**（摂取の心光、常に照護したまふ）**」**の文を見るわけであるから、勿論、教えとしてはそのことを知っているのである。従ってここで**「摂取の光明のわが身を照らしたまふをもしらず」**とあるのは、同じく「正信偈」の句で言うなら「我亦在彼摂取中、煩悩障眼雖不見、大悲無倦常照我」ということに他ならない。

続いて**「一念の信心さだまる」**者には**「化仏・菩薩のまなこのまへにましますす」**とある。これは、『己卯録』（六九～七〇頁）によれば、『観経』に普観の観察利益として「無量寿仏の化身無数にして、観世音・大勢至とともに、つねにこの行人の所に来至す」とあるのが、『礼讃』では「もし阿弥陀仏を称・礼・念して、かの国に往生せんと願ずれば、かの仏すなはち無数の化仏、無数の化観音・勢至菩薩を遣はして、行者を護念せしめたまふ」（『聖典全　二』九五七・『註七祖』七一二）として念仏の利益に転釈されたのを、元祖が『選択集』にて「六方諸仏、念仏行者を護念したまふ文」の一つとして引文されたこと（同上一三二一・一二八二）によるものであるという。宗祖も『唯信鈔文意』にて、やはりこの『礼讃』の文を真実信心の念仏者の利益として取意引文されていると見ることができる。即ち、「南無阿弥陀仏は智慧の名号なれば、この不可思議光仏の御なを信受して憶念すれば〈中略〉弥陀無数の化仏・無数の化観音・化大勢至等の無量無数の聖衆、みづからつねにときをきらはず、ところをへだてず、真実信心をえたるひとにそひたまひてまもりたまふ」（『聖典全　二』六八六～六八七・『註釈版』七〇一）。「現世利益和讃」

にも「無碍光仏のひかりには　無数の阿弥陀ましまして　化仏おのおのことごとく　真実信心をまもるなり」とある。

こうして真実信心の念仏者には「**化仏・菩薩のまなこのまへにましますす**」のであるが、やはり煩悩が妨げとなってそのお姿を「**みたてまつらず**」拝見することができない。「**しかるに一期のいのちすでにつきて、いきたへ、まなことづるとき**」即ち臨終一念の夕において、「**かねて証得しつる往生のことわりここにあらはれ**」る。「**かねて証得しつる往生のことわり**」は、前出の信一念の時に得ると述べられた「**涅槃の分**」を承ける語句であり、往生成仏の因のことである。「**証得**」という、単に「得る」以上の強いニュアンスを伴った語が使われていることが注目されるが、(4) 意図的なものかどうかはわからない。ともかく「**かねて証得しつる往生のことはり**」即ち往生成仏の因が「**ここにあらはれ**」るとは、当該の因がその果を結ぶということに他ならない。果を結んだその時に、往生者は「**仏・菩薩の相好をも拝し、浄土の荘厳をもみる**」のである。ここで拝される相好や荘厳は往生の後に現れるものであって、往生の時に（往生の一念に）現れるものではない。だから、後の第七問答において、穢土から浄土へ往生するのは一瞬のことなのだから、その間に来迎など入る余地はないとの趣旨の議論が展開されている（『聖典全　四』五〇七・『註釈版』九八三）けれども、右の「**仏・菩薩の相好をも拝**」するという記述がその議論と矛盾することは、ない。ここで「**拝す**」と言われている「**仏・菩薩**」は来迎の仏ではないわけである。

往生の後に拝される相好や荘厳だと述べたが、後のことだからといってどこか遠くにあるのではない。全く逆で、先ほども述べられていたように、それら相好は信の一念に**「まなこのまへにまします」**のである。あくまでも**「かねて証得しつる」**ものが穢身主体の滅亡と共に全顕するというだけである。それまでも（煩悩に覆われて）あったものが、単に覆いを取られるというだけである。それに対して「今まで無き仏菩薩が俄かに浄土から現じたまふならば、それは第十九の願の来迎なり」（『己卯録』七三頁）(5)。

続く**「これさらに臨終のときはじめてうる往生にはあらず」**という文には注意が必要である。「これさらに臨終のときはじめてさだまる往生にあらず」であれば誤解の余地はないのであるが、「定まる」が「得る」と表現されているため、平生の時に往生という果そのものを得る（真宗義に従えば証大涅槃する）と誤解する読み手もいないとは限らない。「定まる」が「得る」と表現されているのは、先の（A）の最後に**「信心をうるとき往生すなはちさだまるとなり。これを即得往生といふ」**とあったのを受けてのことである。即ち、**「さだまる」**を**「得〔る〕」**と**「いふ」**のである。あるいは逆に、成就文の「得る」とは「定まる」の意味なのだということである。

存覚上人は「定まる」という語を、果を決定づける因についてはその因が成立した時点で同時に当該の果の成立も決定される、という意味において語っているのである(6)。『最要鈔』で覚如上人は次の趣旨のことを述べている。平生において悪業を造作するならばその悪業に相応しい来世の境遇は臨終を待たねば決定しないものか、そうではあるまい、それなら同じことで、平生において本願信受して自力心が滅んだならば次生の境遇はその時に決定するではないか、まさに臨終を待たぬ即得往生と言っていいではないか、と（『聖典全 四』三四五・『真聖全 三』五二）。この説明を踏まえてもう一度、今の**「これさらに臨終のときはじめてうる往生にはあらず」**を読むならば、誤解の可能性はなくなるはずである。宗祖は『一念多念文意』において、即得往生の「得」を解釈し「うべきことをえたり」と述べられる。「えたり」と完了形で表されているのは往生という果そのものではなく、あくまでも「正定聚のくらゐにつきさだまる」ことである（『聖典全 二』六六三・『註釈版』六七九）。その住正定聚を「即得往生」の言葉に当てて、しかも「得」を「えたり」と完了形で示されていることからは、宗祖の喜びが伝わってくるかのようである。『一念多念文意』の右の箇所から少し進むと、この「即得往生」が「すなはち往生す」という表現にまで極められてある箇所に行き当たるが、これも往生という果位の所談ではないことは、「すなはち往生すとのたまへるは、正定聚のくらゐにさだまるを不退転に住すとはのたまへるなり」（同上 六六四・六八〇）とあることから明らかである。「往生す」という勇みの表現はやはり喜びの発露のように思われる。『銘文』の「無明のやみはれ、生死のながきよすでにあかつきになりぬ」（同 六五三・六七二）という喜びである。

「されば至心信楽の信心をえながら」第十八願の他力回向の信心を頂きながら、**「なを往生をほかにをきて、臨終のときはじめてえん」**往生を今（平生）以外の他所において、往生は臨終になって初めて決定するものだとは**「おもふべからず」**と言われる。**「したがひて信心開発のとき」**他力回向の信心を頂いたとき、**「摂取の光益の中にありて」**摂取不捨の利益をも同時に頂くわけであるが、**「往生を証得しつるうへは」**往生という果の因を身に得たる以上は、**「いのちおはるとき、ただそのさとりのあらはるるばかりなり」**寿命が尽きれば、既に平生にやがて果として得ることになると決定したさとりが、果として顕現するばかりである ― として、上来より述べてきたところをまとめている。そして**「ことあたらしくはじめて聖衆の来迎にあづからんことを期すべからず」**として、平生業成義から不来迎義を導き出している。

註

（1）『真要鈔』の後の覚師『改邪鈔』も、「不断煩悩得涅槃」の句を出して平生業成としての「即得往生の時分」と転釈している（『聖典全 四』三二五・『註釈版』九四四）。蓮師『正信偈大意』もこれを継承する。「『不断煩悩得涅槃』といふは、願力の不思議なるゆへに、煩悩を断ぜざれども、仏のかたよりはつひに涅槃にいたるべき分にさだまるものなり」（『聖典全 五』一一・『註釈版』一〇二七）、また「信心獲得章」の「正定聚不退のくらゐに住すとなり。これによりて煩悩を断ぜずして涅槃をうといへるはこのこころなり」（同上 一八〇・一一九二）。

（2）『随聞記』（三七頁）は、宗祖が現生の事柄とされた**「凡聖逆謗斉回入、如衆水入海一味」**をなぜ存師は当来の事柄とされたかという問を立て、それは宗祖の右句の出拠である『論註』の大義門功徳の文に基づいてのことであると回答しているが、右句の出拠としてはむしろ『論註』性功徳の文を挙げる方が相応しいように思われることは措くとしても、そもそも問題は、『銘文』に宗祖の御自釈が存在しているのに、それに従わずに、ここでなぜわざわざ『論註』の文にまで引き戻さねばならぬ必然性があるのかということの方にこそある。『随聞記』（三九頁）はそれにも答えようとしているが、その答は、ここでのテーマは平生業成義であり、ここから不来迎義も引き出されるのであり、そして平生に往生決定するのであるから「何ぞ臨終を待ちて来迎をたのまん。ただ待つところは凡聖逆謗斉回入如衆水入海一味の無上涅槃のさとりをまつばかりなり」というものである。しかしこのように「無上涅槃」に「凡聖逆謗斉回入如衆水入海一味の」を付加することは論点先取以外の何ものでもない。今問題にしているのは、「凡聖逆謗斉回入如衆水入海一味」を宗祖は現生のことと自己解説されているのにそれを（無上涅槃という）当来のものとして転釈すべき必然性はどこにあるのか、だからである。従って、論点先取を引き起こす「凡聖逆謗斉回入如衆水入海一味」を右の答から除外することにしよう。すると右の答は、「凡聖逆謗斉回入如衆水入海一味」を宗祖は現生のこととして自釈されているのに、なぜ『真要鈔』はそれに従わずに当来のことと転釈されるのかという問題に対して、真宗義は平生業成だから来迎をたのむ必要はなくただ待つべきは当来の無上涅槃だけであるから、と答えていることになるが、それでは答にならないことは一目瞭然であろう。

（3）『銘文』の御自釈（『聖典全 二』六〇八～六〇九・『註釈版』六四六）。

（4）初出は「定善義」華座観の「弥陀応声即現　証得往生也」であり、「弥陀声に応じて即ち現じ、往生を得ることを証したまふ」と訓読される場合（『聖典全　一』七三九・『註七祖』四二三）は、阿弥陀仏が韋提希の往生を保証されたの意となるが、「弥陀声に応じて即ち現じ、往生を証得せしめたまふ」と訓読することも可能であり（『真聖全　一』（五一四）ではそうなっている）、その場合は阿弥陀仏が韋提希に往生を証得させたの意となり、本鈔今の箇所にいう「証得」と同義となる。因みに宗祖加点本では「弥陀声に応じて即ち現じたまへば、往生を証得する」（『定本　親鸞聖人全集　九』法蔵館、一三六頁）となっている。ついでに付言すれば『真要鈔』より後の覚如上人『最要鈔』では「得証」の言葉に変えて「本願の生起をききうる時分にあたりて往生を得証する」（『聖典全　四』三四四～三四五・『真聖全　三』五一）と述べられている。

（5）これは浄土荘厳についても同様であろう。「信心のひとは、この心すでにつねに浄土に居す」（『聖典全　二』七八三・『註釈版』七五九）の文をその意味に理解することは難しいであろうが、この文から連想される味わいとして『真要鈔』の今の記述を想起することであれば、許されるだろう。今ここが穢土であるのは私が穢身主体だからである。私が穢身主体でなくなって南無阿弥陀仏（仏心）と成れば今ここが浄土となる。

（6）『真要鈔』の後の覚師『口伝鈔』の有名な「体失・不体失の往生の事」の一段は、まさにこの観点から書かれている。

（C）平生業成義に基づく「住不退転」の解釈

さればおなじきつぎしもの解釈にいはく、「摂取心光常照護、已能雖破無明闇、貪愛瞋憎之雲霧、常覆真実信心天、譬如日光覆雲霧、雲霧之下明無闇」といへり。この文のこころは、「阿弥陀如来の摂取の心光はつねに行者をてらしまもりて、すでによく無明のやみを破すといへども、貪欲・瞋恚等の悪業、くも・きりのごとくして真実信心の天をおほへり。たとへば日のひかりのくも・きりにおほはれたれども、そのしたはあきらかにしてくらきことなきがごとし」となり。されば信心をうるとき摂取の益にあづかる。摂取の益にあづかるがゆへに正定聚に住す。しかれば、三毒の煩悩はしばしばおこれども、まことの信心はかれにもさへられず。顛倒の妄念はつねにたへざれども、さらに未来の悪報をばまねかず。かるがゆへに、もしは平生、もしは臨終、ただ信心のおこるとき往生はさだまるぞとなり。これを「正定聚に住す」ともいひ「不退のくらゐにいる」ともなづくるなり。

（『聖典全　四』四八八～四八九・『註釈版』九六三）

前の（B）では成就文の「即得往生」について解釈した。ここ（C）は、それに続く成就文の「住不退転」を解釈したものとうかがいたい(1)。引文される「正信偈」の六句には「不退転」や「正定聚」の言葉はないけれども、（C）の終わりに至ってこれらの言葉が出されてくるわけであるから、存覚上人は「正信偈」のこれら六句を成就文「住不退転」を解釈するものとして引用されている、と見ることができる。もっとも、大きな内容として見るならば（B）と特に異なることが述べられてあるわけではない。実際、宗祖『一念多念文意』の成就文解釈では「住不退転」への言及は全くない（恐らく「即得往生」の解釈で言い尽くされた[2]のであろう）。

さて『真要鈔』本文であるが、まず「正信偈」の**「摂取心光常照護」**以下六句の原文を掲げ、敷衍換言を交えつつ訓釈が施される。先の（B）の場合とは異なり、問題となるような言い換えなどは含まれていない。**「阿弥陀如来の摂取の心光はつねに行者をてらしまも」**っている。**「心光」**は色光に対する。[3]摂取の心光による照護が**「つねに」**であるとは「摂取」は摂取不捨だということである。かくて**「摂取心光常照護」**は不退転を述べた文となる。続く**「すでによく無明のやみを破す」**は**「能発一念喜愛心、不断煩悩得涅槃」**という大きな文脈の流れの確認である。如来の真実信心が徹到して下さったことによって、**「無明のやみ」**が破られた。**「無明」**は、国宝本『浄土和讃』の「諸経の意 弥陀仏和讃」の左訓に「煩悩の王を無明といふなり」（『聖典全 二』三八二・『真聖全 五』一四）とあるように、三毒の煩悩の根本である愚痴、即ち真如についての無知のことであり、これが流転輪廻（無明の闇）を造作する根本因である。この**「無明のやみ」**が**「破」**されたとは、無明が無明として残存するがままでその果を結ばなくなった、即ち一切の悪業煩悩がもはや業果を招かなくなったということである。[4]

しかしそのような身にさせていただいた今であっても、**「貪欲・瞋恚等の悪業」**は臨終の一念にいたるまで止まらず消えず絶えない。ここで煩悩が無明（愚痴）ではなく**「貪欲・瞋恚」**で代表されているのは先哲も指摘の通り、当該句の出拠が二河譬であるからであろう。こうして悪業煩悩は真実信心を頂いたからとて途絶えることはなく、それらは**「くも・きりのごとくして真実信心の天をおほ」**っている。真実信心が**「天」**に譬えられているのは、真実信心とはいわゆる信念といった人間の心理状態のことではなく他力回向の仏心であり、従って仰ぎ見るべき・被るべきものであるためであろう。あるいは私の心や胸に納まるような小さなものではないという意味で広大な天に譬えられているのかもしれない。いずれにせよ、われらは欲や怒りに振り回され仏心を忘れぱなしである。だが、そうであっても**「日のひかりのくも・きりにおほはれたれども、そのしたはあきらかにしてくらきことなきがごとし」**と譬えられるように、無明の闇は破られてある、即ち一切の煩悩が往生の妨げとはならない身とならしめられたのである。

「されば」以下は、以上に述べられたことの繰り返しである。とはいえ ― 本書ではこれまで何度か「正定聚」の語を使用してきたが ― 本鈔にて初めて**「正定聚」**の言葉が出されているのはこの箇所である。摂取不捨ゆえに往生成仏するまで決して退転することのない身にさせて頂いたことを、**「正定聚に住す」**とも**「不退のくらゐにいる」**とも言う。「正定聚」について宗祖は左訓にて「往生すべき身と定まるなり」（『聖典全 二』六六三・『註釈版』六七九）と釈され、あるいはまた「必ず仏に成るべき身となれるとなり」（同上 六六四・六八〇）とも左訓されているが、「正定聚」の古典的な定義は後者であって、つまり正定聚と往生とは本来は別の概念である。しかしながら宗祖においては、「念仏の衆生は横超の金剛心を窮むるが故に、臨終一念の夕、大般涅槃を超証す」（同上 一〇三・二六四）として往生即成仏の義が述べられているため、正定聚の意味も正しく往生成仏するに定まった者たちという意味となる。(5)

こうして信心定まる時に往生一定・成仏一定となる。従って**「かるがゆへに、もしは平生、もしは臨終、ただ信心のおこるとき往生はさだまるぞとなり。これを『正定聚に住す』ともいひ、『不退のくらゐにいる』ともなづくるなり」**と述べられる。

註

（1）『随聞記』（四二頁）も『講録(上)』（七一頁）も、この（C）の「正信偈」からの六句は（B）の**「不断煩悩得涅槃」**を開いたものであると説明しているが、「正信偈」当面ではそうであろうが、『真要鈔』は先述のように当句の**「得涅槃」**を現益に転釈しているので、そうは見ない方が整合的と思える。

（2）前出の「すなはち往生すとのたまへるは、正定聚のくらゐにさだまるを不退転に住すとはのたまへるなり」（『聖典全 二』六六四・『註釈版』六八〇）を参照。

（3）『大智度論』に「光明に二種あり、一には色光、二には智慧光なり」（『大正蔵 第二十五巻』三九九頁b・『国訳大蔵経 論部 第三巻』九七頁）とある。「色」は難しい概念だが、とりあえず通例に従って物質的としておく。

他方の智慧光は「光明は智慧なりとしるべし」（『聖典全 二』六八六・『註釈版』七〇〇）とあるものを指す。摂取不捨の心光とは如来の智慧光のことである。

（4） 通の無明（愚痴ひいては煩悩全般）と別の無明（本願疑惑心）を区別して、ここでは後者を指すという解釈もあるが、ここでは採らない。この問題については村上速水師「真宗の無明義に関する一試論 ― 疑無明と痴無明の問題」（『続・親鸞教義の研究』一九八九年、永田文昌堂 所収）を参照。

（5） 例えば『倶舎論』における定義、「畢竟離繋縛を獲得せるが故に、定んで煩悩を尽くすが故に、正定と名づくるなり」（『大正蔵 第二十九巻』五六頁c・『国譯大蔵経 論部 第十一巻』六五四頁）。

（D）不来迎義

このゆへに聖人またのたまはく、「来迎は諸行往生にあり、自力の行者なるがゆへに。臨終まつことと来迎たのむことは、諸行往生のひとにいふべし。真実信心の行人は、摂取不捨のゆへに、正定聚に住す。正定聚に住するがゆへにかならず滅度にいたる。滅度にいたるがゆへに大涅槃を証するなり。かるがゆへに臨終まつことなし、来迎たのむことなし」といへり。これらの釈にまかせば、真実信心のひと、一向専念のともがら、臨終をまつべからず、来迎を期すべからずといふこと、そのむねあきらかなるものなり。

（『聖典全 四』四八九～四九〇・『註釈版』九六三～九六四）

これまで述べてきた法義を、**「聖人またのたまはく」**として、宗祖ご自身の文を取意ないし抜き書きによって確認している。引かれているのは「建長三歳辛亥閏九月廿日」の日付が記され「釈親鸞 七十九歳」の署名が添えられた消息（『聖典全 二』七六八～七七〇）の一節である。『取意鈔出』が『浄土文類集』を比較的正しく伝えているとするなら、この消息からの文章はもともと『浄土文類集』にあったもので、存覚上人はそれを用いられたことになる。但し、『取意鈔出』はこれが宗祖の文であることを全く記していないが、『真要鈔』は**「聖人またのたまはく」**として、宗祖ご自身の文であることを明言している。存師がどのような経緯でそれをご存知であったかのかは分からない。なお『末燈鈔』の第一通（『聖典全 二』七七七・『註釈版』七三五）、『執持鈔』の第一条（『聖典全 四』二三三・『註釈版』八五九）にもほぼ同趣旨ないしほぼ同文があるが、両者ともに『真要鈔』よりも後年の成立である。

さて、ここまで述べられてきた法義の道筋を右の文によって確認しておく（原文は分かりやすいものなので一々対照させせない）。阿弥陀仏は真実信心の念仏者を常に摂取して決してお捨てにならないのであるから、彼は正定聚に住することになる。正定聚に住するのであるから当来には必ず成仏して大般涅槃を証するのである。ここには臨終を待って初めて決することは何一つないので、真実信心の行者が臨終来迎をあてにすることはない。従って臨終を待って来迎をあてにするのは真実信心の念仏者ではなく、自力の念仏行者であり、あるいは諸行を行ずることを因として往生の果を得ようとする自力の行者である。

今見ている『真要鈔』の文には自力念仏のことは言葉としては出ていない。第二節（総論）においても言及したが、そもそも『真要鈔』全体を通じて第二十願の真門の念仏のことは全く出てこない。しかし今の文において**「諸行往生のひと」**と対比されているのが**「真実信心の行人」**である以上、自力念仏は**「諸行」**に包摂されると見るべきであろう。(1) 要門・弘願とは別に真門を立てることは親鸞聖人の己証であるが、聖人はどんな場合でもこれらの三門で語られているわけでもなく、『愚禿鈔』の「二教対」におけるように「要門」と「本願一乗海（弘願）」の二門で語られる場合もある（『聖典全 二』二八七～二八八・『註釈版』五〇七～五〇九）。『真要鈔』は一貫してこの二門の法義で書かれている。

「これらの釈にまかせば」以上の宗祖のご解釈に随順するならば、**「真実信心のひと、一向専念のともがら、臨終をまつべからず、来迎を期すべからず」**というその趣旨は明らかであるとして、この一段は結ばれる。

註

（1）『三経往生文類』の「『無量寿仏観経』には、定善・散善、三福九品の諸善、あるいは自力の称名念仏をときて、九品往生をすすめたまへり」（『聖典全 二』五八五～五八六・『註釈版』六三一）という文や、『口伝鈔』の「修諸功徳のなかの称名」（『聖典全 四』二八四・『註釈版』九一二）の語を根拠に、二十願の念仏ではない第十九願固有の念仏があることを認めるかどうかについては先哲の間に異論があるようである（稲城選恵師『浄土真宗用語大辞典 下巻』二四頁）。しかし第十九願固有の自力念仏があろうがなかろうが、真門を要門に摂して要弘相対の二門で述べられた本鈔のような場合には、自力念仏は要門の方に入ることを確認しておけば十分である。

第四節　第二問答 ― 平生業成・不来迎義の経証

（A）不来迎義の経証を求める質問に対し、（B）経証よりも仰信が根本であることを諭した上で、（C）『大経』第十八願文には来迎が誓われていないこと、（D）同じく『大経』第十八願成就文にも来迎が誓われていないことを経文を出しつつ示し、併せて、（E）往生を定める信心が仏心に他ならないことを明確にして、（F）この仏心の根源は久遠実成仏に由来することを明かし、（G）信の一念において仏心と一体とならせてもらうことが摂取不捨に他ならないことを述べる。

（A）「いよいよ堅固の信心をとる」

問ていはく、聖人の料簡はまことにたくみなり。あふいで信ず。ただし経文にかへりて理をうかがふとき、いづれの文によりてか、来迎を期せず臨終をまつまじき義をこころうべきや。たしかなる文義をきさて、いよいよ堅固の信心をとらんとおもふ。

（『聖典全　四』四九〇・『註釈版』九六四）

「聖人の料簡」とあるが、「料」は推し量る、「簡」は選び分けるの意であるから、**「料簡」**とは、親鸞聖人が経釈の玄義を推し量られ、方便と真実を分別された ― 今の場合で言うなら諸行と念仏、来迎と不来迎（遡れば自力と他力）とを選び分けられた ― その上で説かれた教義解釈、ということである。その内容は、第一問答で引かれた「正信偈」の文と『末燈鈔』の文とが示している通りで、それを短く言うならば、信の一念に往生成仏の真因を得て不退転となるのだから臨終来迎を期待する必要はない、ということであった。この平生業成・不来迎義を**「あふいで信ず」**ることは、通仏教的な仰信であって、「仏願の生起本末を聞きて疑心あることなし」の真実信心を得ることとは、また別である。但し、だからといってこの仰信を獲信の前階梯に位置するものとしてのみ見ることはできないであろう。通仏教的な仰信は獲信の前後を問わず、なければならぬものだからである[1]。ただいずれにしても、往生成仏の因となるのは他力回向の真実信心、名号をそのまま信受した心なのであって、それと、教義や教義解釈に対する仰信とは、区別されるということである。真実信心は必ず仰信となるが、仰信は必ずしも真実信心、即ち涅槃の真因となるものであるとは限らない。釈尊（や七祖宗祖）の教説を仰信することと、弥陀の名号を仰信（聞信）することとは、あくまでも別の事柄である。

さて、問者はまず聖人の平生業成・不来迎義を自分は仰信すると認めた上で、しかしその聖人の教えの根拠となっている経文はどこにあるのか、と問う。経証という言葉こそ使われていないが、これは明らかに平生業成・不来迎義の経証を求めているのである。その経文を確かめることで**「いよいよ堅固の信心をとらんとおもふ」**というのである。この**「堅固の信心」**については二つの読み方が可能と思われる。

（α）『己卯録』（八〇頁）と『略述』（二六頁）は、これは「信文類」一念転釈にある「堅固深信」即ち真実信心であると見る。**「堅固の信心をと〔る〕」**という言い方 ― それを受けて後の回答でも**「ただ仰いで信をとるべし」**となっている ― も、この見方を裏づけるかもしれない。即ち、差し出されてあるものがあるから**「とる」**ことも可能になる。その差し出されてあるものは**「堅固の信心」**である。信心が差し出されてあるとは、如来が真実信心を回向されていることを言っているように思われる。かくて、くだんの**「堅固の信心」**は真実信心のことである、と読むのである。

ただこの場合、**「いよいよ堅固」**という事態は考え難くなる。その理由はこうである。**「いよいよ」**を**「堅固」**に係るものとして見た場合の**「いよいよ堅固」**という句は、「堅固」から「より堅固」への変化を前提している。しかるに「堅固深信」即ち真実信心とは、仏の三心の結晶たる名号が徹到せる心のことであって、浄土や阿弥陀仏に関する何らかの命題を私が信じる心のことではない。要するに私の信念のことではない（私が自ら「持とう」と決断して持った信念であれ、知らない間に私に植え付けられていた信念であれ）。私の信念ということであれば堅固さの点での変化が言えようが、仏心は最初から金剛の如くに堅固なる心なのであって、堅固からより堅固へといった変化を言うことはできない。「如来回向の信心には浅深のあるはずがない」[2]。ここでは「浅深」という言葉になっているが、要は他力回向の仏心には変化などあるはずがないということである。かくて、**「いよいよ」**の語を**「堅固」**に係るものとして読むことはできない。

そこで**「いよいよ」**の語は**「堅固」**にではなく**「（信心を）とらん」**に係るものと読まざるを得ない。その場合の**「いよいよ」**は「今こそ」とか「今度こそ」といった意味になるであろう。『御文章』二帖十通にも「いよいよ堅固の信心をとらん」という表現があるが、そこでの「いよいよ」は前後の内容から見て、明らかに「とらん」に係っている。それと同じ用法と見るわけである。まとめるなら、平生業成・不来迎義の経証を聞こう、そして今こそ他力回向の真実信心を獲得しよう、ということになる。

ただ、そのように読んだとしても、全く難点がないわけではない。難点は、この読み方だと、平生業成・不来迎義の経証を聞くことと、他力回向の真実信心を獲得することとが、どのように関係するのかが不明となることにある。来迎不来迎の問題が心にひっかかって、それがためにのみ真実信心が得られないという、極めて特殊な（と思われる）人のケースがここで述べられているのだというのなら分かるが、そうすると今度は、ここでそのような特殊事例を述べるべき必然性が分からなくなる。そこで別の読み方はできないかと考えてみる。(3)

（β）「**堅固の信心**」を真実信心と解するのではなく、先の「**あふいで信ず**」の延長上に来るものとして受け取り、「**いよいよ**」の語を「**堅固**」に係るものと見て、「（これまでの仰信よりも更に）いよいよ堅固であるような、そのような仰信を取ろう」と読む。要するに「**堅固の信心**」の方も通仏教的な信心として見るのである。この意味での信心であれば堅固さの度合に関して大小が言える信心である。親鸞聖人の仰せを信ずべきことは言うまでもないが、聖人だけでなく釈尊も同じことを仰っていたという保証が得られたなら、平生業成義にいよいよ（ますます）深く頷けるだろう、そのような頷きを得ようと思う、という意味として、「**いよいよ堅固の信心をとらんとおもふ**」を読むのである。通仏教的な仰信であるから、往因とは関係がない。私がどれほど深く頷いて有り難い心になったところでそれが涅槃の真因であるわけではないし、私の頷きや喜びがどれほどますます深まったところで、それによって往生の確率がいよいよ高まるわけでもない。[4] この種の仰信は、往因を得る前であっても得た後であっても可能であるし、現にあるし、なければならぬものである。[5]

さて、この読み方（β）の利点は、文章が連続的に自然に流れ、先ほどの（α）の場合に見られた難点が無くなっていることである。しかし他方、通仏教的な信心の場合、**「信心をとる」**という言い方―問と答の両方において出てくる表現―をするのかどうか疑問だ、という難点が新たに出る。釈尊の説法において差し出されているのは教えであるから、教えを取る（受け取る）というなら分かるが、今は**「信心をとる」**である。信心を受け取れと差し出して下さっているのは阿弥陀如来しかおられない。

以上のように、（α）にも（β）にもそれぞれ利点と難点とがあって決しかねる。[6] 但し、以上で論じた**「堅固の信心」**の読み方の問題は、続く答の一段―次の（B）―にも影響し、そこで一々両論に即して二度論述を重ねるなら煩雑になるので、以下では先哲方の読み方を尊重し、（α）に従って講読していくことにする。

註

（1）　獲信前つまり他力回向の信心を頂く前には自力しかないはずだから、獲信前の人はたとえ当人に自覚がなくとも自らの信じぶりをあてにしていると言わざるを得ないが、自らを仰ぐといったことなどあり得ない事態である（仰ぎ見ることのできるのは必ず他である）、従って獲信前の「仰信」は実は真の意味での仰信にはなっていない ― という議論もあり得るではあろうが、そこまで考慮すると講読にとって必要以上に煩雑になるので、今は措く。なお、獲信前の仰信（当相自力）も獲信後より振り返るなら実は如来のお育てとして恵まれたものであった（体他力）と味わうことは当然可能である。

（2）桐渓順忍師『教行信証に聞く 別巻』一九八〇年、教育新潮社、一七一頁。

（3）それとも「存覚御作分の聖教ちと不審なる所の候ふを、いかがとて、兼縁、前々住上人へ御目にかけられ候へば、仰せられ候ふ。名人のせられ候ふ物をばそのままにて置くことなり」（『聞書』一五八条）とすべきか。

（4）有名な「天にをどり地にをどるほどによろこぶべきことをよろこばぬにて、いよいよ往生は一定とおもひたまふなり」とか、あるいは『口伝鈔』の伝えるところの「今度の順次の往生は……いよいよ必定とおもふべし」（『真聖全 三』一一・『註釈版』八八三）といったお勧めは、往生の確率が一段と高まったことを述べたものではなく、往生必定の思いの深化のお勧めであろう。

（5）浅深が言える通仏教的な信心だからといって、獲信後もこの信心の方は自力だ、などとは言えない。そもそも「自力」の定義は、往生に関して「わがみをたのみ、わがこころをたのむ、わがちからをはげみ、わがさまざまの善根をたのむ」ことである（『聖典全 二』六七二・『註釈版』六八八）。自分の領きや喜びなどを往生の足しにしようとはからう心が自力の信心（自分のこころをあてにしていること）なのである。従って、他力回向の信心を頂いた後であれば、いかなる仰信であれ、それを往生のために役立たせようなどという態勢には原理的に言って戻れなくなったわけである（さもなくば他力の信を決得したとは言えない）から、それは自力ではあり得ない。

（6）『顕名鈔』には「いよいよ信心をもよほすたよりなるべし」（『聖典全 四』六四二～六四三・『真聖全 三』三三二）という句が見られるが、この「いよいよ」は前後の文脈から見て「たよりなるべし」に係るものであり、かつ「ますます」の意味である。つまり本文での（α）（β）の両方とも異なる用法である。

（B）宗祖への仰信

こたへていはく、凡夫、智あさし。いまだ経釈のおもむきをわきまへず。聖教万差なれば、方便の説あり、真実の説あり。機に対すれば、いづれもその益あり。一偏に義をとりがたし。ただ祖師のをしへをききて、わが信心をたくはふるばかりなり。しかるに世のなかにひろまれる諸流、みな臨終をいのり来迎を期す。これを期せざるは、ひとりわがいへなり。しかるあひだ、これをきくものはほとほとみみをおどろかし、これをそねむものははなはだあざけりをなす。しかれば、たやすくこの義を談ずべからず。他人謗法のつみをまねかざらんがためなり。それ親鸞聖人は、深智博覧にして内典・外典にわたり、慧解高遠にして聖道・浄土をかねたり。ことに浄土門にいりたまひしのちは、もはら一宗のふかきみなもとをきはめ、あくまで明師のねんごろなるをしへをうけたまへり。あるいはそのゆるされをかうぶりて製作をあひつたへ、あるいはかのあはれみにあづかりて真影をうつした

まはらしむ。としをわたり日をわたりて、そのをしへをうくるひと千万なりといへども、したしきといひ、うときといひ、製作をたまはり真影をうつすひとはそのかずおほからず。したがひて、この門流のひろまれること自宗・他宗にならびなく、その利益のさかりなること田舎・辺鄙におよべり。化導のとほくあまねきは、智慧のひろきがいたすところなり。しかれば、相承の義さだめて仏意にそむくべからず。ながれをくむやから、ただあふいで信をとるべし。無智の末学なまじゐに経釈について義を論ぜば、そのあやまりをのがれがたきか。よくよくつつしむべし。

（『聖典全 四』四九〇～四九一・『註釈版』九六四～九六六）

先に問者は宗祖義を仰信すると表白しながら、宗祖義に対する経証を求め、それを聞いて今こそ堅固深信を決定せんというのであった。存覚上人は後の回答の段において問者の要求に応えはするのだが、それに先立って、問者の右のような姿勢を戒める。われらは智慧の浅い凡夫であって、経や師釈の玄義を見抜く眼がない。聖教の内容は実に様々であって、方便の説もあれば真実の説もある。釈尊は対機説法をされたので、機によっては方便の説も有益である以上、聖教が一義的に解釈されるようなことは望み難い。そこでわれらはただ祖師聖人のご解釈を仰信し、真実信心を決定するのである。要するに、聖人の教えこそ仏説として仰信すべきである[1]との戒めである。

ここで「**（祖師のをしへをききて、）わが信心をたくはふるばかりなり**」とあるが、『己卯録』（八二頁）は、この「**たくはふ**」は『御伝鈔』にある「出離解脱の良因を蓄〔たくはへん〕や」（『聖典全 四』八四・『註釈版』

一〇四八）を相承したものだと注釈する。「たくはふ」といっても往因を現世において積み上げていくということではなく、例えば来年の食糧を今年中に蓄えておく場合のように、来世往生成仏の因を現世で獲得するという意である。(2)『口伝鈔』にも「他力の仏智は護念の益をもつてたくはへらるる」とあり、この「他力の仏智」は「出離の資糧」「報土の正因」となると述べられている（『聖典全 四』二五三・『註釈版』八八〇）。

ことに、平生業成・不来迎の義を『大経』の本義と説くことは、世に流布している元祖聖人の末流の言うところと正反対である。**「世のなかにひろまれる諸流、みな臨終をいのり来迎を期す」**のであって、臨終来迎を**「期せざるは、ひとりわがいへ」**即ちわれら親鸞聖人一流のみなのである。(3)そのようなわけだから、不来迎義を**「きくものはほとほとみみをおどろかし」**てびっくりするし、**「これをそねむものははなはだあざけりをなす」**もともとわが一流の繁昌を妬んでいた者たちは盛んに嘲りをなすのである。**「しかれば、たやすくこの義を談ずべからず」**そういうわけで平生業成・不来迎義を安易に話題にしてはならない。**「他人謗法のつみをまねかざらんがためなり」**人に謗法の罪を犯させないためである。

存覚上人はこのように述べ、引き続いて、ではわれらはなぜ祖師聖人の解釈を仰信すべきであるのかについて示される。その内容は、詳しくは覚如上人『報恩講私記』『御伝鈔』を承けて後年『嘆徳文』にて広説されることになるものの一部の、極めて短い要約となっている。話が具体的であるし、読み易い古文でもあるので、原文対照は省略し、以下意訳解説のみ記しておく。さて、祖師聖人は深い洞察力でもって広大な典籍を自家薬籠中のものとなされたお方であって、その典籍は仏教文献はもとより、仏教以外のものにまで広範囲にわたっており、それらの義理を智慧にて了解なさること高大深遠なるものであり、聖道浄土の両門に通じておられた。特に浄土門に入られて後は、ひとえに浄土宗の深源、弥陀の本願の心を究められたが、それはあくまで明師源空聖人の懇切なご教導を承ったものであった。また、お許しを得て『選択本願念仏集』の書写を許され、慈しみを蒙って聖人の肖像を描かせてもらわれた。長い年月が流れる間、源空聖人の教えを受けた人々の数は大変なものであったが、親疎を問わず、『選択集』の書写を許され肖像の図画を許された者の数は多くはなかった(4)。従って、親鸞聖人の一流が広まったこと(5)は、浄土宗内部を見ても、また他宗に目をやっても、他に並ぶものなきほどであり、知恩報徳の盛んなることは辺鄙な田舎にまで及ぶこととなった。このように遠くにまで親鸞聖人のご化導が普く行き渡ったことは、聖人の深広なる智慧によってもたらされたのである。そのようなわけで、祖師聖人が元祖聖人より相承なされた教えが仏意にそむいているはずがない。聖人の流れを汲むわれわれは、聖人の教えられたところをただ仰いで信ずるのみである。智慧のない後世のわれわれが経論について中途半端に解釈を論じ合うならば、どうしても誤りに陥ってしまうのではないだろうか。― と、存覚上人は以上のように、愚痴の凡夫は聖人の御釈をば仏説の如く仰信すべき旨を述べるのである。

註

（1）「聖人の勧めをは仏説の如く仰信すべし。強ひて経釈を求むるに及ばす」（『随聞記』四六頁）、「聖人の教へをば仰いで仏説の如く信ずべしと述べ給ふなり」（『講録（上）』八三頁）。

（2）先の（A）にて述べた（β）の読み方を採った場合は、この「たくはふ」は頷きや味わいを深めてゆくという意味になる。

（3）この文が言うように他流が本当に全て来迎義であるかどうかは、また別の問題である。

（4）「としをわたり、日をわたりて」のこの一文は『本典』後序の当該文をほぼそのまま引いたもので、覚師『御伝鈔』でも引文があった。

（5）『註釈版』欄外注では当該句「この門流」を「法然上人の開かれた浄土の教門を汲む流派」と解してあるが、今は『己卯録』（八五頁）『随聞記』（四七頁）『略述』（二七頁）に倣い、ここは『御伝鈔』下巻第七段を承けていると見、「この門流」は親鸞聖人の一流のことと解する。

（C）平生業成義の経証としての第十八願文

ただし、一分なりとも信受するところの義、一味同行のなかにおいてこれをはばかるべきにあらず。いまこころ

みに料簡するに、まづ浄土の一門をたつることは三部妙典の説に出でたり。そのなかに弥陀如来、因位の本願を説きて凡夫の往生を決すること、『大経』の説これなり。その説といふは四十八願なり。四十八願のなかに、念仏往生の一益を説くことは第十八の願にあり。しかるに第十八の願のなかに、臨終・平生の沙汰なし、聖衆来現の儀をあかさず。かるがゆへに、十八の願に帰して念仏を修し往生をねがふとき、臨終をまたず来迎を期すべからずとなり。すなはち第十八の願にいはく、「設我得仏、十方衆生、至心信楽、欲生我国、乃至十念。若不生者、不取正覚」といへり。この願のこころは、「たとひわれ仏をえたらんに、十方の衆生、心をいたし信楽して、わがくににむまれんとおもふて、乃至十念せん。もしむまれずは、正覚をとらじ」となり。この願文のなかに、まったく臨終とときかず平生といはず、ただ至心信楽の機にをいて十念の往生をあかせり。しかれば、臨終に信楽せば臨終に往生治定すべし、平生に至心せば平生に往生決得すべし。さらに平生と臨終とによるべからず、ただ仏法にあふ時節の分斉にあるべし。しかるにわれらはすでに平生に聞名欲往生の義あり。ここにしりぬ、臨終の機にあらず平生の機なりといふことを。かるがゆへに、ふたたび臨終にこころをかくべからずとなり。

（『聖典全　四』四九一～四九二・『註釈版』九六六～九六七）

前段では、謗法の罪を犯させないために他宗他流の人に対して当流の義をむやみに沙汰することは慎むべきであること、および、われら凡愚はひたすら祖師聖人の教えを仰信すべきである旨が述べられた。とはいうものの、他宗他流ではない一味の信心に住する同行に対しては、教えを信受して自分なりに得たところを語るのが望ましく、隠しておくべきではないとして、続いて、第十八願文が、問者の求める平生業成・不来迎義の経証となるという説を展開していくのである。この説の本源は、『銘文』における第十八願文の「乃至」の解釈であろう。即ち「乃至」を宗祖は「遍数のさだまりなきほど」と「時節をさだめざること」という二つのことを表す言葉として解釈されているが、その後者に関して、更に「如来より御ちかひをたまはりぬるには、尋常の時節をとりて臨終の称念をまつべからず」(『聖典全 二』六〇四〜六〇五・『註釈版』六四四)と敷衍されている。宗祖の十八願文解釈に平生業成の義が述べられているのであるから、その義を信受された存覚上人が、平生業成の経証は第十八願文にあると領解されるのは自然なことである。ただ、宗祖は第十八願文を平生業成義の経証として挙げられたわけではない。従って今それをなそうとされている存師としては、**「いまこころみに料簡するに」**という表現でもって、これから述べるのはあくまでも自身の一つ解釈の試みなのだとして、文責を明確にしておかれたかったのであろう。

さて、問者に応えて存覚上人が展開された平生業成の経証的議論とは、以下のようなものである。

(イ)浄土門を成立せしめた経典は『三部経』である。(**「浄土の一門をたつることは三部妙典の説に出でたり」**)

(ロ)その中でも弥陀の本願を説いて凡夫の往生決定の旨を示しているのは『大経』の四十八願、

中でも念仏往生を説いた第十八願である。**（「そのなかに弥陀如来、因位の本願を説きて凡夫の往生を決すること、『大経』の説これなり。その説といふは四十八願なり。四十八願のなかに、念仏往生の一益を説くことは第十八の願にあり」）**

（ハ）しかるにその十八願文には、平生とか臨終とかいったことについては何も述べられていないし、聖聚来迎の形式等についても何の言及もない。**（「しかるに第十八の願のなかに、臨終・平生の沙汰なし、聖衆来現の儀をあかさず」）**

（ニ）よって、十八願に帰して念仏往生を願う者は臨終を待たず、来迎を期待する必要がないのである。**（「かるがゆへに、十八の願に帰して念仏を修し往生をねがふとき、臨終をまたず来迎を期すべからずとなり」）**

今、Aという場所に行くのにルートmとルートnがあると見られており、そして命題「mを行けば誰でも必ずAに着く」が恒真であるとしよう。この命題がルートnについては何も述べていないからという理由で、「故にnは存在しない」とか「故にnを通ってはAには行けない」といった帰結を引くならば、それは誤りであるが、「故にmを通ってAに行こうとする者はnを顧慮する必要はない」という帰結を引き出すことであれば正当であるし、nを顧慮することがmを行くのに障害にならぬとも限らない場合には ― これは論理的帰結ではなく心理的帰結であるが ― 更に強く「故にmを通ってAに行こうとする者はnを顧慮してはならない」と結論づけることも不当とは言えない。存覚上人のここでの論法を譬えて言うなら、そのようになる。念仏往生を説いているのは第十八願だけであるし、仮に第二十願をもそう見るとしても、第二十願にも臨終来迎は誓われていない。念仏往生を第十八願のみの所誓と取るならば、念仏往生を遂げんとする者が臨終来迎を期待する必要のないことは、『真要鈔』の言う通りである。(2)

本文に戻れば、次に第十八願文が「唯除五逆誹謗正法」を除いて引かれ、訓読が施される。実際に願文を提示することによって、先ほどの議論の（ハ）を問者（読者）に納得させるためであろう。（ハ）こそこの議論の経証部分、つまり核心部分であるから、当該の経文（第十八願文）と訓読を実際に示して、もう一度（ハ）を言葉を変えて繰り返しているのである。そこから帰結するのが、「**ただ仏法にあふ時節**」に往生が決定するということである。この場合の「**仏法**」は勿論、他力回向の名号法のことである。区別はこの「**仏法にあふ**」かそうでないかの「**分斉**」のみであって、平生と臨終にあるのではない。「**臨終に信楽せば臨終に往生治定すべし、平生に至心せば平生に往生決得すべし**(3)」と言われている通りである。だがそれならば、平生業成ではなく遇時業成とでも言うべきではないのか。そうではない。そのような疑問を起すことができるということ自体、あなたが現に今（つまりまさしく平生に）仏法に触れている証拠である。あなたは（後の第四問答にて示されるような）臨終まで仏法について全然知らなかったというような人間ではない。今この『真要鈔』に触れている**「われら」**全ては、現にこの『真要鈔』に触れているということの一点を押さえただけでも既に平生にて仏法に触れていると言える、即ち**「われら」**は全て**「臨終の機にあらず、平生の機なりと」**断言できるのである。**「われらはすでに平生に聞名欲往生の義あり」**とはこのことを言っている。

「聞名欲往生」は言うまでもなく『大経』「往覲偈」の句であるが、この「聞名欲往生」を宗祖は『銘文』で解釈して、「『聞』といふは如来のちかひの御なを信ずとまふすなり、『欲往生』といふは安楽浄刹にむまれむとおもへとなり」（『聖典全 二』六〇六・『註釈版』六四五）と述べられた。つまり「聞名欲往生」が指すのは「聞其名号信心歓喜…願生彼国」あるいは「至心信楽欲生我国」が指すものと同じである。かくて**「われらはすでに平生に聞名欲往生の義あり」**とは、われらには今、即ちこの平生において、真実信心を得て浄土往生するという法義に既に触れている、との意に他ならない。

但しこれは、その法義通りの身となって既に真実信心を実際に得ているという、一人一人に関する個別の事柄までをも述べたものではないであろう。(4) 真実信心を実際に得ることは**「われら」**というレベルで一括りに言えるようなことではなく、一人一人の問題だからである。**「聞名欲往生」**は「至心信楽欲生我国」と同じ事柄を指していると先に述べたが、この三心について、法然聖人は「この心の起こりたる事は、わが身にしるべし。人はしるべからず」（『真聖全 四』六三九）と述べられた。「人の信心は分からないはずだ」との仰せである。まして、この**「われら」**は具体的な誰々を指示しているわけでもない。特定の個人に対してすら獲信の認可などできない、まして不特定の**「われら」**について存覚上人が「われらは実際に獲信している」と、獲信を認可しているとは考えられない。これに対して、「われらは信決定して往生するという法義に既に触れている」ということであれば、なにしろこの文を見るのは『真要鈔』を拝読している者なのであるから、それは必ず真なる内容となる。命題「あなたは今この文を見ている」が恒真であるのと同じである。

今、即ち平生の時に、このような仕方で仏法に触れている**「われら」**は、明らかに**「平生の機」**である。**「かるがゆへにふたたび臨終にこころをかくべからず」**だから二度と臨終に心をかけてはならないと存師は戒められるのである。

註

（1） 原文では「一分なりとも信受するところの義」。『己卯録』（八六頁）は「自己の了簡に従うて祖意を信受す」と釈す。これは「一分」の語を「その人自身だけに関係すること」（『時代別国語大辞典 室町時代編』）の意に取ったものであろう。他方『略述』（二八頁）は「『一分なりとも』等とは鈔主卑謙の辞なり」と述べ、「広博の義門の中の一分なりとも吾身に信受するところの義」と釈す。これは「一分」の語を「全体の中の一部分、少しの部分」の意に取ったものであろう。『略述』の方が現代語の「一分」に近いが、意味を成すためには多くの補充（傍点部）が必要となり、少し躊躇する。特に「吾身に」の補充は、結局は『己卯録』の解釈と同種のものではないかとも思える。本文でも述べるが、十八願文を平生業成義の経証として用いることは宗祖のなさらなかったことであるので、ここでの「一分なりとも」については、「一部分であっても」という『略述』の釈よりも「自分なりにではあるが」という趣旨の『己卯録』のそれの方が良いように思う。

（2）もっとも、このような論法に納得できるのは、生因三願を宗祖義におけるように厳格に峻別して、複数の願に同時に帰することはできないと見る場合のみのことであろう。鎮家の聖冏上人のように「総依三経別依一経（＝観経）」（『浄土宗全書　第十二巻』七三六頁）こそ浄土宗（善導大師ひいては法然聖人）の根本だと見る場合には、九品の全てに臨終来迎の記述のある『観経』に別依するのであるから、第十九願所誓の臨終来迎を否定することには大きな困難が伴うことになる。しかし実際のところは浄土異流は三願に真仮の別を付けて峻別するわけではないので、第十八願に帰したからといって第十九願を捨てねばならぬ必然性も最初から、ない。存覚上人の議論は生因三願を真仮で峻別する宗祖義を前提しているので、他流には受け入れ難いものであろう。逆に言えば、これまでも何度か繰り返してきたように、『真要鈔』は対外的論争の書を意図してはいないということである。

（3）注記するまでもないことであろうが、ここは「信楽」と「至心」とを使い分けてそれぞれ「臨終」と「平生」に配当しているのではなく、「信楽」も「至心」もどちらも「至心信楽」を略して言っただけである。

（4）『無量寿経釈』の法然聖人曰く「たとひ（大願に）遇ふといへども、もし信ぜずんば値はざるが如し」（『真聖全　四』二七四）。『真要鈔』当面の「仏法に遇ふ」は、法然聖人のこの言葉では「信ず」に相当するであろう。

(D) 平生業成義の経証としての第十八願成就文

しかのみならず、おなじき第十八の願成就の文にいはく、「諸有衆生、聞其名号信心歓喜、乃至一念、至心回向。願生彼国、即得往生、住不退転」といへり。この文のこころは、「あらゆる衆生、その名号をききて信心歓喜し、乃至一念せん。至心に回向したまへり。かのくににむまれんと願ずれば、すなはち往生をえ、不退転に住す」となり。こころは、「一切の衆生、無礙光如来のみなをききえて、生死出離の強縁ひとへに念仏往生の一道にあるべしと、よろこびおもふこころの一念おこるとき往生はさだまるなり。これすなはち弥陀如来、因位のむかし、至心に回向したまへりしゆへなり」となり。この一念につゐて隠顕の義あり。顕(左訓:うへにあらはしては)には、十念に対するとき一念といふは称名の一念なり。隠(左訓:したにかくしては)には、真因を決了する安心の一念なり。これすなはち相好・光明等の功徳を観想する念にあらず、ただかの如来の名号をききえて、機教の分限をおもひさだむるくらゐをさすなり。されば親鸞聖人はこの一念を釈すとして、「一念といふは信心を獲得する時節の極促をあらはす」と判じたまへり。しかればすなはち、いまいふところの往生といふは、あながちに命終のときにあらず。無始以来、輪転六道の妄業、一念南無阿弥陀仏と帰命する仏智無生の名願力にほろぼされて、涅槃畢竟の真因はじめてきざすところをさすなり。すなはちこれを「即得往生 住不退転」と説きあらはさるるなり。「即得」といふは、すなはちうとなり。すなはちうといふは、ときをへだてず日をへだてず念をへ

だてざる義なり。されば一念帰命の解了たつとき、往生やがてさだまるとなり。うるといふはさだまるこころなり。

（『聖典全　四』四九二～四九三・『註釈版』九六七～九六八）

『蓮如上人御一代記聞書』第七条に引用された**「無始以来、輪転六道の妄業、一念南無阿弥陀仏と帰命する仏智無生の名願力にほろぼされて、涅槃畢竟の真因はじめてきざすところをさすなり」**の有名な文を含む一段である。

平生業成・不来迎義の経証となり得るのは第十八願文ばかりではない、**「しかのみならず、おなじき第十八の願成就の文」**もまたそうであるとして、今度は本願成就文が、やはり「唯除五逆誹謗正法」を除いた形で引かれ、続いて訓読、そして訓釈が施される。また成就文の「乃至一念」の「一念」をめぐって**「隠顕の義あり」**という存師独特の見方が示される。以下の四点にわたって講読を進めよう。①「聞其名号信心歓喜」の解釈、②「至心回向」の解釈、③「乃至一念」の解釈、④「即得往生 住不退転」の解釈。（都合上、「乃至一念」「至心回向」を逆順で講読）

①**「聞其名号信心歓喜」**の解釈。まず**「聞其名号」**が**「無碍光如来の名をききえて」**と訓釈されている。『大経』成就文で「無量寿仏」とあるところを**「無碍光如来」**と示される。大行出体釈を意識して、**「其名号」**とは諸仏所称の名号のことであることが暗示されている。次に**「信心歓喜」**が**「生死出離の業**

縁ひとへに念仏往生の一道にあるべしと、よろこびおもふ」と訓釈されてある。「念仏往生」といっても、諸仏称名の「無碍光如来の名をききえて」を承けての「念仏」であるから、諸仏称名を介して弥陀より回向された名号を頂戴する大行の念仏、他力の念仏である。信一念の内容を「生死出離の業縁ひとへに念仏往生の一道にあるべし」との念仏往生として示すのは、『歎異鈔』第一条の「弥陀の誓願不思議にたすけられまゐらせて、往生をばとぐるなりと信じて念仏申さんとおもひたつこころのおこる」という示し方と基本的に同じである。

②「至心回向」の解釈。このように念仏も、また「よろこびおもふこころ〔信心歓喜〕」も弥陀回向であることを明言するのが成就文の「至心に回向したまへり」であり、ここでは「弥陀如来、因位のむかし、至心に回向したまへりし」と敷衍されてある。弥陀三心の結晶である名号を至心回向されたのは弥陀が因位の法蔵菩薩の時ではなく、果位の弥陀成仏の時ではないのかという疑問が湧くかもしれない。同じく第二問答において ― 次の(E)の一段で ― 弥陀如来が「如来の智心」を回向されたこと、即ち弥陀三心回向、要するにやはり実質的には名号回向のことが語られているが、そこでも「弥陀如来、因位のむかし」と示されている。ただ、そこでは経証として『大経』の「令諸衆生功徳成就」が出されてある。つまり法蔵修行中のこと、即ち因位であることが明らかな証文が出されてある。この証文は、宗祖が「信文類」至心釈にて「如来の至心をもつて……群生海に回施したまへり。〔中略〕この至心

は則ちこれ至徳の尊号をその体とせるなり」（『聖典全 二』八〇〜八一・二三一〜二三二）という重要な洞察を記された直後に引かれる経証の最後に来る文である。存覚上人は宗祖のこの経証に倣われているのだと思われる。(1)

しかし、このように回向を果位においてではなく、回向されるべきものがまだ出来上がってもいない因位において語る、そもそもの意図は何であろうか。恐らくそれは**「至心」**にある。回向はそもそもの最初から徹頭徹尾**「至心回向」**なのであり、この**「至心」**は確かに因位において、最初からあるものなのである。このことを述べたのが、『願願鈔』の覚如上人の言葉である。「『至心回向』の四字は成上起下とならふなり。成上といふは、かみの『信心歓喜』を引起すること、法蔵因中の至心より生ず」（『聖典全 四』三三六・『真聖全 三』四七）。われらの信心歓喜を引き起こしたもう最初の源泉、最根源こそが法蔵菩薩の至心なのであり、われらの頭が下がるのは、この法蔵菩薩の真心になのである。いずれにせよ、回向を因位のところで語る意味については一応これで納得できたものとする。因みに『六要鈔』にも、「信文類」至心釈における「令諸衆生功徳成就」の経証に対して、「これ法蔵菩薩因中所修の行、みな衆生得脱の因、大悲回向成就の相を為すことを説く」（『聖典全 四』一一一三・『真聖全 二』二八五）と説明されている。

③**「乃至一念」**の解釈。成就文の**「信心歓喜乃至一念」**を、**「(生死出離の業縁ひとへに念仏往生の一道にある**

べしと、）よろこびおもふこころの一念おこる」と訓釈されてある。即ち成就文の**「一念」**を、宗祖に従って信の一念とする。『大経』中に「乃至一念」の言葉は成就文、下輩段、流通分の三箇所に見えるが、法然聖人は『選択集』「利益章」において、これら全てを行の一念とされた（『聖典全 一』一二八一・『註七祖』一二二三）。これに対し宗祖は、流通の「一念」は行の一念とされたが、[2] 成就文のそれを信の一念と釈された。『真要鈔』の今の箇所に、**「親鸞聖人はこの一念を釈すとして、『一念といふは信心を獲得する時節の極促をあらはす』と判じたまへり」**とある通りである。[3] この成就文の**「一念」**の釈に関する元祖との相違を、存師は**「隠顕」**によって説明する。

この隠顕は宗祖の用いられる隠顕、即ち顕説は権仮方便で隠彰が真実義であるとする隠顕とは全く別ものである。「顕」の左訓に**「うへにあらはしては」**とあり、「隠」の左訓に**「したにかくしては」**とあることからうかがえるように、また本鈔の後の箇所（『聖典全 四』四九九・『註釈版』九七五）で**「文の顕説」**と**「〔文の〕そこ〔＝底〕」**という言葉でこの対比が示されていることからも分かるように、文の表に現れている意味と、文の底に含まれている意味という対比である。[4] 十八願の願文と対比させる限り、成就文の「乃至一念」が願文の「乃至十念」と対応することは明らかであり、「乃至十念」はどう見ても行であるから、「乃至一念」を行の一念とすることは自然な見方である。存師はこれを元祖の立場、顕相として、**「顕には、十念に対するとき一念といふは称名の一念なり」**と述べる。しかし**「隠には、真因を決

了する安心の一念なり」として、成就文の「**一念**」の隠意は、涅槃の真因を完全に領受した信の一念であり、これが宗祖の立場であるとする。「**相好・光明等の功徳を観想する念**」即ち観念の念ではないことについては言うまでもない。

さて、この「**安心の一念**」について存覚上人は、「**かの如来の名号をききえて、機教の分限をおもひさだむるくらゐをさすなり**」と述べられる。「**機教の分限をおもひさだむる**」とはどの注釈書でも二種深信のことと釈されている（『己卯録』九三頁、『随聞記』五一頁、『略述』三二頁、『講録（上）』一〇〇～一〇一頁）。即ち、「機」は受法の機、「教」は教法である。「分限」は力の範囲、限界の意味である（『日本国語大辞典』『時代別国語大辞典』による）。われらの機相は無有出離之縁であるから、機の分限は出離の可能性ゼロということである。諸行往生の機はこの機の分限を知らないのである。他方、われらが受けるべき教法は四十八願摂受衆生の教法であるから、教法の分限は救済対象の制限ゼロということである。即ちいかなる愚悪の衆生であっても無条件に救うということである。このように「**機教の分限をおもひさだむる**」ことが「**かの如来の名号をききえ**」たことである。

この「**如来の名号をき〔く〕**」ことは願文では述べられておらず、成就文が初めて述べる。名号・南無阿弥陀仏は私に聞かれた即時に二種深信となる。この信の一念を通って初めて私の口から名号・南無阿弥陀仏が出て来て下さる。こうして成就文は、願文における「十念」の行の深層に「一念」の信が存することを述べている。その一念の信はしかして名号の聞のことであり、この所聞の名号は、五兆の間の一念一刹那も私を見放したまはなかった如来の念力の結晶である。この五兆修行の果報である不可思議威神功徳を具した名号を諸仏が讃嘆する、「その名号」が聞かれることで私の一念の信となる――という、この論理を示しているのは成就文だけであって、だから成就文の句は願文のそれと一対一に対応しているわけではないのである。むしろ「聞其名号」が右記の論理を開示している以上、「信心歓喜乃至一念」を一息に読むことで、願文の「十念」の根底には信の一念が存していることを成就文は暗示している、と示す方がよい。このように表現され得るであろう洞見に基づいて、宗祖は成就文の「一念」を信の一念と解釈されたのではないか、という想像は、味わいとしては許されるであろう。

④**「即得往生 住不退転」**の解釈。訓読**「(かの国にむまれんと願ずれば)すなはち往生をえ、不退転に住す」**に続いて、訓釈では**「(よろこびおもふこころの一念)おこるとき往生はさだまるなり」**と短いが、後の解説部分では、受法に即時の得益をも含めて説明されている。まず**「即得往生」**について、**「いまいふところの往生といふは、あながちに命終のときにあらず」**として、成就文での**「往生」**の言葉は必ずしも臨終を待たないと言えないようなものではないという、以前の第一問答にて述べられた事柄(5)が確認される。次に、成就文の**「往生」**の語は、**「無始以来、輪転六道の妄業、一念南無阿弥陀仏と帰命する仏智無生の名願力に**

ほろぼされて、涅槃畢竟の真因はじめてきざすところをさす」[6]ものとし、このことを「**即得往生　住不退転**」と言うと説かれているのだとして、われらは一念帰命の即時に涅槃の真因を獲得して二度と退転しないという、これも以前に述べられた事柄[7]を再度、確かめている。

「**無始以来、輪転六道の妄業**」とは、無始以来われらを六道に輪廻転生させてきた大元の原因たる虚妄分別ないし顛倒妄想より起る善悪の業のこと。[8]それが「**一念南無阿弥陀仏と帰命する**」[9]一念帰命において、「**名願力**[10]」即ち名号に結晶した本願力によって滅ぼされる。この名号本願力が「**涅槃畢竟の真因**」即ち究極の涅槃たる大般涅槃の真実の因となる。故にこの「**名願力**」を「**仏智無生の**」と言われてある。「**無生**」は無生無滅の真如、即ち大涅槃のことであり、仏智のみが覚り得るものであるから、大涅槃を覚る仏智が具されてあるという意味で「**仏智無生の**」と言われる。まとめるなら、仏智無生の功徳に満ち満ちる名号に一念帰命すれば、曠劫来の悪業は悉く滅して往生成仏が決定するのである。[11]これを「**即得往生**」と言うのだとして、存覚上人は更に「**即**」と「**得**」についての宗祖『一念多念文意』の解釈を加減して示しつつ、[12]「**されば一念帰命の解了たつとき、往生やがてさだまるとなり**」と結んでいる。[13]「**やがて**」は勿論「ただちに」の意である（『日本国語大辞典』）。

最後に、第十八願成就文が、どのように問者の求めるところの平生業成・不来迎義の経証となっているかについて確認しよう。成就文で示されているのは、他力の回向による本願名号の聞信と同時に往生成仏決定の身と定まるということである。ここには臨終を待てとか来迎を期せよとかいったことは暗示されてさえいない。第十八願成就文がこのように平生業成・不来迎義の経証となり得ている、ということである。

註

（1）覚師『改邪鈔』で、信一念のことを「凡夫不成の迷情に令諸衆生の仏智満入〔す〕」（『聖典全 四』三二五・『註釈版』九四四）と述べられてあること、更に蓮師「信心獲得章」に「発願回向の心……これすなはち弥陀如来の凡夫に回向しまします心なり。これを『大経』には令諸衆生功徳成就と説けり」とあるのも同様の事情であろう。

（2）流通の「一念」についての宗祖の釈は「行文類」の行一念釈（『聖典全 二』四九〜五〇・『註釈版』一八七〜一八九）、『一念多念文意』の「其有得聞彼仏名号」の釈（同上 六六八・六八五）に見える。下輩の「一念」についての釈はない。

（3）『真要鈔』でのこの「信文類」信一念釈からの引文は、字句が多少変えられている。正確には「一念とはこれ信楽開発の時剋の極促を顕〔す〕」（『聖典全 二』九三〜九四・『註釈版』二五〇〜二五一）である。『文類聚鈔』の「往生の心行を獲得する時節の延促について、乃至一念と言ふなり」（同上 二六三・四八〇）の言葉を借りたものと思われる。なお、宗祖著作中、第十八願成就文の「乃至一念」を解釈された箇所には、当該「一念」を信の一念に取り切っているとは読めない箇所もあるものの（『文類聚鈔』『三経往生文類』）しかしその場合であっても、行の一念として示されてはいない。成就文の「一念」を信の一念と明言されてあるのは、右の信一念釈の他に、『一念多念文意』（同上 六六二・六七八）がある。明言されていなくとも『如来会』の当該成就文を並引することで当の「一念」が「一念の浄信」であることを示唆しているのは、「信文類」の最初の成就文引文（同上 六八・二一二）および三一問答信楽釈での成就文引文（同上 八三～八四・二三五～二三六）である。

（4）こうした意味での「隠顕」は、既に『安楽集』に見られる。「浄土は幽廓にして経論隠顕す（浄土の教えは奥深くて広いものであって、経論の真意は文に隠れたり顕れたりしている）」（『聖典全 一』五九〇・『註七祖』二〇七）。

（5）以前に講読した本文中に「**これさらに臨終のときはじめてうる往生にはあらず。されば至心信楽の信心をえながら、なほ往生をほかにおきて、臨終のときはじめてえんとはおもふべからず**」とあった。なおここで、成就文の「**往生**」の言葉は必ずしも臨終を待たないと言えないようなものではないというように、部分否定になっている（即ち臨終を待って初めて言える「往生」もあることを認めている）のは、これも以前に述べられたように、臨終の時に初めて信一念に遇う場合もあるからである。

（6）「きざす」は芽生えるの意。

（7）前々注と同様、以前講読した中に「**ただ一念の信心さだまるとき**（中略）**横に三界・六道輪廻の果報をとづる義あり**」、あるいはまた「**信心開発のとき、摂取の光益のなかにありて往生を証得しつ**」とあった。

(8)『論註』に言う。「凡夫の衆生は身口意の三業に罪を造るを以て、三界に輪転して窮まり巳むことあることなからむ」(『聖典全 一』五〇八・『註七祖』一一八)、「曠劫よりこのかた、つぶさにもろもろの行を造りて、有漏の法は三界に繫属せり」(同上 四八四・九六)、「哀れなるかな衆生、この三界にしばられて顚倒不浄なり。〔中略〕この三界はけだしこれ生死の凡夫の流転の闇宅なり」(同上 四五六〜四五七・五七〜五八)。

(9)「南無阿弥陀仏と帰命する」という語りは、宗祖の所謂「自然法爾章」の「南無阿弥陀仏とたのませたまふ」(『聖典全 二』五三〇・『註釈版』六二一)から来ていると思われる。「南無阿弥陀仏」の六字名号がわざわざ出されてある理由については、これを名号と見るか称名と見るかで異なってくる。名号と見る場合には、ここに六字の名号が出されてあるのはすぐ後の**「名願力」**に合わせるためにであろうと推測できる。他方、称名と見る場合には、宗祖の『文類聚鈔』における二河譬の「一心正念」の釈 ― 「一心」を「深心」、「正念」を「称名」と釈す(『聖典全 二』二七四・『註釈版』四九四) ― が存師の念頭にあったためであろう。なぜ『文類聚鈔』が念頭にあったかについては、本鈔におけるすぐ後の二河譬への言及が念頭に置かれていたためであろう。

(10)真宗の聖教中での初出は『観念法門』か。「一切の女人もし弥陀の名願力によらずは、千劫・万劫・恒河沙等の劫にも、つひに女身を転ずることを得べからず」(『聖典全 一』八九三・『註七祖』六三二)。その前後を見ると、弥陀の「本願力」「名願力」「仏願力」、いずれも同義である。

(11)『論註』に言う。「もし人、無量生死の罪濁にありといへども、かの阿弥陀如来の至極無生清浄の宝珠の名号を聞きて、これを濁心に投ぐれば、念念の中に罪滅して心浄まり、即ち往生を得」(同上 五〇六・一二六）。

（12）『一念多念文意』の釈と『真要鈔』の釈とを比べて見ると、次の加減が認められる。①**「即」**に関して『真要鈔』は『一念多念文意』の「ときをへず、日をもへだてぬ」に加えて**「念をへだてざる」**を付け足して、信益同時の義を明確に述べている。②同じく**「即」**に関して『真要鈔』は『一念多念文意』の「また『即』はつくといふ、その位に定まりつくといふことばなり」という義を、次の**「うる」**の解釈（**「うるといふはさだまるこころなり」**）の方に付けている。③**「得」**に関して『真要鈔』は『一念多念文意』の「『得』はうべきことをえたりといふ」という釈を**「うるといふはさだまるこころなり」**と改釈している。このように細かい相違はあるものの、大まかには『一念多念文意』の釈をそのまま掲げていると言ってよい。

（13）**「解了」**の語の真宗聖教中での初出は、所謂「三一問答」の冒頭付近にて「愚鈍の衆生、解了易からしめんがために」（『聖典全 二』七九・『註釈版』二二九）とあるところのようである。三一問答における「解了」の意味は「領解覚了なり」（円乗院宣明師）（『仏教体系 教行信証 第三』二八八四頁）、「心に受け合点することなり」（香月院深励師）（同上 二八八七頁）と解釈されている。

（E）仏心としての一念帰命の信心

この一念帰命の信心は、凡夫自力の迷心にあらず、如来清浄本願の智心なり。しかれば、二河の譬喩のなかにも、中間の白道をもて、一処には如来の願力にたとへ、一処には行者の信心にたとへたり。如来の願力にたとふといい

ふは、「念々無遺乗彼願力之道」といへるこれなり。こころは、「貪瞋の煩悩にかかはらず、弥陀如来の願力の白道に乗ぜよ」となり。「行者の信心にたとふ」といふは、「衆生貪瞋煩悩中能生清浄願往生心」といへるこれなり。こころは、「貪瞋煩悩のなかによく清浄願往生の心を生ず」となり。されば、水火の二河は衆生の貪瞋なり。これ不清浄の心なり。中間の白道は、あるときは行者の信心といはれ、あるときは如来の願力の道と釈せらる。これすなはち行者のおこすところの信心と、如来の願心とひとつなることをあらはすなり。したがひて、清浄の心といへるも如来の智心なりとあらはすこころなり。もし凡夫我執の心ならば清浄の心とは釈すべからず。このゆへに『経』には、「令諸衆生功徳成就」といへり。こころは、「弥陀如来、因位のむかし、もろもろの衆生をして功徳成就せしめたまふ」となり。

（『聖典全 四』四九三〜四九四・『註釈版』九六八〜九六九）

前項（D）にて解釈を与えた**「信心」**を**「至心回向」**の点から更に掘り下げて釈した一段である。当流の信心は如来より至心に回向された信心である故に仏心であることを、二河譬に言及することによって明らかにする。

まず**「この一念帰命の信心は、凡夫自力の迷心にあらず、如来清浄本願の智心なり」**として、この一段の結論が予示される。阿弥陀如来の清浄なる智慧は、前段最後で述べられた**「仏智無生の名願力」**が**「輪転六道の妄業」**を滅ぼす場面においてのみ、はたらいているのではない。その名願力へと**「一念南無阿弥陀仏と帰命する」**われらの心もまた、名願力自身の産物、即ち仏智のはたらきが至り届いたところの心に他ならない。宗祖の『弥陀如来名号徳』に曰く、「智慧光と申すは、これは無痴の善根をもつて得たまへる光なり。無痴の善根といふは、一切有情、智慧をならひ学びて無上菩提にいたらんとおもふ心をおこさしめんがために得たまへるなり。念仏を信ずるこころを得しむるなり」（『聖典全 二』七三三・『註釈版』七二九）。智慧光とは、涅槃の真因である智慧を衆生に得させるために法蔵菩薩が「得たまへる」光である、と述べられている。そして言うまでもなく「光明は智慧なり」（同上 六七四・六九二）。こうして、智慧を衆生に得させるはたらきも智慧のはたらきである。そしてこのはたらきの源泉は勿論法蔵菩薩の願心であるから、この智慧は願力、本願力である。まとめれば「智慧の念仏うることは法蔵願力のなせるなり　信心の智慧なかりせば　いかでか涅槃をさとらまし」の御和讃（『聖典全 二』四八六・『註釈版』六〇六）となる。願力がわれらに至り届いたところが一念帰命の信心であり、涅槃の真因たる仏智である。[1]

「しかれば二河の譬喩のなかにも」それだからこそ二河譬においても、**「中間の白道をもて」**火の河と水の河の中間に架かった白道が、**「一処には如来の願力にたとへ」**或るところでは如来の願力の譬えとして、その源泉のところで語られ、**「一処には行者の信心にたとへたり」**別のところではわれらの信心の譬えとして、願力が届いた今ここのところで語られてある。即ち、二河譬の合法における**「念念無遺乗彼願力之道**（念念にわするることなく、かの願力の道に乗ず）**」**（『聖典全 一』七七一・『註七祖』四六九）の文では、白道が

「願力之道」として如来の願心の譬えとなっているが、他方、同じく二河譬合法中の、**「衆生貪瞋煩悩中能生清浄願往生心」**（衆生の貪瞋煩悩の中に、よく清浄の願往生心を生ず）」（同上 七七〇・四六八）の文では、白道が**「衆生の貪瞋煩悩のなかに」**生まれた**「願往生心」**として、衆生の信心の譬えとなっている。

本鈔でも引かれた二河譬中の右の二つの文を存覚上人は、前者については改めて訓釈にて示し（**「貪瞋の煩悩にかかはらず、弥陀如来の願力の白道に乗ぜよ」**）、後者については改めて一部訓読でもって示される（**「貪瞋煩悩のなかに、よく清浄の願往生心を生ず」**）。右の傍点部は宗祖の訓読では「生ぜしむる」となっているが（『聖典全 二』七六・『註釈版』二二五）、存師はこれを意図的にか否かは定かではないが、**「生ず」**と訓読された。このことは、続いて言われる**「中間の白道は、あるときは行者の信心といわれ、あるときは如来の願力の道と釈せらる。これすなはち行者のおこすところの信心と、如来の願心とひとつなることをあらはすなり」**の傍点部の表現に対応している、と言えるであろう。存師は宗祖がわざわざ「生ぜしむる」と訓読された句を**「生ず」**と読まれ、さらに**「行者のおこすところの信心」**なる表現まで使われた、これは自力の信心ではないのか ― というのは軽率であろう。まず行者が自力で信心を起す、そこに如来の願心が到来して両者が一つになる、などといった馬鹿げたことを存師が言われるはずがない。**「行者のおこすところの信心」**と表現されてはいても、これは他力の信心を意味していると見なければならない。

確かに覚如上人は『改邪鈔』十九条において、「凡夫のおこすところの自力の三心」「凡夫発起の三心」と、「他力よりさづけらるるところの仏智」「如来利他の信心」とを対比されている（『聖典全　四』三二四・『註釈版』九四三）。しかしこれは存師の右の表現への批判的応答ではないように思われる。『改邪鈔』の表現に囚われて、自力建立の信はわれらが起す信、他力回向の信は仏力によって起さしめらるる信というふうに、単純に能動・受動の表現によって自力信と他力信とが定義できると思うなら、それは浅慮と言うべきであろう。現に、『改邪鈔』の右に引用した箇所より少し進んだところに、行者におけるる他力信の生起を「能発一念喜愛心」「共発金剛心の一念」という、まさに能動的表現として覚如上人自身が示している。『最要鈔』においても、成就文の「信心歓喜乃至一念」を解釈して、「凡夫の迷心にあらず、またく仏心なり」（『聖典全　四』三四三・『真聖全　三』五〇）と言って他力回向の心であることを示した上で、やはり「共発金剛心　横超断四流」云々の御文を引き、「金剛のこころざしをおこすといふは、いまの願成就の信心歓喜の心なり」（同上　三四四・五一）として、まさに「行者のおこすところの信心」と同様の能動的な表現を、覚師自ら憚りなく使われてある。表現の能動受動に覚師が自力他力に関する決定的な事柄を認めていたのであれば、たとえ引用文であったとしても、信に関する能動的表現を含む部分の引用は、避けられたはずである。かくて、衆生が起す信が自力信、衆生に起さしめらるる信が他力信というような、表現上の能動受動に決定的な何かを認めるような単純な見方は、通用しない。[2]

存師は何の憚りもなく、二河譬中の**「よく貪瞋煩悩のなかによく清浄願往生の心を生ず」**における**「清浄の心」**（傍点部）について、**「〔この〕清浄の心といへるも如来の智心なり」**と釈されている。行者が信心を「おこす」、あるいは同じことだが行者に信心が「おきる」、それが「如来の智心」が**「よく〔行者の〕貪瞋煩悩のなかに…生ずる」**ことに他ならなかった場合、そこでは願力回向の完遂という出来事が生起したのだ、ということである。

この願力回向の本源が、次に**「『経〔大経〕』には『令諸衆生功徳成就』といへり。こころは、『弥陀如来、因位のむかし、もろもろの衆生をして功徳成就せしめたまふ』となり」**と示されてある。これについては先の（D）の②にて述べたので、ここでは繰り返さない。本項（E）の先に引いた和讃「智慧の念仏うることは法蔵願力のなせるなり」も改めて想起されたい。

註

（1）『浄土見聞集』にも「光明智相より信心を開発したまふゆへに信心は仏智なり、仏智よりすすめられたてまつりてくちに名号はとなへらるるなり。これさらに行者の心よりをこりてまふす念仏にはあらず。仏智より信心はをこり、信心より名号をとなふるなり」（『聖典全 四』八五八・『真聖全 三』三七八）とある。

（2）そもそも自力の信心とて全く無媒介に自分だけで起せるようなものではない。そのような（傍点部のような）ことは、縁起の法から言ってあり得ない。自力の信とて、それを起さしむる然るべき諸縁が集まって初めて起きる。自力の信を起さしむる（縁ではなく）因となるのは、確かに本鈔にもあるように「凡夫我執の心」であるが、今生におけるこの我執の心からして、過去の我執の心の結果であり、孤立したものではない。

（F）久遠実成と十劫成道

それ阿弥陀如来は三世の諸仏に念ぜられたまふ覚体なれば、久遠実成の古仏なれども、十劫以来の成道をとなへたまひしは果後の方便なり。これすなはち「衆生往生すべくはわれも正覚をとらん」とちかひて、衆生の往生を決定せんがためなり。しかるに衆生の往生さだまりしかば、仏の正覚も成りたまひき。その正覚いまだ成りたまはざりしいにしへ、法蔵比丘として難行苦行・積功累徳したまひしとき、未来の衆生の浄土に往生すべきたねをばことごとく成就したまひき。

（『聖典全　四』四九四～四九五・『註釈版』九六九）

先に法蔵菩薩による「**令諸衆生功徳成就**」の御文が出されたが、「**功徳**」を「**成就**」せしめた法蔵修行は、一念一刹那もご自身の成仏のためではなく、全てが「**令諸衆生功徳成就**」のためであった。法蔵菩薩はご自身の成仏のための修行は最初から必要なかった存在、つまり「**久遠実成の古仏**」であられた。

ただただ衆生済度のための**「果後の方便」**として従果降因の菩薩となられたのであった ― 以上のことを示すために、この一節が置かれていると考えられる。

まず**「それ阿弥陀如来は三世の諸仏に念ぜられたまふ覚体」**とある。阿弥陀如来は三世諸仏によって念じられておいでになる**「覚体」**である。**「覚体」**とは仏体の意味である。[1] 中村元博士『仏教語大辞典』には「覚体」は「さとりの本体」と出ている。つまり涅槃そのもの、あるいは真如法性のことである。しかし「仏体」と「さとりの本体」は別ものではない。覚りにおいては覚る主体と覚られる客体の分別は消滅しているので、仏体と言っても涅槃と言っても結局は同じことである。**「覚体」**にはこの両義性があると見ればよい。『顕名鈔』に「阿弥陀如来は久遠実成の覚体、無始本有の極理なり」（『聖典全 四』六五二・『真聖全 三』三四〇）とあるが、傍点部は右記の両義のうち後者を強調したものであろう。逆に、久遠実成義についての『持名鈔』の記述における「阿弥陀如来は三世の諸仏の本師なれば、久遠実成の古仏にてましま〔す〕」（『聖典全 四』五五八・『註釈版』一〇〇〇～一〇〇一）の文では、『真要鈔』の**「覚体」**が専ら仏体の意味として「本師」の語に置き替えられている。[2]

いずれにせよ、阿弥陀如来は全ての過去現在未来の諸仏によって念ぜられておいでになる ― 「三世の諸仏みな弥陀三昧によりて正覚をなる」（『聖典全 四』五六三・『註釈版』一〇〇五）― のであるから、阿弥陀如来はいかなる過去仏よりも更に過去仏である。こうして阿弥陀如来は**「久遠実成の古仏な〔り〕」**

と述べられる。(3) **「久遠」**は（十劫よりも遥かに）久しく遠き過去という意味であるが、今見たようにこの久遠仏は三世の諸仏の「本師」と見られていることから、実質的に**「久遠」**は無始の意味を帯びることになっている。**「実成」**は実際に成仏しているの謂である。ここは言うまでもなく、宗祖の和讃「弥陀成仏のこのかたは　いまに十劫とときたれど　塵点久遠劫よりも　ひさしき仏とみえたまふ」（『聖典全　二』三六四・『註釈版』五六六）、「久遠実成阿弥陀仏　五濁の凡愚をあはれみて　釈迦牟尼仏としめしてぞ　迦耶城には応現する」（同上　三八二・五七二）などを承けた所談であって、『三部経』にも七祖聖教にも所説なき法義である。(4)

さて、このように阿弥陀如来は久遠実成の古仏であるから、**「十劫以来の成道をとなへたまひしは果後の方便なり」**つまり、今から十劫昔の成仏という、時間的な始まりのある成仏を誓われたことは、ご自身の成仏のためではなく、一切衆生を成仏せしめんとするためにであった。**「これすなはち『衆生往生すべくはわれも正覚をとらん』と誓ひて、衆生の往生を決定せんがためなり」**とある通りである。そのため久遠実成の仏果から菩薩という因位へと降りて下さり、十劫成道を誓われた。これを**「果後の方便」**と言う。この場合の**「方便」**は衆生済度のための巧みな手立て、すなわち権仮方便ではなく善巧方便のことである。このように久遠実成阿弥陀仏は法蔵菩薩となって衆生のために御修行あそばされ、**「未来の衆生の浄土に往生すべきたねをばことごとく成就したまひき」**一切衆生の往生の業因を完全成就なさった、こうして**「衆生の往生さだまりしかば」**未来永劫に至るまで一切衆生の往生は定まったので、**「仏の正覚も成りたまひき」**十劫成道の阿弥陀仏としての正覚を取り給うたのである。

本文は以上のようであるが、この**「久遠実成阿弥陀仏」**をどう解すべきか。『口伝鈔』の「開出三身章」には、この問題に対する覚如上人の回答が詳説されてあるが、その結論は「報身といふ名言は、久遠実成の弥陀に属して常住法身の体たるべし」（『聖典全 四』二七二・『註釈版』八九九～九〇〇）の一文であろう。即ち、久遠実成阿弥陀仏は、十劫成道阿弥陀仏がそうであるようにやはり報身如来なのであって、この報身の久遠実成阿弥陀仏こそ「常住法身の体」、即ち法性法身の本質・根源なのだ、という解釈である。(5)

註

（1）**「覚体」**の用例としては、本文すぐ後で示す『顕名鈔』の他は、真宗聖教中では『安心決定鈔』しかない（『聖典全 五』一一二三・『註釈版』一三九五）。他宗のものとしては『正法眼蔵』における『臨済録』引文（岩波文庫『正法眼蔵 二』三二七頁・『臨済録』八六頁）、一遍上人の消息（岩波文庫『一遍上人語録』三一～三二頁）などが見出される。いずれも仏体と解して支障はないが、すぐ後の本文にて述べる両義性も認められる。

（2）『註釈版』欄外注における、『真要鈔』当該箇所の「覚体」の説明（『註釈版』九六九）も、こちらの意味を前面に出している。

（3）『破邪顕正抄』では「十方三世の諸仏この六字より出生せり」（『聖典全 四』六一一・『真聖全 三』一八三）とも言われている。これを文字通り受け取るなら、久遠実成の南無阿弥陀仏という直観が存覚上人にあったことになる。

（4）といっても宗祖の発揮でもない。日本仏教における「久遠実成阿弥陀仏」の成立については梯實圓師『聖典セミナー　口伝鈔』（二〇一〇年、本願寺出版社）二四一〜二四二頁、二五三〜二五六頁を参照。

（5）この解釈の有する宗教的意味については梯師前掲書　二四二〜二四六頁に詳説されている。

（G）摂取不捨としての仏凡一体

そのことわりをききて、一念解了の心おこれば、仏心と凡心とまたくひとつになるなり。このくらゐに無礙光如来の光明、かの帰命の信心を摂取してすてたまはざるなり。これを『観無量寿経』には「光明遍照十方世界念仏衆生摂取不捨」ととき、『阿弥陀経』には「皆得不退転於阿耨多羅三藐三菩提」ととけるなり。「摂取不捨」といふは、弥陀如来の光明のなかに念仏の衆生をおさめとりてすてたまはずとなり。これすなはちかならず浄土に生ずべきことわりなり。「不退転をう」といふは、ながく三界六道にかへらずして、かならず無上菩提をうべきくらゐにさだまるなり。

（『聖典全 四』四九五・『註釈版』九六九〜九七〇）

今しがた述べられた、法蔵菩薩がわがために御苦労下さって、わが往生は決定したという**「そのこ**

とわりをききて、一念解了の心おこれば」信一念に領解の心が発起したならば、「**仏心と凡心とまたくひとつになるなり**」仏凡一体となる、と言われている。

先に、二河譬における白道について、善導大師がそれを「**行者の信心**」と「**如来の願力**」との両方の譬えとされたことが述べられていた。そしてこのことを指して、「**行者のおこすところの信心と、如来の願心とひとつなることをあらはす**」と解説されていた。今の箇所では「**仏心と凡心とまたくひとつになる**」とある。「**ひとつなる**」と「**ひとつになる**」はわずか一字違いであるが、①これを重大なものと見て両者は異なることを述べているとみる読み方と、②それを認めず両者は同じことを述べているとみる読み方との二つがある。

①これを重大なこととみる読み方によれば、先の、「**白道**」に譬えられた行者の信心と如来の願心との一体の方は、「**ひとつになる**」ではなく「**ひとつなる**」というその表現から見ても、またそれに付された「**一念帰命の信心は凡夫自力の迷心にあらず、如来清浄本願の智心なり**」という存師自身の解説から見ても、もともと一つのものであるという本来一体の意味であって、つまりこの場合の「**ひとつなる**」という言葉は、南無の機（信心）が既に法（即是其行の阿弥陀仏）の手元で成就されてあるという機法一体を述べている。それに対して今の箇所は、仏心と凡心という、もともと一つではないもの[1]が「**ひとつになる**」との明言であるから、本来一体ではなく転成一体、即ち凡心が転ぜられて仏心と成るという

一体である。本文にあるように、阿弥陀仏が**「衆生の浄土に往生すべきたねをばことごとく成就し」**て下さった、従って私に為すべきことは何もないのだという、この**「ことわり」**を**「解了」**した瞬間、阿弥陀仏の成就したもうた**「たね」**が私の心中に徹到して、直ちに私における正定業としてのはたらきを始め、かつ現生十益をもたらすのである。つまり**「そのことわりをききて、一念解了の心おこれば、仏心と凡心とまたくひとつになるなり」**の一文は、信と同時なる得益について述べているのだ ― と見るのがこの読み方である。

②これに対し、ここでの**「ひとつになる」**は先の**「ひとつなる」**と同じことを述べているのだと見る読み方は、**「一念解了の心おこれば、仏心と凡心とまたくひとつになるなり」**の一文を得益ではなく獲信そのものについて述べていると見るものである。つまり右の一文を、先ほどの**「行者のおこすところの信心と、如来の願心とひとつなる」**という文と実質的にほぼ同義と見る。『略述』（四〇頁）はこの見方である。[2]即ち「仏凡一体は信心獲得の相を顕」わすものであって、転悪成善と混同してはならぬ、「転悪成善は仏凡一体となりたる信心獲得の上の徳」だからだと言う。その場合、「仏心」の体は無漏清浄の智心としても、「凡心」が問題である。『略述』は結局、この「凡心」を先ほどの二河譬における「衆生貪瞋煩悩」とする。要するに煩悩心である。しかし煩悩「の中に」信心の発起があるということは分かるが、そのことを、煩悩と信心とが「一体になる」という、非常に緊密な関係を示唆する言葉で表現

するのが適切と言えるであろうか。これはかなり無理なことではなかろうか。

そこで、②の別ヴァージョンに目を移してみる。原口針水師によれば（『真宗叢書 一』四三三頁）、ここでの**「仏心」**は令諸衆生功徳成就の仏智、**「凡心」**は他力回向の信心、前者の体はと言うと南無阿弥陀仏、後者の体も南無阿弥陀仏、ここにおいて両者は「一体になる」と言われる。「ひとつとは同じ物にして、別物に非ざることを顕す言なり。〔中略〕故に一の信心をば、仏心ともしまた凡夫の信心ともするなり」（同上 四三四頁）というわけである。しかしこれでは一体「である」と言っているだけで、一体**「になる」**とは言えていないのではないか。針水師のように凡心を獲信後の他力回向の信心（本願力によって凡夫に回向され徹到せしめられたるところの信心）とするならば、それは取りも直さず既に仏心であるから、仏心と凡心とが一つ**「になる」**という表現が宙に浮いてしまうであろう。

この難を回避するには、ここでの**「凡心」**の規定を獲信以前に戻せばよい。さりとてそれを自力心とするならば、自力心は仏心よって端的に除去されるのであって仏心と一体になることは不可能である(3)との難が降りかかる。この難を逃れるために、くだんの凡心を「宿善開発の機」と解する方途がある(4)。宿善開発の機は明らかに凡心の一規定であるし、何よりも、この規定には、宿善が開発されんとする機・宿善がまさに開発されつつある機・宿善が開発され終えた機の三態がともに含まれる。仏智たる仏心が、宿善が開発されんとする機に徹到することで、この機が宿善がまさに開発されつつある機となり、この宿善がまさに開発されつつある機が、徹到した仏心と一体となるという仕方で、仏凡が一体**「になる」**ということが言えるようになる。

いずれにせよ、以上の②の見解にあっては、**「ひとつなる」**と**「ひとつになる」**に認められる一字違いは重大な違いであるとは見られていないのである。

ここは安心論題としての「仏凡一体」について立ち入る場所ではないので、これ以上深入りすることは避けるが、『御文章』を中心に『真要鈔』や『聞書』なども考慮に入れた上で今日出されている標準的な回答は、①の方、即ち仏凡一体を専ら信心の得益の文脈において解する見方である。(6) そして、『真要鈔』当面においてもそのように解する方がよいと思う。というのも、目下の文**「仏心と凡心とまつたくひとつになるなり」**に続く文章**「このくらゐに無礙光如来の光明、かの帰命の信心を摂取して捨てたまはざるなり」**は明らかに信心の得益について語っているものだからである。摂取不捨は十益で言うと「心光常護の益」に当たる。「信心を摂取して」という少々奇妙な表現が見られるが、これは信心を得た念仏の衆生を摂取してという意味であることは、少し後の**「『摂取不捨』といふは、弥陀如来の光明のなかに念仏の衆生をおさめとりてすてたまはずとなり」**から明らかである。「『摂取不捨』というは」となっているのは、これがその前にある『観経』からの引用**「光明遍照十方世界　念仏衆生摂取不捨」**を解説したものだからである。また最後の文が、「『不退転を得』といふは」となっているのは、同様、先の『小経』からの引用**「皆得不退転於阿耨多羅三藐三菩提」**を解説したものだからである。**「『不退転を得』といふは、ながく三界六道にかへらずして、かならず無上菩提をうべきくらゐにさだまるなり」**、即ちもはや二度と退転することのない位に入ると『阿弥陀経』にあるが、それは三界六道を輪廻することがもはや永遠になくなり、当来は必ず無上のさとりを得るに間違いない位に決定するということだ、というのである。このことを『真要鈔』は**「一念解了の心おこれば、仏心と凡心とまたくひとつになる」**ことの同時的帰結として述べていることに注意したい。即ち現生での不退である。

続く第三問答はこの現生不退について論じられる。

註

（1）この場合の「もともと一つではない」（傍点部）の更なる本源においては生仏本来一体ではある ― 『顕名鈔』の「阿弥陀如来は久遠実成の覚体、無始本有の極理なり。迷悟・染浄、一切の万法ことごとく阿弥陀の三字に摂在せずといふことなし。しかるに衆生一念の迷妄によりて、真如のみやこをまよひいで、流転の凡夫となりしよりこのかた、ひさしく塵労におほはれて本有の理性をわすれたり」（『聖典全 四』六五二・『真聖全 三』三四〇） ― けれども、このような生仏一体は宗祖の聖教ではほとんど言及されないものである。わずかに国宝本「悲嘆述懐讃」の「罪業もとより所有なし 妄想顚倒よりおこる 心性みなもときよければ 衆生すなはち仏なり」（『聖典全 二』五二四）、「無明法性ことなれど 心はすなはちひとつなり この心すなはち涅槃

なり この心すなはち如来なり」（同上 五二六）くらいでしか見い出せないのではないか。しかも文明本では右の二首のうちの前者は「罪業もとよりかたちなし 妄想顛倒のなせるなり 心性もとよりきよけれど この世はまことのひとぞなき」となっており、後者は存在していない。従ってこの最深本源的レヴェルでの生仏一体については今は考慮する必要はない。

（2） 因みに『随聞記』は①の見方、『己卯録』はどちらかと言えば①、『講録（上）』は①②両論併記である。

（3） これに対し煩悩心は除去されるのではない。「衆生のこころをそのままをきて、よきこころを御くはへさふらひて、よくめされ候ふ。衆生のこころをみなとりかへて、仏智ばかりにて、別に御みたて候ふことにてはなくさふらふ」（『聖典全 五』五四五・『註釈版』一二五二）。むしろ煩悩は菩提の体となる。「罪障功徳の体となる こほりとみづのごとくにて こほりおほきにみづおほし さはりおほきに徳おほし」（『聖典全 二』四二四・『註釈版』五八五）。このように煩悩と菩提は転成の関係であるに対し、自力と他力は廃立の関係であって、根本的に異なっている。

（4） 『略述』三九頁。杉紫朗師『御文章要義講話』（同師『御文章講話』（重版）昭和六〇年、永田文昌堂 所収）二四〇頁。

（5） これは慧海師の解釈である（『真宗叢書 一』四三〇頁）。但し、慧海師は原口師のような回答の短所を埋めるためにこのような解釈を出したわけではない。

（6） 灘本愛慈『やさしい安心論題の話』（第三版、平成九年、本願寺出版社）一五一～一五二頁は、②も紹介し、その場合の凡心は「衆生の虚妄心」であるとしている。なるほど「虚妄心」とすれば、くだんの「凡心」を煩悩心とも自力心とも限定せずに済むので、それぞれの場合の難点を巧みに回避することができるかもしれない。他面、限定をつけない分、概念の不明瞭さが残るという別の難点も出てくる。

第五節　第三問答 ― 現生不退

正定聚不退転は浄土往生後に得る位であって、現生においてそれが得られるなど考えられない、なぜ現生正定聚などということが言えるのか ― という、浄土教一般の立場から見れば当然起ってくるであろう疑問に答える。(A)凡夫の三業を見れば正定聚だと言えるようなところは一点も存在しないが、他力回向で頂いた名号のお徳によって現生にて正定聚不退転の位に置き据えられるのである、と総じて答えた後。この趣旨を、『往生礼讃』の文で確かめ、次いで、(B)『小経』の「皆得不退転」の文、(C)『大経』の「即得往生住不退転」の句、(D)宗祖「行文類」の文等々を解釈しながら、右の法義を繰り返し確認していく。

（A）総じて問に答える

問ていはく、念仏の行者、一念の信心さだまるとき、あるひは「正定聚に住す」といひ、あるひは「不退転をう」といふこと、はなはだおもひがたし。そのゆへは、正定聚といふは、かならず無上の仏果にいたるべきくらゐにさだまるなり。不退転といふは、ながく生死にかへらざる義をあらはすことばなり。そのことばことなりといへども、そのこころおなじかるべし。これみな浄土にむまれてうるくらゐなり。しかれば、「即得往生　住不退転」といへるも、浄土にしてうべき益なりとみえたり。いかでか穢土にしてたやすくこのくらゐに住すといふべきや。

こたへていはく、土につき機につきて退・不退を論ぜんときは、まことに穢土の凡夫、不退にかなふといふことあるべからず。浄土は不退なり、穢土は有退なり。菩薩のくらゐにおいて不退を論ず、凡夫はみな退位なり。しかるに薄地底下の凡夫なれども、弥陀の名号をたもちて金剛の信心をおこせば、よこさまに三界流転の報をはなるるゆへに、その義、不退をうるにあたれるなり。これすなはち菩薩のくらゐにをいて論ずるところの位・行・念の三不退等にはあらず。いまいふところの不退といふは、これ心不退なり。されば善導和尚の『往生礼讃』には、「蒙光触者心不退」と釈せり。こころは、「弥陀如来の摂取の光益にあづかりぬれば、心不退をう」となり。

（『聖典全』四九六～四九七・『註釈版』九七一～九七二）

第二問答の最後で『小経』の「皆得不退転於阿耨多羅三藐三菩提」の文が出され、われらは信の一念つまり現生において阿耨多羅三藐三菩提、即ち無上涅槃を得る位に就いて二度と退転しない、という平生業成の法義が再度確認された。そのことを**「念仏の行者、一念の信心さだまるとき、あるひは『正定聚に住す』といひ、あるひは『不退転をう』といふ」**と言っている。しかし問者はこれを**「はなはだおもひがたし」**考えられないことだと言い、**「そのゆへは」**としてその理由を述べる。**「正定聚といふは、かならず無上の仏果にいたるべきくらゐにさだまるなり。不退転といふは、ながく生死にかへらざる義をあらはすことばなり。そのことばことなりといへども、そのこころおなじかるべし。これみな浄土に生れてうるくらゐなり」**、即ち「正定聚」も「不退転」も、文字の意味は違えども大体同じ趣旨のことを述べており、それは必ず仏と成って二度と輪廻しない境位のことであるが、これは浄土往生した後に得る位であろう、**「しかれば、『即得往生　住不退転』といへるも、浄土にしてうべき益なりとみえたり」**、本願成就文に「即得往生　住不退転」とあるのも浄土に往生してから得る利益のことであろう、と問者は言うのである。

この理解は、宗祖義を前提せずに経の当面を見る限り、もっともである。第十一願文の「国中の人天、定聚に住し」は第十願までの当該箇所がそうであると同様に往生後の得益を述べるものと読むのが自然であるし、第十八願成就文の「住不退転」の直前の「即得往生」は願文の「若不生者」に対応する句と見るのが自然であるし、またその文字の意味からしても現生を終えて後に往生することであって、それを現生にて往生決定の身と定まると読む宗祖の読み方は文字の意味からはかけ離れている。

『大経』三輩段の上輩中輩について語られる「不退転」も明確に往生後のことを述べた言葉である。「往覲偈」にも「不退転にいたる」の前に「皆悉く彼の国に到りて」の限定がある。確かに第二問答最後に出された『小経』引文には往生後という限定はないものの、同経のそれより前の箇所には「極楽国土には衆生生ずる者は皆これ阿鞞跋致（＝不退転）なり」とある。『論註』にも同様に「かの清浄の土に往生することを得、仏力住持して、即ち大乗正定の聚に入る。正定は即ちこれ阿毗跋致なり」（『聖典全 一』四四九・『註七祖』四七）とある。『安楽集』にも「上一形を尽し下十念に至るまで、皆往かざるはなし。一たび彼の国に到れば即ち正定聚に入」る（同上 六三五・二七五）とある。善導大師も「人天善悪皆往生を得。彼に到りぬれば、殊なることなく斉同に不退なり」（同 八〇八・五一八）と仰せられる。『選択集』には五か所（全て引文）にわたって「不退」もしくは「不退転」の語があるが、それらに関しては何も解説がない以上、その自然な読み方として全て彼土での不退と受け取るのが適当である。このように、経釈ともに至るところで彼土不退が述べられてある。従って今問者が出している彼土不退という理解はごく自然なものである。その理解を前提するなら、**「いかでか穢土にしてたやすくこのくらゐに住すといふべきや」**、今生のわれらの境界であるこの穢土において、このような位に容易に就くことができるなどとどうして言えようか、という発問がなされるのも、また自然である。

この問に対し、存覚上人はまず問者の疑問のもっともなことを認める。それが答の前半**「土につき

機につきて退・不退を論ぜんときは、まことに穢土の凡夫、不退にかなふといふことあるべからず」を含む三つの文である。通仏教的には退・不退は、穢土・浄土という境界、あるいは凡夫・菩薩という機について、次のように言われる。即ち「**浄土は不退なり、穢土は有退なり。菩薩のくらゐにおいて不退を論ず、凡夫はみな退位なり**」と。浄土は「これ不退なり。永く三塗八難の畏れを免れたり」（『聖典全 二』一〇五六・『註七祖』八六八）。対して穢土は悪縁の多い境界であり、三途に堕する畏れがつきまとう。その中に棲む凡夫は心想羸劣にして煩悩の賊に害される存在となれば、穢土における凡夫はどう見ても退位でしかあり得ない。しかしこれは、「**土につき機につきて退・不退を論ぜ**」るからであって、別の観点があることを存覚上人は指摘し、これを今の質問への答とする。「**しかるに薄地底下の凡夫なれども、弥陀の名号をたもちて金剛の信心をおこせば、よこさまに三界流転の報をはなるるゆゑに、その義、不退をうるにあたれるなり**」がそれである。

「**薄地底下の凡夫**」は『文類聚鈔』の「薄地の凡夫、底下の群生」から造句されたものであろう。凡夫を三種に分け、三賢（十住・十行・十回向）を内凡、十信を外凡、それ以下を「薄地」とする。(1)「**底下**」については、国宝本「観経讃」の「凡愚底下のつみびと」の左訓として「われらは大海の底に沈めるとなり」とあり（『聖典全 二』三七七）、顕智写本「三時讃」の「底下の凡愚となれるみは」の左訓には「煩悩の底に沈める凡夫といふなり」（同上 四七六）とある。そのような「薄地底下の凡夫」であっても**「弥陀の名号をたもちて金剛の信心をおこ」**すこと、即ち成就文にいう「聞其名号 信心歓喜」が、めぐまれ得る。存覚上人には『真要鈔』と同じ年に『持名鈔』の著作もある。「名号をたもちて」という句には上人の或る種のこだわりが感じられなくもない。『文類聚鈔』の「執持はすなはち一心なり。一心はすなはち信心なり」（『聖典全 二』二七五・『註釈版』四九五）が参照されているのかもしれない。いずれにせよ名号をいただけば、名号に摂在せる功徳大宝海水が底下凡愚の身心を満たして**「よこさまに三界流転の報をはなるる」**ことをもたらす。

「よこさま」は宗義では「本願力によって」の意味であるが、一般の古語としては「普通ではない、道理に合わない」の意味がある（『日本国語大辞典』）。確かに聖道門から見れば聞信一念で流転輪廻から解脱せしめるという宗祖義は「普通ではない、道理に合わない」教えのように映るであろう。しかしそれは聞信一念を凡愚の発心と見、念仏一声を凡愚の行業と見るからである。それならば道理に合わずとなって当然であろう。しかし聞信も念仏も凡愚の上に本願力がはたらいたすがたなのであって、この真相から見るならば、聞信一念において**「よこさまに」**即ち本願力によって凡愚であっても三界流転輪廻からの解脱に定まる ― ということは、むしろ全分他力回向義の道理にかなったことである。

「その義、不退をうるにあたれるなり」その「解脱に定まる」の意味は「不退を得る」に相当すると言ってよい。ただ、不退を得るとはいっても**「これすなはち菩薩のくらゐにおいて論ずるところの位・行・念の三**

不退等にはあらず」、既にこれまでの流れより明らかなことではあるが、通仏教にいうところの菩薩が得る不退の位とは違うのだ、と念押しされている。

菩薩の「三不退」の出典は明らかではない。可能性の一つとして嘉祥大師吉蔵『法華義疏』の一つを取りあげても、その中で更に四種類の「三不退」解釈が紹介されているほどであり（『大正蔵 第三十四巻』四六一頁b～c）、存覚上人がいかなる内容の「三不退」を念頭に置かれていたかは不明である。「等」の文字は、少し後で「処不退」の言葉が出てくるので、「位・行・念」に「処」を加えた「四不退」を示唆しているとも読めるが[2]、あるいはここは厳密な概念は不要で、要は凡愚の聞信一念に定まる不退は、聖道門に説かれる菩薩の不退ではないことさえ言えればよいとのニュアンスを暗に帯びた文字として「等」が使われているとも受け取れる。いずれにせよ、**「いまいふところの不退といふは、これ心不退なり」**、凡愚に恵まれる不退は菩薩の三不退等で言われるような類のものなのではなく「心不退」だと言われる。「心不退」はすぐ次に引かれる『往生礼讃』の文**「蒙光触者心不退**（光触を蒙る者は心退せず）**」**（『聖典全 一』九四九・『註七祖』七〇二）に見られる言葉で、意味は**「弥陀如来の摂取の光益にあづかりぬれば」**得られるところの不退である。これを「信心不退」と解して、後の『御伝鈔』の「信不退」（『聖典全 四』八五・『註釈版』一〇四九）に連なるとする見方もある[3]。

さて、既に述べたように、正定聚不退はもともと往生ではなく成仏について言われることであった。

それが宗祖においては、正定聚不退について「往生すべき身と定まる」と釈されることもあれば、「仏に成るべき身となれる」と釈されることもあるのは、往生と成仏を、概念としては異なるにもかかわらず事態としては同じであると宗祖が見られたからであった。これは所謂全分他力の法義からの帰結であると考えられる。この項の最後に全分他力のご法義を味わい、ご讃嘆させていただきたく思う。

即ち往生の因は業因についても正因についても、その全分が他力によって回向されるのであって、この往因には私の業が寄与しうる余地は一分たりとも無い（自力無功）。ところで回向される往因である南無阿弥陀仏は法蔵菩薩の不可思議兆載永劫にわたるご修行の全功徳の言わば結晶体であり、それが阿弥陀仏ご自身の全功徳であると元祖も宗祖も頂かれていることは、例えば既に言及した『選択集』の「名号はこれ万徳の帰するところなり」「〔一切の功徳〕皆ことごとく阿弥陀仏の名号の中に摂在せり」、あるいは「行文類」の「この行は即ちこれ諸の善法を摂し、諸の徳本を具せり。極促円満す。真如一実の功徳宝海なり」（『聖典全 二』一五・『註釈版』一四一）などから明らかである。南無阿弥陀仏に阿弥陀仏の全功徳が摂在するのであれば、南無阿弥陀仏を他力回向によって頂くことは阿弥陀仏の全てを頂くことに他ならない。蓮師は「阿弥陀如来、ご身労ありて南無阿弥陀仏といふ本願をたてましまして〔中略〕南無阿弥陀仏となりまします」（『聖典全 五』一八二〜一八三・『註釈版』一一九五）として、阿弥陀仏が南無阿弥陀仏とおなり下さったとされている。こうしてわれらの往因が阿弥陀様の全てであってみれば、自力を少しもまじえず南無阿弥陀仏が徹到するにまかせてしまった者は、どうしても弥陀同体のさとりを開くより他はなくなるであろう。浄土では阿弥陀様のさとりが最高で、往生してきた悪人凡夫のさとりは最低だというのではない。それどころか、自力で往生してきた聖者方は往生しても直ちに究極のさとりは開けずに浄土でもまだ修行が続いていくのに対し、悪人凡夫は一気に弥陀と同体のさとりを開くより他はない。なぜなら、悪人凡夫は他力に全託せねば往生できないが、その他力というのは南無阿弥陀仏という万善万行万徳より成る最高の善以外にはなく、往生の因が最高であれば往生の果も最高、つまり大般涅槃であらざるを得ず、その最高の因の頂き方も他力による他はないから、である。

註

(1)『註釈版』欄外注（四八〇、五一五）および稲城選恵師『浄土真宗用語大辞典』による。要するに「信外の軽毛」。

(2)「四不退」としては、『往生要集』に引用された慈恩大師窺基（の作と言われるが疑義が持たれている）『西方要決釈疑通規』所説の四不退が考えられる（『聖典全 一』一二〇九・『註七祖』一一二二）。その他「四不退」を述べたものとしては、同じく慈恩大師『妙法蓮華経玄賛』『成唯識述記』、懐感禅師『釈浄土群疑論』などが挙げられる（『己卯録』一一七頁）。

（3）細川行信師『真宗教学史の研究 口伝鈔 浄土真要鈔』三〇四頁。

（B）『阿弥陀経』の「皆得不退転」の文

まさしくかの『阿弥陀経』の文には、「欲生阿弥陀仏国者、是諸人等、皆得不退転於阿耨多羅三藐三菩提」といへり。「願をおこして阿弥陀仏のくににむまれんとおもへば、このもろもろのひとら、みな不退転をう」といへる、現生にをいて願生の信心をおこせば、すなはち不退にかなふといふこと、その文はなはだあきらかなり。またおなじき『経』のつぎかみの文に、念仏の行者のうるところの益をとくとして、「是諸善男子・善女人、皆為一切諸仏共所護念、皆得不退転於阿耨多羅三藐三菩提」といへり。こころは、「このもろもろの善男子・善女人、みな一切諸仏のためにともに護念せられて、みな不退転を阿耨多羅三藐三菩提にう」となり。しかれば、阿弥陀仏のくににむまれんとおもふまことなる信心のおこるとき、弥陀如来は遍照の光明をもてこれをおさめとり、諸仏はこころをひとつにしてこの信心を護念したまふがゆへに、一切の悪業煩悩にさへられず、この心すなはち不退にしてかならず往生をうるなり。

（『聖典全 四』四九七・『註釈版』九七二～九七三）

現生での聞信一念に不退の身となるという法義の経証として『阿弥陀経』の「欲生阿弥陀仏国者、是諸人等、皆得不退転於阿耨多羅三藐三菩提（阿弥陀仏国に生ぜんと欲はん者は、このもろもろの人ら、みな阿耨多羅三藐三菩提を退転せざることを得〕」（『聖典全 二』一一〇・『註釈版』一二七）が引かれ、「願をおこして阿弥陀仏のくににむまれんとおもへば、このもろもろのひとらみな不退転をう」と訓釈される。ここには当来を意味する言葉が無い。そして経文中の「欲生」が名号の如実の聞信を経ての願生であることは、ここまでの文脈上前提されているから、「現生において願生の信心をおこせば、すなはち不退にかなふといふこと、その文はなはだあきらかなり」と主張される。

「またおなじき『経』のつぎかみの文に、念仏の行者のうるところの益をとくとして」また同経の右の文より少し遡ったところに念仏者の得る利益を説いた「是諸善男子・善女人、皆為一切諸仏共所護念、皆得不退転於阿耨多羅三藐三菩提〔このもろもろの善男子・善女人、みな一切諸仏のために共に護念せられて、みな阿耨多羅三藐三菩提を退転せざることを得ん〕」（同上 同頁）の文がある。これを訓釈して、「このもろもろの善男子・善女人、みな一切諸仏のためにともに護念せられて、みな不退転を阿耨多羅三藐三菩提にう」とする。これは念仏者の得益としての諸仏護念を述べたものであるが、先と同様、名号の聞信を経ての得益であることは前提、故にまた既述の事柄である阿弥陀如来によって摂取不捨されることも前提されているために、それら経文の当面には文字として出ていない事柄をもまとめて「しかれば、阿弥陀仏の国に生れんとおもふまことなる信心のおこるとき、弥陀如来は遍照の光明をもつてこれを摂め取り、諸仏はこころをひとつにしてこの信心を護念したまふ」と述べられる。「ゆへに」護念せらるる念仏者の真実信心は「一切の悪業煩悩にさへられず」どのような悪業煩悩にも妨げられない。そこで「この心すなはち不退にしてかならず往生をうるなり」真実信心は退転することなく、必ず往生を得るのであると語られる。

先ほどの『小経』引文では「不退転を…う」の主語が「もろもろの善男子・善女人」ないし「念仏の行者」となっていた。それが右の文では「不退にして」の主語が「この心」、即ち「この信心」即ち「まことなる信心」となっている。念仏の行者が往生を得るとは、念仏の行者の真実信心が往生を得るのである。しかしこれについては後の「無生の生」の箇所にて論ずることにしたい。

(C)「即得往生 住不退転」の与奪の釈

これを「即得往生住不退転」ととくなり。「すなはち往生をう」といへるは、やがて往生をうといふなり。ただし、「即得往生住不退転」といへる、浄土に往生して不退をうべき義を遮せんとにはあらず。まさしく往生ののち三不退をもえ、処不退にもかなはんことはしかなり。処々の経釈、そのこころなきにあらず、与奪のこころあるべきなり。しかりといへども、いま「即得往生住不退転」といへる本意には、証得往生現生不退の密益を説きあらはすなり。これをもつてわが流の極致とするなり。

（『聖典全 四』四九七～四九八・『註釈版』九七三）

念仏者の真実信心は「不退にしてかならず往生をうるなり」と前項の最後で述べたところが『大経』第

十八願成就文が「『即得往生住不退転（即ち往生を得、不退転に住せん）』ととく」ところである。成就文の「即得往生住不退転」の句については、既に第一問答（B）や第二問答（D）において、かなりの言及がなされていた。特に第二問答（D）において、成就文の「即得往生」の句に「いふところの往生といふは、あながちに命終のときにあらず。無始以来、輪転六道の妄業、一念南無阿弥陀仏と帰命する仏智無生の名願力にほろぼされて、涅槃畢竟の真因はじめてきざすところをさすなり」と述べられていた箇所にて、既に決定的な事柄は全て言い尽くされていたと言える。今拝読している「『すなはち往生をう』といへるは、やがて往生をうといふなり」も、第二問答（D）にて「すなはちうといふは、ときをへだてず日をへだてず念をへだてざる義なり。されば一念帰命の解了たつとき、往生やがてさだまるとなり」として、既に述べられている。「やがて」が「直ちに」の意であることも既に見た。

続く「ただし、『即得往生住不退転』といへるは、浄土に往生して不退をうべき義を遮せんとにはあらず」はここが初出である。成就文の「即得往生住不退転」は往生後の得不退転を否定しているのではない。あるいは当流の現生不退の法義は、浄土往生後に不退転の位を得るということを必ずしも否定するものではない。「まさしく往生ののち三不退をもえ、処不退にもかなはんことはしかなり」、先に述べた菩薩の三不退ないし四不退が往生後に実現されることについてはその通りだ、と言うのである。他力回向の聞信による往生の場合、宗祖義では往生即成仏のはずであるから、往生後に菩薩の不退を「得る」というのは腑に落ちないかもしれない。これについて『己卯録』（一二五頁）は以下の二通りの解釈を提示している。なお、この二種は排反的ではなく両立するものである。

一つは「化土に約す」。即ち自力建立の行信による往生は化土往生であるから、『観経』当面に説かれているように浄土での位階に応じた修行があり、時に応じた不退転がある。宗祖義の現生不退はこうした化土往生義を「遮せんとにはあらず」というのが、右の**「往生ののち三不退をも」**得るという今の所説だとする解釈である。

第二は「真実報土に約す」。この場合は三不退等は無上涅槃から従果降因した浄土の菩薩の所謂「広門示現相」をなすものとなる。還相し自利利他の菩薩道を歩まれることで摂化される浄土の菩薩の相の一つとしての「三不退」が遮せられているわけではない、ということである。『一念多念文意』に『論註』の文を「かのくにの清浄安楽なるをききて、剋念してむまれむとねがふひとと、またすでに往生をえたるひとも、すなわち正定聚にいるなり」（『聖典全 二』六六五・『註釈版』六八一）と読み替え引文された文章の傍点部も一般には広門示現相としての入正定聚として解釈されている。

そのようなわけで、**「処々の経釈、そのこころなきにあらず、与奪のこころあるべきなり」**、即ち先に引用した様々な経釈の文には彼土不退の意味がないのではない、そうではなく彼土不退の意味もあるが、そこには与奪という意味があるはずである。与える心とは、機縁が熟していない者には彼土不退という当面の意味で受け取ることを否定しないということであり、奪う心とは、他力信心を得る機縁が熟すれば彼土不退という領解を否定し、現生不退を説くということである。このように経釈は、相手の境位に応じて様々な受け取り方を許容する。「しかりといへども」そのことを押さえた上で、そうはいっても「いま『即得往生住不退転』といへる本意には、証得往生現生不退の密益をときあらはすなり」、即ち現生不退の法義を述べている今の文脈では、成就文に「即得往生住不退転」と仰せの真の意味を、往生の因を得て現生にて不退の位を得るという利益を説いたものとして領解するのが肝要である。「証得往生」の言葉は、以前の第一問答の（B）において、往生の因を得ることとして既出。「密益」の言葉はここが初出であるが、これも第一問答（B）において「いまだ凡身をすてず、なほ果縛の穢体なるほどは、摂取の光明のわが身を照らしたまふをもしらず、化仏・菩薩のまなこのまへにましますをもみたてまつらず。しかるに一期のいのちすでに尽き〔中略〕るとき、かねて証得しつる往生のことわりここにあらはれて、仏・菩薩の相好をも拝し、浄土の荘厳をもみるなり。〔中略〕したがひて信心開発のとき、摂取の光益のなかにありて往生を証得しつるうへには、いのちをはるとき、ただそのさとりのあらはるるばかりなり」と言われていたことを想起すれば、その意味は明らかであろう。右で言う、穢体に縛られている間に得られているところの「摂取の光益」がここでいう「密益」のことである。それがなぜ「密」と言われるのかというと、それは、この利益が顕在化する（右の傍点部）のが往生浄土後のことであって、それまでは顕在化していないからに他ならない。

「**これをもつてわが流の極致とするなり**」それ — 全分他力の如来回向にて真実信心をめぐまれ現生にて正定聚に住すること — こそ、わが浄土真宗の極意である。存覚上人はこのように述べられる。

(D) 現生不退義の証文

以下、この現生正定聚ないし現生不退の法義を証する文として、「正信偈」から「憶念弥陀仏本願」以下四句、「行文類」で「行信利益」を述べた御自釈、『十住毘婆沙論』「易行品」の文、『論註』の文、「信文類」の真仏弟子釈結嘆の文、「証文類」冒頭の証果徳相の文の六種類の御文が引かれ、解説される。

(a)「正信偈」の「憶念弥陀仏本願」以下四句

かるがゆへに聖人『教行証の文類』のなかに、処々にこの義をのべたまへり。かの『文類』の第二にいはく、「憶念弥陀仏本願、自然即時入必定、唯能常称如来号、応報大悲弘誓恩」といへり。こころは、「弥陀仏の本願を憶念すれば、自然にすなはちのとき必定にいる。ただよくつねに如来のみなを称して、大悲弘誓の恩を報ずべし」となり。「すなはちのとき」といふは、信心をうるときをさすなり。「必定にいる」といふは、正定聚に住し

不退にかなふといふこころなり。この凡夫のみながら、かかるめでたき益をうることは、しかしながら弥陀如来の大悲願力のゆへなれば、「つねにその名号をとなへてかの恩徳を報ずべし」とすすめたまへり。

（『聖典全 四』四九八・『註釈版』九七三～九七四）

まず「正信偈」からの「憶念弥陀仏本願」以下四句が引文され訓読が施される。**「弥陀仏の本願を憶念す」**とは本願名号の聞信の一念のことである。**「憶念」**は一般の語義としては深く思って忘れないことであり、宗祖もその意味でこの語を使われることもあるが、[1]今の場合は、続く第二句以下の内容から見て信一念のことであり、「信文類」に成就文の「一念」を転釈して「憶念は即ちこれ真実の一心なり」（『聖典全 二』九五・『註釈版』二五二）と規定されているところの「憶念」である。こうして弥陀の本願を憶念すれば**「自然にすなはちのとき必定にいる」**。「自然に」の言葉を本鈔は解説していないが、この語は、本鈔の大きなテーマの一つである「来迎」に関する宗祖の教説において重要な位置を占める言葉である。[2]ともかく弥陀の本願を憶念すれば即ちの時に必定に入る。これは少し後の（c）にて言われるように「易行品」における**「龍樹の論判によりて」**述べられたものである。**「『すなはちのとき』といふは、信心をうるときをさすなり。『必定にいる』といふは、正定聚に住し不退にかなふといふこころなり」**つまり信一念の即座に正定聚不退に入るという信益同時を述べている。**「この凡夫のみながら、かかるめでたき益**

をうることは、しかしながら弥陀如来の大悲願力のゆへな〔り〕」。「凡夫の身ながら」とは以前にも引いた「地獄・餓鬼・畜生の三悪をまぬかれんこと道理としてはあるまじき」身ということである。必堕悪道の身が何と往生浄土にして即成仏の身となるとは！このような有り難い利益を頂くことは、そのまま阿弥陀如来の願力のはたらきたもう結果なのである。それゆえ宗祖は『**つねにその名号をとなへてかの恩徳を報ずべし**』**とすすめたまへり**」、つとめて念仏して如来大悲の恩徳に報いねばならぬ、とお勧め下さったのである。

ここで本鈔では初めて明確に報恩の念仏が出てきた。これを機に、ここまでの流れを振り返ってみよう。本鈔冒頭の総論部分では念仏は「**決定往生の肝心**」であり、その意味は「**往生のまさしくさだまるたね**」ということであった。ところが第一問答に入ると一転して「**ただ信心をうるとき往生すなはちさだまる**」という趣旨が繰り返された。わずかにその末尾にして「**真実信心のひと、一向専念のともがら**」という並記的表現によって、両者（念仏が往生定まるたねであることと、信心が往生定まるたねであること）が少なくとも排反するものではないことが暗示されただけであった。第二問答では願成就文の「**一念**」が、称名（念仏）の一念という顕の義と、安心（信心）の一念という隠の義があることが明かされ、「**無碍光如来の名をきき**」念仏ひとつで生死を離れるとの信心歓喜の起こるときに往生定まるとして、信心が本であり、念仏は末であることが示された。と同時に、その信心をもたらすものも念仏をもたらすものも**「無碍光如来の名」**であり**「仏智無生の名願力」**であることが明言されるに至った。第三問答に入ると**「弥陀の名号をたもちて金剛の信心をおこ」**す一念に往生定まるとして、念仏が信後ばかりか信心に先立つ広がりをも持つことをうかがわせる表現が出てくるが、これは名号の願力が衆生に称名させ(3)、信を得しめ、更に称名相続させてゆくという、名号流行の相を暗示するものであるとうかがえる。そして今、第三問答の中ほどにおいて、信後の称名相続は明確に報恩であると示されたのであった。こうしてまとめてみると、最初から最後まで常に変わらぬのは名号本願力であることが分かる。

なお、この「憶念弥陀仏本願」以下四句は、『真要鈔』の後の、覚如上人『口伝鈔』(『聖典全 四』二七六・『註釈版』九〇三～九〇四)、『最要鈔』(同上 三四四・『真聖全 三』五一)、『本願鈔』(同上 二九三・五六)に繰り返し引文され、覚師が非常に重要視される御文である。(4)

註

(1)『唯信抄文意』に「憶念は、信心をえたるひとはうたがひなきゆへに本願をつねにおもひいづるこころのたえぬをいふなり」(『聖典全 二』六九四・『註釈版』七〇五)とある。ここでは信一念と「憶念」とは別の概念となっている。

（2）『唯信鈔文意』冒頭にて法照禅師『五会法事讃』中の「如来尊号甚分明 十方世界普流行 但有称名皆得往観音勢至自来迎」の特に第四句は、宗祖の「来迎」に関する重要な見方が述べられてある。本鈔でも後の第十問答にてその宗祖義が「報仏の来迎」として言及されてはいるが、『唯信鈔文意』の当該文は引かれていない。よく知られた文章なので引用は省略する。

（3）これは獲信前に必ず称名が先立たねばならないことを意味するわけではない。しかし逆に、獲信前には称名は一声たりともあってはならないというのもおかしなことであろう。多くの場合、分かろうが分かるまいがまず念仏することから始まるのが普通である。その念仏が未信の衆生の口からのぼるのも、しかし**「名願力」**の流行相なのである。因みに、称えるという自分の行為に、あるいは称えようとする自分の努力に往生にとっての価値を見出しているような称念は明らかに自力の称念であろうが、往生のたしになるといったことには思いもよらず、ただ親から言われるがままに子が口先だけで称えている念仏は、もとより獲信の念仏とは言えないにしても、果たして自力の念仏と言わねばならぬであろうか。衆生の心は自力と他力という二つの相しかあり得ないと前提するなら自力と言うしかないだろうが、その前提はいかなる議論の余地もないものだろうか。「自力」と「我執」とは外延を異にするのではあるまいか。

（4）これに関連して普賢保之師は「信因称報の考え方は〔『真要鈔』の二年後の覚如上人の〕『執持抄』にはまだ見られない考え方であり、覚如に先行する形で存覚の上に見られる」ことを指摘されている（同師「存覚の念仏往生説」四一頁）。

（b）「行文類」行信利益の文

またいはく、「十方群生海、この行信に帰命するものを摂取してすてず。かるがゆへに阿弥陀仏となづけたてまつる。これを他力といふ。ここをもつて龍樹大士は即時入必定といひ、曇鸞大師は入正定之聚といへり。あふいでこれをたのむべし。もはらこれを行ずべし」といへり。

（『聖典全 四』四九八～四九九・『註釈版』九七四）

第二問答の最後で、既に**「摂取不捨」**と**「得不退転」**とが関連づけられていたが、改めて明確に、阿弥陀仏の行信に帰命するや否や他力摂取の入正定聚の身となることが述べられる。「行文類」行信利益の文（『聖典全 二』四八～四九・『註釈版』一八六～一八七）である（送り仮名は宗祖のものと少しだけ異なる）。**「十方群生海、この行信に帰命するものを摂取してすてず」**。この**「行信」**については様々な解釈があるが、煩雑になるので触れない。(1)**「帰命す」**は明らかに衆生の事柄である。その衆生が帰命するところの**「行信」**であるから、「総序」に「専らこの行に奉へ、ただこの信を崇めよ」とされた如来の大信大行であろう。つまりは本願の名号である。南無（われに帰せよ）阿弥陀仏（必ず救う）の勅命（喚びさまし）のまま帰命した者は、その名願力をこうむり、その仰せの通り、必ず救われる（摂取不捨）ので、**「かるがゆへに」**この摂取不捨のはたらきを**「阿弥陀仏と名づけたてまつる」**、阿弥陀仏と申し上げるのである。

「阿弥陀」という名は言うまでもなく『小経』に説かれているように「光明無量」「寿命無量」から来たものだが、善導大師はそこに『観経』の「光明遍照十方世界、念仏衆生摂取不捨」を挿入され、「阿弥陀」という名のいわれを光寿無量義とともに摂取不捨の義にも求められた（『聖典全 一』九一七・『註七祖』六六二）。そして親鸞聖人は「行文類」おいて、その両義のうち摂取不捨の義のみを引用された（『聖典全 二』三二・『註釈版』一六五）。

なぜ摂取不捨だから「阿弥陀（無限）」なのか。今拝読している御自釈の**「これを他力といふ」**の**「これ」**は、**「摂取してすてず」**を受けるとも**「阿弥陀仏」**を受けるとも読める。前者なら摂取不捨のはたらきを他力と言うのだという意味になるし、後者なら阿弥陀仏の本質は他力（利他力）、即ち衆生を利する力ということだ、という意味となる。ところで衆生を利する力とは摂取不捨の力である。そこで、衆生を摂取不捨する力を「阿弥陀（無限）」と名づけるとは、その力を「無上に強大な力」「無上にたのもしい力」と名づけるということに他ならない。結局この命名は光寿無量は何のためかを言葉にしたわけである。**「阿弥陀」**と名づけられる**「他力」**はこのように無上に強大であるが故に、その力に抱き取られた者は**「龍樹大士」**が**「『即時入必定』と」**仰ったところ、**「曇鸞大師」**が**「『入正定之聚』と」**仰ったところへと、自然と出されてしまうのである。**「あふいでこれをたのむべし」**このお力を仰ぎ、このお力にうちまかせなさい（「たのむ」に宗祖が「憑」の字を使われていることに注意）。**「もはらこれを行ずべし」**このお力を行ずるとはいっても、このお力の方が私においてはたらいているのであるから、普通の意味での「行ずる」とは違うことになる。結局この大きなお力（他力）**「を行ずる」**とは、他力に応える、報いるということであろう。それが私の思いからすると報謝になる、報恩の称名である。

註

（1）本派の見解は各自、各学匠の御本典解説書該当箇所に当たられたい。大派の代表的見解は山辺習学・赤沼智善師『教行信証講義　教行の巻』（昭和二六年、法蔵館）三七三〜三七四頁に整理してまとめてある。

（c）「易行品」弥陀章の偈文

「龍樹大士は即時入必定といふ」といふは、『十住毘婆沙論』に「人能念是仏、無量力功徳、即時入必定、是故我常念」といへる文これなり。この文のこころは、「ひとよくこの仏の無量力功徳を念ずれば、すなはちのとき必定にいる。このゆへに、われつねに念ず」となり。「この仏」といへるは阿弥陀仏なり。「われ」といへるは龍樹菩薩なり。さきにいだすところの「憶念弥陀仏本願力」の釈も、これ龍樹の論判によりてのべたまへるなり。

（『聖典全　四』四九九・『註釈版』九七四）

先ほど龍樹菩薩の**「即時入必定」**と曇鸞大師の**「入正定之聚」**が引用されたので、各々について解説が加えられる。

「即時入必定」を含む『十住毘婆沙論』「易行品」弥陀章の四句が示され、訓読される（『聖典全 一』四一五・『註七祖』一六）。**「ひとよくこの仏の無量力功徳を念ずれば、すなはちのとき必定にいる。このゆゑにわれつねに念ず」**の傍点部より**「念ず」**の時は現生であることが分かる。故に**「念ずれば、すなはちのとき必定に入る」**とある入必定・不退転も現生であると分かる。ここでは言及されてはいないが、「行文類」大行釈にも引文されているところの、同じく「易行品」の「もし人疾く不退転地に至らむと欲せば、恭敬心をもつて執持して名号を称すべし。もし菩薩、この身において阿惟越致地（＝不退転地）に至ることを得て、阿耨多羅三藐三菩提を成就せむと欲せば、まさにこの十方諸仏を念（ずべし）」（同上 四〇八～四〇九・六）の傍点部に注目すれば、現生正定聚が述べられていることが明らかに見て取れる。

最後に、先の（a）において出された「正信偈」の「憶念弥陀仏本願」以下四句もこの龍樹の文に基づいて造られた旨、指摘されてある。

（d）『論註』上巻の浄土論大綱の文

「曇鸞大師は入正定之聚といへり」といふは、『註論』の上巻に「但以信仏因縁願生浄土、乗仏願力、便得往生

彼清浄土。仏力住持、即入大乗正定之聚」といへる文これなり。文のこころは、「ただ仏を信ずる因縁をもて浄土にむまれんとねがへば、仏の願力に乗じて、すなはちかの清浄の土に往生することをう。仏力住持してすなはち大乗正定の聚にいる」となり。これも文の顕説は、浄土にむまれてのち正定聚に住する義をとくににたりといへども、そこには願生の信を生ずるとき不退にかなふことをあらはすなり。なにをもてかしるとならば、この『註論』の釈は、かの『十住毘婆沙論』のこころをもて釈するがゆへに、本論のこころ現身の益なりとみゆるうへは、いまの釈もかれにたがふべからず。聖人ふかくこのこころをえたまひて、信心をうるとき正定のくらゐに住する義をひき釈したまへり。「すなはち」といへるは、ときをうつさず、念をへだてざる義なり。

（『聖典全 四』四九九～五〇〇・『註釈版』九七四～九七五）

先の（b）で引かれた曇鸞大師の「**入正定之聚**」を含む『論註』冒頭「浄土論大綱」の文について解説が加えられる。まず原文が示され訓読される（『聖典全 一』四四九・『註七祖』四七）。本節の（A）でもこの文に言及したが、「**仏の願力に乗じて、すなはちかの清浄の土に往生することをう。仏力住持してすなはち大乗正定の聚にいる**」という文当面は、浄土に生まれて後に（少なくともそれと同時に）正定聚に住するという教義を説いているように見える。しかし存覚上人は、文の表面（「**顕説**」）と文の深い意味（「**そこ**〔底〕」）とは区別されねばならないとして、「**文の顕説は、浄土に生れてのち正定聚に住する義をとくににたりといへども、そこには願生の信を生ずるとき不退にかなふことをあらはすなり**」と述べられる。顕としては彼土正定聚のようであるけれども隠としては此土正定聚が説かれているというのである。なぜなら**「この『註論』の釈は、かの『十住毘婆沙論』のこころをもつて釈するがゆへに」**であるからである。『論註』の目下の文を含む段落は「謹みて龍樹菩薩の『十住毘婆沙論』を案ずるに」の句によって開始され、『十住毘婆沙論』「易行品」の教説を確かめていく一段である。その中に位置する御文であるから、曇鸞大師の**「すなはち大乗正定の聚にいる」**の意味も、いくら顕説としては彼土正定聚を語るものであったとしても、少なくともその根底には龍樹菩薩の教説が前提されていなければならない。そして**「本論のこころ現身の益なりとみゆるうへは」**『十住毘婆沙論』の趣旨が現生正定聚の益を述べていると見える以上は、**「いまの釈もかれにたがふべからず」**目下の『論註』の解釈もそれと背反しているはずがない。(1)

そこで**「聖人ふかくこのこころを得たまひて」**親鸞聖人は目下の文の隠顕の意を深く会得され、**「信心をうるとき正定のくらゐに住する義を引き釈したまへり」**先に見た「行文類」の御自釈において『論註』の**「入正定之聚」**を引文し、これを聞信の一念に正定聚に入る法義として、その文底の義の方から解釈なされたのだ ― と、存覚上人は述べられる。最後に目下の『論註』の文中にある**「すなはち」**について、以前と同じ解釈が繰り返されている。

註

（1）『講録(下)』（二〇頁）は、『論註』が顕説として彼土正定聚を説くのは『浄土論』所説の「近門」が彼土正定聚を説いているからだとするが、そもそも「近門」の相を「浄土に至」りて「大乗正定聚に入」るとするのは『論註』自身の解釈であって（『聖典全　一』五二四・『註七祖』一五一）、『浄土論』当面には「近門」の規定は「安楽世界に生ずることを得」としか書かれていない。『論註』が顕説として彼土正定聚を説いたのは『三部経』の顕説に従ったからと見る方が妥当なように思われる。

（e）「信文類」真仏弟子釈結嘆の文

またおなじき第三に、領解の心中をのべたまふとして、「愛欲の広海に沈没し、名利の太山に迷惑して、定聚のかずにいることを喜ばず、真証の証にちかづくことをたのしまず」といへり。これすなはち定聚のかずにいることをば現生の益なりとえて、これをよろこばずと、わがこころをはぢしめ、真証のさとりをば生後の果なりとえて、これにちかづくことをたのしまずと、かなしみたまふなり。「定聚」といへるはすなはち不退のくらゐ、また必定の義なり。「真証のさとり」といへるはこれ滅度なり。また常楽ともいふ、法性ともいふなり。

（『聖典全　四』五〇〇・『註釈版』九七五～九七六）

宗祖のこの有名な悲嘆の告白（『聖典全　二』一〇五・『註釈版』二六六）を、敢えて現生不退義を証する文として提出されている。訓読文のみが示され、「これすなはち定聚のかずにいることをば現生の益なりとえて、これをよろこばず」「真証のさとりをば生後の果なりとえて、これにちかづくことをたのしまず」と釈される（「えて」は「得て」で、心得てということであろう）。なぜ宗祖が入正定聚を「現生の益なりと」受け取っておられたことがこの悲嘆文から見て取れるのかというと、正定聚の方には「入る」、真証のさとりの方には「ちかづく」という、表現上の相違があることからであろう。以下、「定聚」の語義は既に見ている。「真証のさとり」の語義については次の節で触れる。

（f）「証文類」証果徳相の文

またおなじき第四に、第十一の願によりて真実の証をあらはすに、「煩悩成就の凡夫、生死罪濁の群萌、往相回向の心行をうれば、すなはちのときに大乗正定聚のかずにいる。正定聚に住するがゆへに、かならず滅度にいたる。かならず滅度にいたるはすなはちこれ常楽なり。常楽はすなはちこれ畢竟寂滅なり。寂滅はすなはちこれ無上涅槃なり。無上涅槃はすなはちこれ無為法身なり。無為法身はすなはちこれ実相なり。実相はすなはちこれ真如なり。真如はすなはちこれ一如なり」といへる、すなはちこのこころなり。聖人の解了、常途の所談におなじからず。甚深の教義、よくこれをおもふべし。

（『聖典全　四』五〇〇〜五〇一・『註釈版』九七六）

「証文類」冒頭の証果徳相の文（『聖典全　二』一三三・『註釈版』三〇七）が、先と同様、訓読文にて示される。「往相回向の心」は真実信心、「往相回向の行」は名号。「往相回向の心行を獲れば」つまり名号が徹到して真実信心となれば、「すなはちのときに大乗正定聚のかずにいる」と述べられる。現生での聞信一念に住正定聚の身となるという、今の文脈の目的は、以上によって既に示されたことになる。引用語に添えられた「といへる、すなはちこのこころなり（と述べられてあるが、それが今の現生正定聚の法義である）」の締め括りは、この「すなはちのときに大乗正定聚のかずにいる」の直後に持ってきてもよかったはずである。そして「聖人の解了、常途の所談におなじからず」親鸞聖人のご領解は浄土教一般で述べられているものと同じではない、「甚深の教義、よくこれをおもふべし」文の当面だけをご覧になっているのではなく、文底のはなはだ深いところまで見抜かれた上での現生不退のご法義であることをよくよく考えよ — と、締め括ってもよかったはずである。それなのに何故、存師は「証文類」の冒頭を引用されるに当たって、「滅度」の異名を八種類[1]にわたって挙げられた部分までをもわざわざ含めた形で、行われたのであろうか。『己卯録』や『随聞記』は、親鸞聖人が「証文類」で「滅度」の異名を挙げられた思し召しは何かと問うてそれぞれの答案を示しているけれども、『真要鈔』講読に当たって重要なのは、存覚上人が『真要鈔』でこの「証文類」の引文を異名を列挙した文章まで含めて引かれている意図は何か、の方である。この問題を考察している講本は見当たらない。あるいは入正定聚が必ず至るところの滅度、その徳相を述べることによって、入正定聚の益の巨大なスケールを示して、仏恩報謝の念を読者に喚起させるために、なのであろうか。

註

（1）底本では「法性」が省略ないし書き落とされて七種類になっている。建武五年古写本も同様のようである。『註釈版』では『真宗法要』所収本に従って「法性」を補い、「証文類」の通りに復元してある。

第六節　第四問答 ― 『観経』下輩の臨終往生

『観経』にて念仏往生が説かれている段にあっては、平生における往生決定ではなく全て臨終でのそれになっているが、このことはどう説明するのかという疑問に対し、それらは臨終に至るまで仏法に遇わず、臨終で初めて仏法に遇った人間について述べた一段であるから、仏法に遇う時節に往生決定すという宗祖の平生業成義に反するものではない、と答える。

この第四問答は、第三問答に連続するものではなく、第二問答より来るものである。即ち第一問答の答の冒頭において**「親鸞聖人の一流においては、平生業成の義にして臨終往生ののぞみを本とせず、不来迎の段にして来迎の義を執せず」**と言われたのに対し、その経証を求めたのが第二問答の問であった。それに答えて存覚上人は第二問答の答として、第十八願文および成就文を挙げたのであるが、それに反問するかたちで、『観経』下輩段では臨終往生が説かれているではないかと問うのがこの第四問答である。

問ていはく、『観経』の下輩の機をいふに、みな臨終の一念・十念によりて往生をうとみえたり。またく平生往生の義をとかず、いかん。

こたへていはく、『観経』の下輩は、みなこれ一生造悪の機なるがゆへに、むまれてよりこのかた仏法の名字をきかず、ただ悪業をつくることをのみしれり。しかるに臨終のときはじめて善知識にあひて一念・十念の往生をとぐといへり。これすなはち罪ふかく悪おもき機、行業いたりてすくなけれども、願力の不思議によりて刹那に往生をとぐ。これあながちに臨終を賞せんとにはあらず、法の不思議をあらはすなり。もしそれ平生に仏法にあはば、平生の念仏、そのちからむなしからずして往生をとぐべきなり。

（『聖典全 四』五〇一・『註釈版』九七六〜九七七）

『観経』九品段のうち、念仏のみによる往生が説かれてあるのは**「下輩」**のみ、しかもその中でも下上品と下々品だけである。下上品は念仏によるのみならず、臨終で善知識が「大乗十二部経の首題名字を」讃嘆するご縁に遇うことができたという因縁にもよる往生のようにも読めるが、少なくとも臨終来迎については明確に「汝、仏名を称するが故にもろもろの罪消滅す。われ来たりて汝を迎ふ」と書かれてあるので、念仏往生と解しても間違いではないと考えられる。下々品往生の説相にはこのような事情はなく、明確に念仏往生である。そしてその念仏は**「十念」**と表現されてある。今の問において**「臨終の一念」**とあるのは、下上品における「智者また教へて合掌・叉手して南無阿弥陀仏と称せしむ」を「善知識の……教へて仏を称せしむるに遇ひて一声す」（『聖典全 一』六六八・『註七祖』三一七）と解した善導大師の指南によるのであろう。因みに下中品については、臨終の火車来現の中で善知識が「阿弥陀仏の十力威徳」ならびに「光明神力」についてして下さった説法を聞信することによる往生、また中下品についてはやはり臨終にて善知識が「阿弥陀仏の国土の楽事を説き、また法蔵比丘の四十八願を説く」ご縁に遇ったことによる往生、やはり一種の聞信による往生である。

いずれにしても下輩段で説かれているのは**「みな臨終の一念・十念によりて往生を得とみえたり」**全て臨終における念仏であり聞信である。**「まつたく平生往生の義を説かず」**平生における専修念仏による往生決定については九品を通して一ヵ所も説かれていない。このことは**「いかん」**どのように解すべきなのか。これが問の意味である。

答はこうである。『観経』に説かれる下輩の場合は、生まれてから仏法という言葉さえ聞いたことがなく、ただ悪を造ることしか知らずに人生の終末まで来てしまった人々のケースである。[1] そのような人々であっても臨終で初めて善知識に出遇って、たった一声でも十声でも念仏すれば往生を遂げる、と示されているのである。**「これすなはち罪ふかく悪おもき機、行業いたりてすくなけれども、願力の不思議によりて刹那に往生をとぐ」**つまり罪悪深重の者であり、またたった一声や十声の念仏であっても、名願力の不思議によって直ちに往生するのである。これは別に臨終がよいと言っているのではない。臨終の一念でさえ間に合う名号法の不思議を言っているのである。一生造悪の者の臨終においてすらこのような刹那の救済が成り立つという極端を示すことによって、**「平生に仏法にあはば、平生の念仏、そのちからむなしからずして往生をとぐべきなり」**という平生業成義を却って反顕ないし顕彰しているのが、『観経』下輩段なのだ ― というのが、存覚上人の回答の趣旨である。

なお、ここで存覚上人は、経の当面に合わせて、信心については全く言及されない（もっとも経の「仏名を称するが故に」を「願力の不思議によりて」と言い換えられてはいる）。しかしこれまでの流れよりして当然のことながら、ここでの**「十念」**は自力念仏ではなく弘願の他力念仏でなければならない。なぜ信心の語られない下々品の念仏が他力念仏であると言えるのかを問題にしたのが論題「転教口称」である。各自調べられたい。

註

（1）　ここは明らかに『観経疏』「玄義分」における善導大師の九品解釈を承けている。周知のように大師は、上三品は大乗の縁に遇うた凡夫、中三品は小乗の縁に遇うた凡夫、下三品は悪に遇うた凡夫と釈された（『聖典全　一』六六九・『註七祖』三一八）。本鈔目下の**「一生造悪の機なるがゆゑに、生れてよりこのかた仏法の名字をきかず、ただ悪業を造ることをのみしれり」**は、「玄義分」の、「悪に遇へる凡夫」（同上　同頁）なるが故に大乗小乗の縁に遇うことなく「ただ悪を作ることを知るのみ」（同上　六六八・三一七）という記述をそのまま承けたものである。しかし少し考えてみるだけでも、大乗の縁に遇いながら同時に悪にも生涯遇い続けるようなことはないのかとの疑問が湧くであろう。現に仏法に遇っているわれら自身がやはり「一生造悪の機」でしかないことは、『御文章』に「一、切、我、等、女、人、悪、人、」を承けて「かかるあさましき一、生、造、悪、の、凡、夫」と言われてある（『聖典全　五』一八〇・『註釈版』一一九三）ことからも明らかである。ここにはこのような問題があるけれども、本講で考究することはしないでおく。

第七節　第五問答 ― 因願の「十念」と成就の「一念」

第十八願文には「乃至十念」とあり、第十八願成就文には「乃至一念」とある。この「十念」と

「一念」の違いはどのように解すればよいのかという問に対し、「十念」は諸行に対する易行を示し、「一念」は易行の十念に対する易行中の易行を示すと答える。十念のできる長命の機ばかりではなく、一念しかできない短命の機も存在するからである。

既に第二問答にて第十八願文と成就文とが平生業成義の経証として挙げられた際に、願文の「十念」と成就文の「一念」との関係が**「十念に対するとき一念といふは称名の一念なり」**との一文の説明で済まされてしまっていた。そこで、改めて「十」と「一」の関係について問い質し、称念の数の表現の意味を宗祖義から答えようと試みるのがこの第五問答と次の第六問答である。(1)（A）まず総じて答え、（B）開いて説明する。

（A）総じて答える

問ていはく、十八の願について、因位の願には「十念」と願じ、願成就の文には「一念」ととけり。二文の相違いかんがこころうべきや。

こたへていはく、因願のなかに「十念」といへるは、まづ三福等の諸善に対して、十念の往生をとけり。これ易行をあらはすことばなり。しかるに成就の文に「一念」といへるは、易行のなかになを易行をえらびとるこころなり。

（『聖典全 四』五〇一～五〇二・『註釈版』九七七）

問の大意は先に述べた通りであるので、直ちに回答をうかがう。最初に回答の全体的な結論を示す略釈がなされ、次いで、その説明を与える広釈が施される。

「因願のなかに『十念』といへるは、まづ三福等の諸善に対して十念の往生をとけり」阿弥陀如来が因位の法蔵菩薩のときに建立された本願中、第十八願文に「乃至十念」即ち十声でも念仏する者は必ず往生させようという念仏往生を誓われたのは、差し当たっては世福・戒福・行福の「三福」[2]との対比においてであった。世福は「孝養父母　奉事師長　慈心不殺　修十善業」、戒福は「受持三帰　具足衆戒　不犯威儀」、行福は「発菩提心　深信因果　読誦大乗　勧進行者」[3]。これらは心が散漫な状態でも実行できる所謂「散善」であり、精神集中を要する「定善」と比べると実行し易いとされてはいるものの、末代の凡愚にとっては相当に困難な行である。この三福という困難な行に対し、念仏という易行を対比させるかたちで説く。これが第十八願の「乃至十念」の説意である。従って**『十念』**というのは**「これ易行をあらはすことばなり」**行の易行性の象徴表現であって、「十」という数そのものが重要なのではない。

「しかるに成就の文に『一念』といへるは」これに対して第十八願成就文に「乃至一念」と出ているのは、**「易行のなかになほ易行をえらびとるこころなり」**先の「十念」として象徴的に出された易行性の、更なる極限形態を特別に取り出して示した表現なのである。「行文類」における「行の一念と言ふは、謂わく称名の遍数に就て選択易行の至極を顕開す」（『聖典全　二』四九・『註釈版』一八七）の教意をもっての

回答である。なお、この宗祖の行一念釈は次の第六問答にて引かれることになる。

註

（1）『己卯録』（一三四〜一三五頁）は次のような見方を取っている（取意）。即ち、第四問答において下上品は一声の称名で、下々品は十声の称名で救われることが確認された。それぞれ願成就の一念と願文の十念に対応しているように見える。それだけで終われば問題はないが、下上品だから一念でよく、下々品だから十念という数が必要なのかという疑いを持つ者が出ないとも限らない。かくて「一」「十」の関係を明確にし、そのような誤解を防がねばならぬとの意図からこの第五問答が設けられた―と。確かにこのような深読みも不可能とは言えないであろうが、この見方は以下の理由によって採らない方がよいように思う。確かに第五問答の答の段で用いられる言葉は、主として定善・散善・三福といった『観経』の言葉であるので、今の問答が第四問答と連続しているようにも見えても仕方がない側面がある。しかし先の第四問答でわれわれが見たのは、『観経』下輩の顕説である臨終の相は実は本質的ではなく、それは却って平生業成義を反顕するものであるということだった。この第五問答がやはり『観経』の言葉を中心に進められているのは単に、機について詳しく述べてあるのが『観経』であるからに他ならない。第五問答の問の方では、あくまでも『大経』十八願文の「十念」と成就文の「一念」の関係が問われていることを忘れてはならない。特に本問答での十念・一念を前問答でのそれらと単純に同一視すると、前問答の十念・一念はどちらも臨終の十念・一念であったから、本問答後半で示されるところの**「長命のためには十念をあたふ、至極短命の機のためには一**

念の利生を成就す」が直ちには理解し難いものとなってしまう。このような次第で、本問答を前問答と連続的にとらえることは避ける方がよいと思われる。『講録(下)』(二八頁) は、ここでの「十念」「一念」をそれぞれ下々品と下上品のそれと取り切ったために、奇妙な問に頭を悩ませている。

(2) 本文に**「まづ三福等の諸善に対して」**とある。**「まづ**〔差し当たっては〕**」**とあるのは、差し当たっては「定機」を除外して「散機」の中での (三福 vs. 念仏の) 対比をのみ考えれば十分だということであろう。**「まづ」**という限定を外せば、第十八願の「乃至十念」に対比されるべきは、第十九願の「修諸功徳」であって、三福という散善のみならず定善ひいては諸行万善を包括した自力諸行全体である。

(3) これらの正確かつ詳細な内容については『観経疏』の当該箇所を参照されたし (『聖典全 一』七一一～七一五・『註七祖』三八一～三八七、同 七五九～七六〇・四五二～四五三)。『選択集』も参照 (同上 一三〇八～一三一三・一二六三～一二六九)。

(4) 易行性とは安易性ではない。内藤知康師は単に行為の難易のみと言うのなら六字名号を称えるよりも一字の陀羅尼を発声する方が易しいと論じ、「易行性とは自力無功を意味する」という鋭い指摘をされている (『顕浄土真実行文類講読』平成二一年、永田文昌堂 一二七頁)。自力無功性ということは (言わば) 他力全功性ということでもある。するとまた『選択集』「本願章」で挙げられた「勝劣の義」と「難易の義」は実は相互に無関係なものではなく、それどころか一つの事柄の二面性でさえあるかもしれないことが見えてくる。

（B）開いて説明する

そのゆへは『観経義』の第二に、十三定善のほかに三福の諸善をとくことを釈すとして、「若依定行、即摂生不尽、是以如来方便顕開三福、以応散動根機」といへり。文のこころは、「もし定行によれば、すなはち生を摂するにつきず。ここをもて如来、方便して三福を顕開して、散動の根機に応ず」となり。いふこころは、『観経』のなかに定善ばかりをとかば、定機ばかりを摂すべきゆへに、散機の往生をすすめんがために散善をとく」となり。これになずらへてこころうるに、散機のなかに二種のしなあり。ひとつには善人、ふたつには悪人なり。その善人は三福を行ずべし。悪人はこれを行ずべからざるがゆへに、それがために十念の往生をとくとこころえられたり。しかるにこの悪人のなかにまた長命・短命の二類あるべし。長命のためには十念をあたふ。至極短命の機のためには一念の利生を成就すとなり。これ他力のなかの他力、易行のなかの易行をあらはすなり。一念の信心さだまるとき往生を証得せんこと、これその証なり。

（『聖典全　四』五〇二～五〇三・『註釈版』九七七～九七八）

後半の広釈は「そのゆへは」で始まるように、先の略釈の根拠を示す。「『観経義』の第二に」即ち「序分義」にて、「十三定善のほかに三福の諸善を説とくことを釈す」釈尊が韋提希の「教我正受」の要望に応じて十三ステップにわたる定善を説かれたのみならず、自ら三福の散善をも追加して説かれたこと(1)について解釈している箇所がある。その箇所で善導大師は「『若依定行、即摂生不尽、是以如来方便顕開三福、

以応散動根機』」と仰っている（『聖典全 一』七一一・『註七祖』三八一）。訓読すれば「**もし定行によれば、すなはち生を摂するにつきず。ここをもて如来、方便して三福を顕開して散動の根機に応ず**」即ち定善ばかりでは全ての衆生を尽くすことができない、故に釈迦如来は方便をもって三福を説き開いて、心が絶えず散り乱れているような性根の者の救いの望みにも応えようとされたのである。趣旨を繰り返すなら「**定善ばかりをとかば、定機ばかりを摂す**」定善の説法しかないならば救済対象となるのは定善ができる者（定機）だけである。「**ゆへに、散機の往生をすすめんがために散善をとく**」だから散善しかできない者（散機）の往生をも勧めるために、釈尊は自ら散善をも説かれたということである。

「**これになずらへてこころうるに**」以上に准じて考察してみると（以下明快な原文なので最後を除いて一々の転載は略す）、散機の中に更に二種類の機の区分がある。善人と悪人の区分である。善人は三福を行ずるに違いないが、悪人は行ずることができない。その悪人のために十念の往生が説かれたのだと領解できる。ところがこの悪人の中に更に、長命の者と短命の者という区別がある。長命の機には「乃至十念」と説き、非常に短命の機のためには「乃至一念」と説いて、たった一声の念仏で、否その念仏を申さんとする心の起こる聞信一念で、往生浄土の利益が与えられるよう本願成就されていることを、釈尊は説かれたのである（「一念」を行の一念から信の一念へと遡行させることについては第二問答にて述べた存師の一念隠顕を想起のこと）。従って、この「一念」は他力の中の他力、易

行の中の易行を表すものである。

最後の**「一念の信心さだまるとき往生を証得せんこと、これその証なり」**の一文は少し難解である。ここでは『略述』(五四頁)の解釈を記しておく。**「これその証なり」**の**「その」**は**「一念の信心さだまるとき往生を証得せんこと」**を指す。つまり**「その証」**とは聞信一念に正定聚不退転となる証拠、という意味である。次に**「これその証なり」**の**「これ」**は、前文の内容を受ける。即ち仏の大悲が**「至極短命の機のために一念の利生を成就」**して下さった、ということである。如来大悲は露のようにはかない命にまで心かけられている。このことこそ信一念にて救われる名願力がはたらいて下さってある証拠だ、というわけである。『略述』にも引かれてある『口伝鈔』の一文を引いておこう。「如来の大悲、短命の根機を本としたまへり。もし多念をもつて本願とせば、いのち一刹那につづまる無常迅速の機、いかでか本願に乗ずべきや。されば真宗の肝要、一念往生をもつて淵源とす」(『聖典全 四』二八二・『註釈版』九一〇〜九一一)。

註

(1) 「定善の一門は韋提の致請にして散善の一門はこれ仏の自説なり」(『聖典全 一』六六一・『註七祖』三〇六)。

第八節　第六問答 ― 「乃至」のこころ

前問答の答において、宗祖義では往生決得は一念で完全になされることが実質的に示された。本問答はそれへの反問によって始まる。即ち、(A)善導の釈には「十念」の表現が多く、故に世の念仏行者も十念の方を重んじているではないかと。この問に対し、存覚上人は、(B)経釈においては「十念」の表現ばかりではないことを実際に示した上で、(C)「十」「一」の表現に固執することの愚を説き、むしろ「乃至」という、数を固定化しない表現にこめられているこころを明らかにする。(D)善導大師はこの「乃至」のこころを体解されて第十八願を「十念往生の願」ではなく「念仏往生の願」と呼んだのであり、(E)宗祖聖人もまたそうであることを「行文類」の『安楽集』引文ならびに、(F)行一念釈と信一念釈を引きながら説明する。

(A)「十念」の根拠

問ていはく、因願には「十念」ととき、成就の文には「一念」ととくといへども、処々の解釈おほく十念をもて本とす。いはゆる『法事讃』には「上尽一形至十念」といひ、『礼讃』には「称我名号下至十声」といへる釈等

これなり。したがひて、よのつねの念仏の行者をみるに、みな十念をもて行要とせり。しかるに一念をもてなを「易行のなかの易行なり」といふことおぼつかなし、いかん。

こたへていはく、処々の解釈、「十念」と釈すること、あるいは因願のなかに「十念」とときたれば、その文によるとこころえぬれば相違なし。よのつねの行者のもちゐるところ、またこの義なるべし。

(『聖典全 四』五〇三・『註釈版』九七八～九七九)

問者は『法事讃』と『礼讃』から引文し、善導においては「十念」が肝要とされていると主張する。まず『法事讃』であるが、今は前後を含めて引用する(太字が問中の引用)。「種々の法門みな解脱すれども、念仏して西方に往くに過ぎたるはなし。**上一形を尽し十念に至り**、三念・五念まで仏来迎したまふ。ただに弥陀の弘誓重きがために、凡夫をして念ずれば即ち生ぜしむることを致す。衆等、心を回して皆往かんと願じて、手に香華を執りて常に供養したてまつれ」(『聖典全 一』八五一～八五二・『註七祖』五七五～五七六)。次いで『礼讃』であるが、「後述」で本願自解の文が出される前後も含めて引用する。「『無量寿経』に云ふが如し。『もし我成仏せんに、十方の衆生、**我が名号を称すること下十声に至るまで**、もし生ぜずは、正覚を取らじ』と。彼の仏今現に世にましまして成仏したまへり。まさに知るべし、本誓重願虚しからず、衆生称念すれば必ず往生を得」(同上 九五八・七一二)。また問中ではこれらの**「釈**

等」とあるが、この「等」は『観念法門』の本願加減の文を指示するものと考えられる。即ち、「四十八願のなかに説きたまふがごとし。〔中略〕『もし我成仏せんに、十方の衆生、我が国に生ぜんと願じて、我が名字を称すること、下十声に至るまで、我が願力に乗じて、もし生ぜずは、正覚を取らじ』と」（同上　八九二・六三〇）。以上、三者のうち後二者は「行文類」所引の文でもある。ここから問者は「処々の解釈おほく十念をもつて本とす」と理解する。このように師釈が十念を根本としているから「よのつねの念仏の行者をみるに、みな十念をもつて行要とせり」なのである。それなのに存覚上人は前問の答にて「一念をもつて」「易行のなかの易行なり」とされた。よく分からぬ。いかがなものか ― というのが問いの趣旨である。

答に先立って存覚上人は問者の主張をひとまずは認める。即ち、これらの釈文に「十念」「十声」とあるのは「因願」たる第十八願文に「乃至十念」とあることに基づいていると理解するなら願文と相違してはいない。「よのつねの行者」が十念を重視しているのもこの意味でだろう、と。

（B）「一念」を説いた経釈の文

「一念」といへるもまた経釈の明文なり。いはゆる経には『大経』の成就の文、おなじき下輩の文、おなじき流通の文等これなり。成就の文はさきにいだすがごとし。下輩の文といふは、「乃至一念念於彼仏」といへる文こ

れなり。流通の文といふは、「其有得聞彼仏名号、歓喜踊躍乃至一念。当知、此人為得大利。即是具足無上功徳」といへる文これなり。この文のこころは、「それかの仏の名号をきくことをえて、歓喜踊躍して乃至一念するこ とあらん。まさにしるべし、このひとは大利をうとす。すなはちこれ無上の功徳を具足するなり」となり。釈には、『礼讃』のなかに、あるいは「弥陀本弘誓願、及称名号下至十声一声等、定得往生、乃至一念無有疑心」といひ、あるいは「歓喜至一念、皆当得生彼」といへる釈等これなり。

（『聖典全 四』五〇三〜五〇四・『註釈版』九七九）

先のように問者の主張をいったんは認めるが、以下与奪の論法による、数段階にわたる長い反論が始まる。反論の第一は文の上での問者の認識不足を指摘する。

そもそも先に問者が引用した『法事讃』の文**「上一形を尽し十念に至り」**にはその直後に「三念・五念まで仏来迎したまふ」と続いている。このことだけでも「十」の数は象徴にすぎないことが暗示されているが、存師は今は明確に「一念」の言葉が出ている経釈の文を指示して、「十念」のみならず「一念」の言葉が経典師釈共に明らかに認められることに注意を促す。

まず経典で言うなら、これまでもしばしば言及してきた『大経』第十八願成就文「聞其名号 信心歓喜 乃至一念」の文、また同じく『大経』三輩段における下輩の文「もし深法を聞きて歓喜信楽し、疑惑を生ぜずして**乃ち一念に至るまで、彼の仏を念じたてまつりて、**至誠心を以てその国に生ぜんと願ぜん」（『聖典全　一』四四・『註釈版』四三）、および流通分の文**「それかの仏の名号をきくことを得て、歓喜踊躍して乃至一念することあらん。まさに知るべし、このひとは大利を得とす。すなはちこれ無上の功徳を具足するなり」**（同上　六九・八一）が、それに当たる。次に師釈で言うなら、問者が指摘した文の他に、『礼讃』「前序」には「信文類」にも所引の**「弥陀の本弘誓願は、名号を称すること下十声・一声等に至るに及ぶまで、定めて往生を得と信知して、すなはち一念に至るまで疑心あることなし」**（同上　九一二・『註七祖』六五四）、あるいはやはり「信文類」にも所引の「それ彼の弥陀仏の名号を聞くことを得ることありて、**歓喜して一念に至るまで、皆まさにかしこに生ずることを得べし」**（同上　九二七・六七五）というように、明らかに「一声」「一念」にて往生すると説かれた文が、同じくらい存在している ― ということを存覚上人は指摘する。なお、ここでも最後に**「釈等」**とあるように、「一念」を説く文は以上に尽きるものではない。[1]

註

（1）例えば『礼讃』では「弥陀世尊、もと深重の誓願を発して、光明・名号を以て十方を摂化したまふ。ただ信心をもて求念すれば、上一形を尽し下十声・一声等に至るまで、仏願力を以て易く往生を得」（『聖典全　一』九一五・『註七祖』六五九）、また『大経』流通分の取意文（同上　九二七・六七六）、そして「もし衆生ありて阿弥陀仏を称念すること、もしは七日及び一日、下十声乃至一声、一念等に至るまで、必ず往生を得」（同上　九五八・七一二）の文。三者とも「行文類」に引かれている。『観念法門』では「一生起行しすなはち七日・一日、十声・一声等に至るまで」（同上 八八九・六二七）、また第十八願成就文の取意文（同上 八九六・六三六）、そして「一切の造罪の凡夫、ただ心を回らして阿弥陀仏を念じて、浄土に生ぜんと願ずれば、上百年を尽し、下七日・一日、十声・三声・一声等に至るまで（中略）往生を得しむ」（同上 八九六・六三七）の文。『観経疏』にも認められるが、各自で当たられたい。

（C）「乃至」の意味

おほよそ「乃至」のことばをゝけるゆへに、十念といへるも十念にかぎるべからず、一念といへるも一念にとどまるべからず。一念のつもれるは十念、十念のつもれるは一形、一形をつづむれば十念、十念をつづむれば一念なれば、ただこれ修行の長短なり。かならずしも十念にかぎるべからず。

（『聖典全 四』五〇四・『註釈版』九七九〜九八〇）

明快な一節であり、説明の要もないと思う。大意をたどっていこう。

そもそも「十念」「一念」の語は多くの場合「乃至十念」「乃至一念」という句において見出される。**「乃至**（すなはち……に至るまで）**」**という言葉が**「十念」「一念」**の前に置かれているのであるから、**「十念」**と言っても十回の念仏に限定されたものではなく、**「一念」**と言っても一回に止まるものであるはずがない。一念が積もれば十念になるし、その十念がそのまま積もって「一形」即ち一生涯にわたる念仏となる。逆に、一生涯の念仏といっても、生涯の時間は各人各様、自ずと長短の差異があるのだから、つづめてゆけば十回の念仏しかできない場合もあり、更につづめてゆけば一回の念仏しかできないこともある。このように「乃至十念」「乃至一念」というのは、専修念仏の相続の長い短いを表現したフレーズなのであって、「十」という数字に限定することはできないのである。

このように念仏の回数や、ついでに言えば声の大小、あるいは力がこもっているかどうかといったことは、自力念仏の場合にしか意味をなさない。他力回向による念仏は、その一声一声が名号の全顕であるから回数は無関係であるし、またその全顕する名号の功徳は、称名者の口業や意業の何かが加わって初めて彼の往生が決定するようなそんな欠如部分を一点も有していない完璧無比のものであるのだから、称名者の声の大小や熱意やといった口業意業の様相とも全く無関係である。法然聖人の道場は、日々三万遍とも五万遍とも伝えられる称名念仏の坩堝であった。さぞかし熱もこもっていたことであったろうと想像される。しかしその法然道場での念仏が自力の念仏ではないことは、法然聖人ご自身が釘さされている。「念仏をおほく申さんとて、日々に六万遍なんどをくりゐたるは、他力をうたがふにてこそあれといふ事のおほくきこゆる。かやうのひが事ゆめゆめもちふべからず。〔中略〕ただ一念二念をとなふとも、自力の心ならん人は、自力の念仏とすべし。千遍万遍をとなふとも、百日千日よるひるはげみつとむとも、ひとへに願力をたのみ、他力をあふぎたらん人の念仏は、声々念々しかしながら他力の念仏にてあるべし」（『真聖全 四』六〇四〜六〇五）。

なおここまでの引文に見られた「下至」の語の意味が「乃至」と実質的に同じであることについては『選択集』で論じられている（『聖典全 一』一二七四・『註七祖』一二一三）。

（D）「念仏往生の願」という名称の意義

しかれば、『選択集』に諸師と善導和尚と、第十八の願にをいて名をたてたることのかはりたる様を釈するとき、このこころあきらかなり。そのことばにいはく、「諸師の別して十念往生の願といへるは、そのこころすなはちあまねからず。しかるゆへは、かみ一形をすて、しも一念をすつるがゆへなり。善導の総じて念仏往生の願といへる、そのこころすなはちあまねし。しかるゆへは、かみ一形をとり、しも一念をとるがゆへなり」となり。

（『聖典全 四』五〇四・『註釈版』九八〇）

このように「乃至」には、上は一生涯に及ぶ念仏から、下はただ一声の念仏までを包括する意味があるわけだが、このことは、『選択集』の中で第十八願の呼称問題が論じられている箇所において、更に判然とする。その箇所で法然聖人は、第十八願に対する名目が、善導大師と諸師(1)とで異なっていることに対し、次のように仰っている（『聖典全 一』一二七四・『註七祖』一二一四）。**「諸師の別して十念往生の願といへるは」**聖道諸師は十念を特別視して十八願を**「十念往生の願」**と呼称したが、この名称では**「そのこころすなはちあまねからず」**十八願の意図が普遍的ではない、即ち全ての機に対する普遍的な救済を意図していることが示されない。**「しかるゆへは、かみ一形をすて、しも一念をすつるがゆへなり」**なぜならこの名称では、上は一生涯にわたる念仏、下は一声の念仏まで包括するという点が、顧みられないことになるからである。それに対し**「善導の総じて念仏往生の願といへるは、そのこころすなはちあまねし」**善導は十念を特別視せず、総じて一般的な観点から第十八願を「念仏往生の願」と呼称されたが⑵、この名称でこそ本願の意図は普遍的な意図、即ち全ての機に対する普遍的な救済を意図していることが示されることになる。**「しかるゆへは、かみ一形をとり、しも一念をとるがゆへなり」**なぜならこの名称は、上は一生涯にわたる念仏、下は一声の念仏までを包括する名称だからである。

平生に聞信する機、臨終に聞信する機、従ってまた一生涯念仏の機、十声念仏の機、一声念仏の機、聞信一念の機、こうした全ての機を差別なく普く救わんとするのが本願の誓意であることを「乃至」の言葉は示している。『選択集』引文を通して存覚上人はこのことに改めて注意を促し、「一念」「十念」の数字に偏執すべきではないことを教えられているのである。

註

（1）了恵『無量寿経鈔』巻三に「智光の云く、諸縁信楽十念往生の願、御廟（＝良源）の云く、聞名信楽十念定生の願（中略）、真源の云く、十念往生の願」（『浄土宗全書 第十四巻』八九頁b）と出ており、実際、良源（源信和尚の師 九一二〜九八五）は『極楽浄土九品往生義』にて「第十八聞名信楽十念定生願」（『浄土宗全書 第十五巻』一七頁a）と確かめられる（以上、細川行信師『真宗教学史の研究 口伝鈔 浄土真要鈔』三一三頁による）。また『略述』（五七頁）は、新羅の法位（七世紀頃）、玄一（不詳）も該当すると注釈している。

（2）以下『略述』（五七頁）の指摘であるが、実際には善導大師の上には「念仏往生の願」との言葉は無い。ここは元祖が善導の釈意を得て立てられた題目であろう。

（E）「行文類」の『安楽集』引文

しかのみならず、『教行証文類』の第二に『安楽集』をひきていはく、「十念相続といふは、これ聖者のひとつのかずまくのみ。すなはちよく念をつみ、おもひをこらして他事を縁ぜざれば、業道成弁せしめてすなはちやみぬ。またいたはしくこれを頭数をしるさじ」といへり。「十念」といへるは、臨終に仏法にあへる機についていへることばなり。されば経文のあらはなるについて、ひとおほくこれをもちゐる。これすなはち臨終をさきとするゆへとみえたり。平生に法をききて畢命を期とせんひと、あながちに十念をことゝすべからず。さればとて十念を非するにはあらず。ただおほくもすくなくも、ちからのたへんにしたがひて行ずべし。かならずしもかずをさだ

むべきにあらずとなり。（『聖典全　四』五〇四〜五〇五・『註釈版』九八〇〜九八一）

先と同じ趣旨のことを、今度は「行文類」における『安楽集』引文（『聖典全　二』五〇〜五一・『註釈版』一八九）を引き合いに出して示す。この『安楽集』の文は、『観経』下々品段を問題にした『論註』の八番問答の第八に由来する。その第八の問は、下々品段には「十念」とあるが、経にある通りに至心に念称しておれば回数など数えられないはずではないか、というものである。それに対する曇鸞大師の答えが、『経』に『十念』とのたまへるは業事成弁を明かすのみ。必ずしも頭数を知ることをもちゐざるなり」（『聖典全　一』四八五〜四八六・『註七祖』九八）であった。即ち「十念」とあるのはそれでもって往生の業事が成就するということであって、必ずしもその数を知ることが必要なのではない、と。道綽禅師の文もほぼそれと同趣旨である。「**十念相続といふは、これ聖者のひとつの数の名ならくのみ**」[1]下々品段に「声をして絶えざらしめて十念を具足して」とあるのは、大聖釈尊が説かれた一つの数の名にすぎない。「**すなはちよく念をつみ、おもひをこらして他事を縁ぜざれば**」即ち、善知識の告言通りに南無阿弥陀仏と称して声をして絶えざらしめ、阿弥陀仏一仏に思いを掛けて他のことを考えないならば、「**業道成弁せしめてすなはちやみぬ**」往生浄土の道が完全成就して終わるのである。「**またいたはしくこれを頭数を記さじ**」（また未だ労はしくこれが頭数を記せず）」わずらわしくその念仏の数を記すまでもあるまい。

以上が「行文類」での『安楽集』引文。これ以下は存覚上人の注釈である。**「『十念』といへるは、臨終に仏法にあへる機についていへることばなり」**とあるが、そもそもこれは『観経』下々品段の「十念」に対する道綽禅師の釈であって、つまり臨終に仏法に遇った機に対して言われている言葉である。『安楽集』引文の最初に「十念相続」とあるのようにに『観経』の経文の上にあからさまに「具足十念称南無阿弥陀仏」と説かれてあるために、多くの人はこれに依るのだろう。**「されば経文のあらはなるについて、ひとおほくこれをもちゐる」**このように見ているからである。**「これすなはち臨終をさきとするゆへとみえたり」**これは取りも直さず臨終を根本に見ているからである。**「平生に法をききて畢命を期とせんひと、あながちに十念をこととすべからず」**平生に名号を聞信して一生涯相続する人が、むやみに十念を重大なものと見るはずがない。**「さればとて十念を非するにはあらず」**だからといって十念を否定するのではない。**「ただおほくもすくなくも、ちからのたへんにしたがひて行ずべし」**回数が多かろうが少なかろうがとにかく自分の器量に応じて念仏するのがよい。**「かならずしも数を定むべきにあらずとなり」**必ずしも回数を定めるべきではないとのことである。この最後（傍点部）が「となり（とのことである）」という表現形式になっているのは、『安楽集』の要点を存覚上人はここに見られているということである。

なお、「行文類」当面におけるこの『安楽集』の文の引意は、本鈔におけるそれとはまた少し異なっていることを付言しておく。(2)

註

（1）底本では**「聖者のひとつのかずまくのみ」**となっているが、意味不明であるので、他の写本に従って、『安楽集』原文通り**「聖者のひとつの数の名ならくのみ」**と読む。

（2）内藤知康師『顕浄土真実行文類講読』二四六頁を参照。なお『六要鈔』はこの点には触れていない。

（F）宗祖の行一念釈と信一念釈

いはんや聖人の釈義のごとくは、一念といへるについて、行の一念と信の一念とをわけられたり。いはゆる行の一念をば真実行のなかにあらはして、「行の一念といふは、いはく、称名の遍数について選択易行の至極を顕開す」といひ、信の一念をば真実信のなかにあらはして、「信楽に一念あり。一念といふはこれ信楽開発の時剋の極促をあらはし、広大難思の慶心をあらはす」といへり。かみにいふところの十念・一念は、みな行について論ずるところなり。信心についていはんときは、ただ一念開発の信心をはじめとして、一念の疑心をまじへず、念々相続してかの願力の道に乗ずるがゆへに、名号をもてまたくわが行体とさだむべからざれば、十念とも一念ともいふべからず、ただ他力の不思議をあふぎ、法爾往生の道理にまかすべきなり。

（『聖典全 四』五〇五～五〇六・『註釈版』九八一）

今しがた祖師聖人の「行文類」における『安楽集』引文を拝読し、十念の「十」の字は十という回数を強調するものではないことを確かめた。引文において既に然り、**「いはんや聖人の釈義のごとくは」**ましてや聖人ご自身のご解釈にあっては、「一」への偏執も「十」へのそれも全く認められないことは当然である。そもそも聖人は**「一念といへるについて、行の一念と信の一念とをわけられたり」**。その行一念については「行文類」において**「行の一念といふは、いはく、称名の遍数について選択易行の至極を顕開す」**（『聖典全 二』四九・『註釈版』一八七）と示された。即ち法蔵菩薩は往生業として「乃至十念」の易行を選択されたが、「十」の回数に意味があるのではない。それは易行性の象徴表現なのであって、「乃至十念」の選択易行の極限は「一念」即ちたった一声の称名である。繰り返すが、私の称える一声の南無阿弥陀仏が取りも直さず「もろもろの善法を摂し、もろもろの徳本を具せり。極速円満す、真如一実の功徳宝海」、即ち五兆にわたる法蔵菩薩所修の全功徳の全顕態なのである。法蔵菩薩は、極悪の機を極善の境界へ生まれさせる大功徳を、南無阿弥陀仏という「至極」にまで凝集せざるを得なかった。南無阿弥陀仏の六字がそのままこの至極の功徳大宝海そのものである。だから例えば六字を二度称えたならその海水は二倍になるなどと思うのは思い違いもはなはだしい。「易行の至極」には法蔵菩薩の御苦労の極限的な深さ、阿弥陀仏の計らいの極限的な執念が投影されているのである。一声称えさせられ**「業道成弁してすなはち罷みぬ」**。私の発声や口唇運動が業道成弁の最後の仕上げをするのではないことは、あまりにも明らかである。つまりは「弥陀の誓願不思議にたすけられまゐらせて、往生をばとぐるなりと信じて念仏申さんとおもひたつ」信の一念が行の一念に先行している。宗祖は「『下至』といふは十声にあまれるものも聞名のものをも往生にもらさずきらはぬことをあらはししめすとなり」（同上 六二七・六五七）と仰せられ、「下至十声」を遡行するなら「聞名」即ち信一念があることを明言された。『観念法門』の「下至十声」を釈しつつ文字当面では表現されていない根源を取り出されたのである。宗祖はこの根源的な信一念を「信文類」において**「信楽に一念あり。一念といふはこれ信楽開発の時剋の極促をあらはし、広大難思の慶心をあらはす」**（同上 九三・二五〇）と示された。宗祖の信一念釈には時剋釈と心相釈とがあるが、ここでは前者が挙げられて、心相釈についてはすぐ後で示される。

「かみにいふところの十念・一念は、みな行について論ずるところなり」。第四問答よりここに至るまで「十念」「一念」について論じてきたが、それは皆、われらの称名行について問題にしていたのだった。**「信心についていはんときは、ただ一念開発の信心をはじめとして、一念の疑心をまじへず、念々相続してかの願力の道に乗ずる」**[1]ここで信心について言及するならば、本願力によって信一念に信心が開発すれば、そこを発端として一念の疑心もまじわらない（心相釈）如来回向の真実信心が念々に相続する、それが、かの白道即ち**「願力の道に乗」**じて浄土に生まれ行く他力念仏行者の姿である。それだから**「名号をもてまたくわが行体とさだむべから〔ず〕」**と言われる。「行体」は七祖にも宗祖にも見当たらない言葉で、真宗聖教上では本鈔が初出かもしれない。『安心決定鈔』、本鈔と同年の『持名鈔』、本鈔より二年後の覚如上人『執持鈔』、それより更に十一年後の『改邪抄』で使われ、蓮如上人『御文章』等でも何度か見られる言葉である。それらの用法から推し量るに、行本体というような意味であろう。念仏行の行体は名号、本願力であって、衆生の発声や口唇運動といった口業や、有り難いだの有難くないだの嬉しいだの嬉しくないだのといった意業は、名号功徳にとってはプラスの影響もマイナスの影響もない。それ故、それらわが三業はわが往生には何の影響も与え得ない。

かくて**「名号をもつてまつたくわが行体とさだむべから〔ず〕」**とは、名号のはたらきを自分の三業に属する何かと取り違えて「本願の嘉号をもつておのれが善根と」してはならぬ、ということであろう。覚師も『本願鈔』で「名号をとなへて、この名号の功力をもて浄土に往生せんとおもふは、名号をもてわが善根とおもひ、名号をもてわがつくる功徳とたのむゆへに〔中略〕まことの報土にむまれ〔ず〕」(『聖典全 四』二九三〜二九四・『真聖全 三』五六)と指弾された。このように名号には一声一声が功徳大宝海の全顕であり、おのれの善根ではないのであるから、念仏について**「十念とも一念ともいふべからず」**十念や一念やとこだわることは根本的に間違っている。そこで**「ただ他力の不思議をあふぎ」**極悪の私を極善の仏とならしめんと誓われた本願他力の不思議をただただ仰いで、**「法爾往生の道理にまかすべきなり」**と言われる。「『法爾』といふは、如来の御ちかひなるがゆへに、しからしむるを法爾といふ」(「自然法爾章」)。如来の至心から回向したもう名号を聞信した者は必ず往生させよう、と如来は誓われたのであるから、名号を聞信した者は必ず往生せしめられることとなる、これを「法爾」と言うということである。(2) こうして、わが往生は本願力のしからしむるところとして他力にゆだねるばかりである、との言葉でもって本問答は閉じられる。

註

（1）明らかに二河譬の合法における文を念頭に置いて書かれている。「いま二尊の意に信順して、水火の二河を顧みず、念念に遺るることなく、彼の願力の道に乗〔ず〕」（『聖典全　一』七七一・『註七祖』四六九）。

（2）法然聖人に「法爾道理ということあり」で始まる法語がある。「炎は空に上り、水は下りさまに流る。（中略）これらはみな法爾道理なり。阿弥陀ほとけの本願は名号をもて罪悪の衆生をみちびかんと誓ひたまひたれば、ただ一向に念仏だにも申せば、仏の来迎は法爾道理にてそなはるべきなり」（『真聖全　四』六八三）。

第九節　第七問答 ― 方便説としての来迎義（願文上、及び理証）

この第七問答より第十問答まで、再び臨終来迎について論じる。既に第一第二問答において宗祖義は平生業成・不来迎であることを見たが、当時において臨終来迎は浄土宗にとってあまりにも本質的な教説と見なされていたので、先の問答における答ではなお納得しない人々の存在も予想される。本問答では、（A）宗祖義を再度確認しつつ、臨終来迎が聖教中に確かに存在していることを認めた上で、（B）しかしながらそれは方便説としてうかがうべきことを明かす。

（A）第十九願所誓の臨終来迎

問ていはく、来迎は念仏の益なるべきこと、経釈ともに歴然なり。したがひて、諸流みなこの義を存せり。しかるに来迎をもつて諸行の益とせんこと、すこぶる浄土宗の本意にあらざるをや。

こたへていはく、あにさきにいはずや、この義はこれわが一流の所談なりとは。他流の義をもて当流の義を難ずべからず。それ経釈の文にをいては自他ともに依用す。ただ料簡のまちまちなるなり。まづ来迎をとくことは、第十九の願にあり。かの願文をあきらめてこころうべし。その願にいはく、「設我得仏、十方衆生、発菩提心、修諸功徳、至心発願、欲生我国、臨寿終時、仮令不与大衆囲繞現其人前者、不取正覚」といへり。この願のこころは、「たとひわれ仏をえたらんに、十方の衆生、菩提心をおこし、もろもろの功徳を修して、心をいたし願をおこしてわが国にむまれんとおもはん。いのちをはるときにのぞみて、たとひ大衆と囲繞してそのひとのまへに現ぜずは、正覚を取らじ」となり。「修諸功徳」といふは諸行なり。「現其人前」といふは来迎なり。諸行の修因にこたへて来迎にあづかるべしといふこと、その義あきらかなり。されば得生は十八の願の益、来迎は十九の願の益なり。この両願のこころをえなば、経文にも解釈にも来迎をあかせるは、みな十九の願の益なりとこころう

（『聖典全 四』五〇六～五〇七・『註釈版』九八一～九八二）

べきなり。

問者は言う、**「来迎は念仏の益なるべきこと、経釈ともに歴然なり」**念仏の利益として来迎が説かれていることは経を見ても師釈を見ても歴然としている。例えば『大経』の下輩、『観経』の下上品と下々品、『小経』の因果段では、念仏によって来迎の利益をこうむることが明瞭に説かれてある。師釈では、例えば『法事讃』に「随縁の雑善恐らくは生じ難し。故に如来要法を選びて、教へて弥陀を念ぜしむること専らにしてまた専らならしむ。七日七夜、心無間に、長時の起行もますます皆しかなり。臨終に聖衆、華を持して現ず」（『聖典全 一』八四三・『註七祖』五六四～五六五）とあって、諸行では浄土に生まれ難いから釈尊は専修念仏を教えられたと明確に説かれてある。それは、別の場所でも「種々の法門みな解脱すれども、念仏して西方に往くに過ぎたるは無し。上一形を尽し十念に至り、三念・五念まで仏来迎したまふ」（同上 八五一～八五二・五七五）とあるように、繰り返し説かれていることなのである。**「したがひて、諸流みなこの義を存せり」**このように経にも釈にも出ているからこそ、浄土宗のどの流派にも来迎の法義があるのだ。**「しかるに来迎をもつて諸行の益とせんこと、すこぶる浄土宗の本意にあらざるをや」**にもかかわらず存覚師の説く真宗義では、来迎は念仏の利益ではなく諸行の利益だとされているが、それは浄土宗の本来の教意からははなはだ外れたことではないか。

以上の問に対し、存覚上人は**「あにさきにいはずや、この義はこれわが一流の所談なりとは」**来迎を念仏の利益とみないのは真宗固有の法義であると以前に言ったではないか、と述べて、問者を叱りつけている。実際、第一問答では**「親鸞聖人の一流においては、平生業成の義にして臨終往生ののぞみを本とせず、不来迎の談にして来迎の義を執せず」**と答え、第二問答では**「世のなかにひろまれる諸流、みな臨終をいのり来迎を期す。これを期せざるはひとりわがいへなり」**と念を押されていた。**「他流の義をもつて当流の義を難ずべからず」**他流とは違うのであるから、他流で言われていることを前提にして真宗義を難ずることはできない。**「それ経釈の文においては自他ともに依用す。ただ料簡のまちまちなるなり」**経や釈の文は自流と異流とで用いるところは共通しているけれども、それに対する解釈が異なるのである。一文一文の解釈において異なることもあるが、その前に、どの文を重んじ、どの文を略するかについての判断が異なる。あるいはかくかくの文としかじかの文との関係をどう見るかについての見方が異なる。例えば宗祖義では生因三願は互いに峻別されるが、異流においてはそうではない。法然聖人でさえ、第十八願の念仏往生の利益の一つを第十九願の臨終来迎に見るというように、第十八願と第十九願とを連続的に見ておられる。(1) それに対し、三願転入の述懐を記された宗祖にとって、第十八願と第十九願との差異は決定的なものがあった。第十九願は徹頭徹尾、権仮方便なのであって、従ってその第十九願にのみ認められる臨終来迎の教えは廃されるべきものなのであった。

「まづ来迎をとくことは、第十九の願にあり。かの願文をあきらめてこころうべし」まずは第十九願の願文を明確に理解しなさいということで、第十九願文漢文が掲げられ、訓読される**「たとひわれ仏をえたらんに、十方の衆生、菩提心をおこし、もろもろの功徳を修して、心をいたし願をおこしてわがくににむまれんとおもはん。いのちをはるときにのぞみて、たとひ大衆と囲繞してそのひとのまへに現ぜずは、正覚を取らじ」**。この願文中**『修諸功徳**〈もろもろの功徳を修して〉**』といふは諸行なり」**つまり第十九願では行としては念仏ではなく諸行が誓われている。そして**『現其人前**〈その人の前に現ず〉**』といふは来迎なり」**として、諸行の利益として来迎が誓われてある。まとめると**「諸行の修因にこたへて来迎にあづかるべしといふこと、その義あきらかなり」**、諸行を修することを因とし、その果として来迎にあずかるという趣旨の誓願であることは明らかである。**「されば得生は十八の願の益、来迎は十九の願の益なり」**そういうわけで、往生を得ることとは第十八願の利益、来迎は第十九願の利益であって、この二つの願は峻別されるべきものである。そこで**「この両願のこころをえなば」**このようにこの二つの願の眼目が了解できたならば、**「経文にも解釈にも来迎をあかせるは、みな十九の願の益なりとこころうべきなり」**経釈問わず、来迎を説いてある箇所に行き当たったならば、それは第十九願の利益を説いているのだと理解すべきである。つまり臨終来迎は実は念仏の利益ではなく、諸行の利益なのだと**「まづ」**理解すべきなのである。本問答前半では、以上のように説かれる。

註

（1） 例えば、「来迎引接の誓願をあおぐべきものなり。その来迎引接の願といふは、すなわちこの四十八願の中の第十九の願なり。〔中略〕まさしく死せむとするときには、かならず境界・自体・当愛の三種の愛心をおこすなり。しかるに阿弥陀如来、大光明をはなちて行者のまへに現じたまふとき、未曽有の事なるがゆへに、帰敬の心のほかに他念なくして、三種の愛心をほろぼして、さらにおこることなし。〔中略〕『阿弥陀経』に『阿弥陀仏もろもろの聖衆と、そのまへに現ぜむ、この人おはらむとき、心顛倒せずして、すなわち阿弥陀仏国土に往生をゑむ』ととけり。令心不乱と心不顛倒とは、すなはち正念に住せしむる義なり。しかれば臨終正念なるがゆへに来迎したまうにはあらず、来迎したまふゆへに臨終正念なりといふ義あきらかなり。在生のあひだ往生の行成就せむひとは、臨終にかならず聖衆来迎をうべし。来迎をうるとき、たちまちに正念に住すべしといふこころなり」（『真聖全 四』五一〜五二）。

（B） 念仏の益として来迎を説くは方便説

ただし念仏の益に来迎あるべきやうにみえたる文証、ひとすぢにこれなきにはあらず。しかれども、聖教において、方便の説あり真実の説あり、一往の義あり再往の義あり。念仏において来迎あるべしとみえたるは、みな浅機を引せんがための一往方便の説なり。深理をあらはすときの再往真実の義にあらずとこころうべし。当流の料簡かくのごとし。善導和尚の解釈にいはく、「道里雖遥、去時一念即到」といへり。こころは、「浄土と穢土と、

そのさかひはるかなるににたりといへども、まさしくさるときは、一念にすなはちいたる」といふこころなり。往生の時分一念なれば、そのあひだにはさらに来迎の儀式もあるべからず。まどひをひるがへしてさとりをひらかんこと、ただたなごころをかへすへだてなるべし。かくのごときの義、もろもろの有智のひと、そのこころをえつべし。

（『聖典全　四』五〇七・『註釈版』九八二～九八三）

しかし次に、「**念仏の益に来迎あるべきやうにみえたる文証、ひとすぢにこれなきにはあらず**」念仏の利益として来迎を説いている経釈の文は確かにあることはあるとして、後半の回答となる。来迎を念仏の益として説いている聖教の文は、先ほども『大経』下輩段を始め数か所の例を挙げたが、その他にも例えば『選択集』にも所引の「定善義」、「衆生称念すれば、即ち多劫の罪を除く。命終らんと欲する時、仏、聖衆と自ら来りて迎接したまふ」（『聖典全　一』七四八・『註七祖』四三七）、あるいは『往生要集』の「念仏の功積り、運心年深き者は、命終の時に臨みて大喜自づから生ず。しかる所以は、弥陀如来〔中略〕大光明を放ちて皓然として目の前にましまます」（同上　一〇四七・八五六）、あるいはまた『和語燈録』の「ただねてもさめても、ひとすじに御名をとなうる人をば、臨終にはかならずきたりてむかへ給ふなるものをという心に住して〔念仏〕申せば、一期のおはりには、仏の来迎にあづからん事うたがひあるべからず」（『真聖全　四』五九三～五九四）等々、随所にて説かれてある。そこそこの分量があるからこそ、すぐ次に「**聖教において、方便の説あり真実の説あり**」と言われるように、方便説として際立ちもする。

この方便説と真実説が聖教に混在していることを言い換えて、「**一往の義あり再往の義あり**」と述べる。「**一往**」「**再往**」は『選択集』にも見られる表現で、[1]「**一往の義**」は通り一遍の、差し当りの義、要するに仮の義ということであり、「**再往の義**」は再度うかがうべき義、ひいては深い意味のことである。「**念仏において来迎あるべしとみえたるは、みな浅機を引せんがための一往方便の説なり**」念仏の益として来迎があるはずだと説いているように見えるのは、弘願に入る機縁が未だ十分に熟していない「**浅機**」を誘引せんがための差し当たりの方便説である、と存覚上人は述べる。浅機は定散諸機のこと、方便は権仮方便である。[2]「**深理をあらはすときの再往真実の義にあらずとこころうべし**」深い道理である弘願念仏・現生正定聚・臨終不来迎という真実義ではないと受け取るべきである。「**当流の料簡かくのごとし**」親鸞聖人一流の解釈によればそうなるのである。

続く一段は、臨終来迎を方便説と見るべきことの言わば理証であると見ることができる。「**善導和尚の解釈にいはく、『道里雖遥、去時一念即到』といへり**」、『観経』の「阿弥陀仏、ここを去ること遠からず」の仰せに対して善導大師は三つの解釈を与えられたが、その第二として「道里遥かなりと雖も、ゆく時一念に即ち到ることを明かす」(『聖典全 一』七一〇・『註七祖』三八〇)と示された。その意味は「**浄土と穢**

土と、そのさかひはるかなるににたりといへども、まさしくさるときは、一念にすなはちいたる」浄土の境界と穢土の境界とは隔絶しているようであるけれども、まさしく穢土を去る時には、一念で浄土に到るものだ、ということである。このように**「往生の時分一念なれば」**往生に要する時間は一瞬なので、**「そのあひだにはさらに来迎の儀式もあるべからず」**その一瞬の間に来迎の儀式などがあるはずもない。この場合の**「儀式」**(3)とは、所謂法要儀式のことではなく、例えば『観経』「上中品」の場合で言うなら、「阿弥陀仏は観世音・大勢至、無量の大衆の眷属と囲繞せられて、紫金の台を持たしめて行者の前に至りたまひ、讃じて言はく、『法子、汝大乗を行じ、第一義を解す。この故に我、今来たりて汝を迎接す』と。千の化仏と一時に手を授けたまふ。行者自ら見れば、紫金の台に坐す。合掌し叉手して諸仏を讃嘆したてまつ〔る〕」(『聖典全 一』九三・『註釈版』一〇九)という、仏衆生の一連の立ち振る舞いのことであろう。さて以前にも述べたように、宗祖義では往生即成仏であるから、右に述べたところの、浄土へと**「一念にすなはち到る」**という事態と**「まどひをひるがへしてさとりをひら〔く〕」**という事態とは、同じこととなる。往生は一瞬の出来事であったから、**「まどひをひるがへしてさとりをひらかんこと」**もまた**「ただたなごころをかへすへだてなるべし」**手のひらを返すほどの一瞬である。**「かくのごときの義、もろもろの有智のひと、そのこころをえつべし」**往生成仏せしめられるのは一念のことだというこの教えの意味するところは、来迎の儀式が入り得る余地はないという、このことである。

存覚上人は以上のように述べられるのであるが、この議論は私にはよくわからない。『観経』九品段で説かれるところの、往生に要する時間 ― 先の言葉を遣えば「まさしく〔穢土を〕去るとき」と「〔浄土に〕到る」との間の時間 ― は、『観経』自身が「弾指のあひだのごとく」(上々品)、「一念のあひだのごとく」(上中品・下中品・下々品)、「すなはち」(上下品・中上品)、「壮士の臂を屈伸するあひだのごとく」(中下品)と述べているように、そのほとんどが一瞬の出来事として説かれている。そしていずれの場合も、来迎の儀式はその一瞬の出来事よりも以前にあることとして述べられてあるのである。従って、往生に要する時間は一瞬であるからそこには来迎の儀式の入る余地などないという趣旨の議論を行ったとしても、それはその通りで誰しもが認めることである、だがそれだからこそ来迎は往生する瞬間にではなくて往生より以前に生起することとして『観経』自身が説いているのだ、と応答されるだけではないだろうか。

なお後の第十問答の問において、念仏の行者は往生よりも前に来迎にあづかるはずだとの、浄土異流からのものと思われる解釈が出されているが、それは第十問答の問の文から見ても、また第十問答での存覚上人の答え方から見ても、右のような経路に基づいて出されたものとは考え難い。

註

（1）「本願章」の私釈に、諸仏浄土の中には例えば布施をもって往生の行とする土もあり、持戒をもって往生の行とする土もある等々というように、「一行を以て一仏の土に配すること」を指して、「これしばらく一往の義なり。再往これを論ぜば、その義不定なり」（『聖典全 一』一二六九〜一二七〇・『註七祖』一二〇六）と述べられている。

（2）『己卯録』（二四五頁）は「善巧方便」とするが、権仮に対する意味の善巧ではなく、単に巧みな権仮方便の意味で言ったのであろう。

（3）『御消息』にも「来迎の儀則をまたず」とある（『聖典全 二』七六八・『註釈版』七三五）。『末燈鈔』では「来迎の儀式をまたず」となっている（『聖典全 二』七七七）。

第十節　第八問答 ― 方便説としての来迎義（善導大師における）

第八問答は、来迎を念仏の益とされた善導大師の釈をどのように解するかについて問い、やはり方便説である旨を答える。

問ていはく、経文について、十八・十九の両願をもつて得生と来迎とにわかちあつる義、一流の所談ほぼきこえをはりぬ。ただし解釈についてなほ不審あり。諸師の釈はしばらくこれをさしおく。まづ善導一師の釈にをいて処々に来迎を釈せられたり。これみな念仏の益なりとみえたり。いかがこころうべきや。

こたへていはく、和尚の解釈に来迎を釈することはしかなり。ただし一往は念仏の益ににたれども、これみな方便なり。実には諸行の益なるべし。そのゆへは、さきにのぶるがごとく念仏往生のみちをとくことは第十八の願なり。しかるに和尚、処々に十八の願をひき釈せらるるに、またく来迎の義を釈せられず。十九の願にとくところの来迎、もし十八の願の念仏の益なるべきならば、もとも十八の願をひくところに来迎を釈せらるべし。しかるにその文なし。あきらかにしりぬ、来迎は念仏の益にあらずといふことを。よくよくこれをおもふべし。

（『聖典全　四』五〇七～五〇八・『註釈版』九八三～九八四）

「わかちあつる」は「分かち当つ」の連体形。**「十八・十九の両願をもつて得生と来迎とにわかちあつる義」**とは、十八願に説かれた益は得生、十九願のそれは来迎というように、得生と来迎とをそれぞれの願にそれぞれ分けて割り当てる教義、ということである。経文についてはそれで了解したが、**「ただし解釈についてなほ不審あり」**とする。諸師は今は措くとして善導一師を問題にすると、**「念仏の益」**として**「来迎を釈せられ」**てあるものが**「処々に」**見出される。前問答にて取りあげた「定善義」や『法事讃』の文などがそれである。これについてはどう受け止めればよいのかというのが、ここでの問いである。

答えの趣旨は先ほどと同様である。即ち**「一往は念仏の益ににたれども、これみな方便なり。実には諸行の益なるべし」**ということである。その理由も以前に述べられたものと同じである。即ち**「念仏往生のみちをとくことは第十八の願」**にあることであるが、善導大師は**「処々に十八の願をひき釈せらるるに、まつたく来迎の義を釈せられ」**ていない。**「来迎、もし十八の願の念仏の益なるべきならば、もつとも十八の願を引くところに来迎を釈せらる」**べきであるのに**「しかるにその文なし」**、ということは**「あきらかにしりぬ、来迎は念仏の益にあらずといふことを」**とならざるを得ない。

以前にも言及したように、『真要鈔』は真門を別開せず要門に包摂する方針で一貫しているので、ここで、来迎の利益が説かれているところの念仏は第二十願の自力念仏であって、第十八願の他力念仏とは違うのだ、と説明することはできないのである。

第十一節　第九問答 ― 方便説としての来迎義（善導大師における・承前）

前問答での答において、善導大師が第十八願の解釈を施される場合には来迎には全く言及されていない旨が述べられたが、そのことを善導大師の実際の文に即して確認する。

問ていはく、第十八の願をひき釈せらるる処々の解釈といふは、いづれぞや。

こたへていはく、まづ『観経義』の「玄義分」に二処あり。いはゆる序題門・二乗門の釈これなり。まづ序題門の釈には、「言弘願者如『大経』説。一切善悪凡夫得生者、莫不皆乗阿弥陀仏大願業力為増上縁」といへり。こころは、「弘願といふは『大経』にとくがごとし。一切善悪の凡夫、むまるることをうるものは、みな阿弥陀仏の大願業力に乗じて増上縁とせずといふことなし」となり。これ十八の願のこころなり。つぎに二乗門の釈には、「若我得仏、十方衆生、称我名号願生我国、下至十念、若不生者、不取正覚」といへり。また『往生礼讃』には、「若我成仏、十方衆生、称我名号下至十声、若不生者、不取正覚」といひ、『観念法門』には、「若我成仏、十方衆生、願生我国、称我名字、下至十声、乗我願力、若不生者、不取正覚」といへり。これらの文、そのことばすこしき加減ありといへども、そのこころおほきにおなじ。文のこころは、「もしわれ成仏せんに、十方の衆生、わがくにに生ぜんと願じて、わが名字を称すること、しも十声にいたらん、わが願力に乗じて、もしむまれずは、正覚を取らじ」となり。あるいは「称我名号」といひ、あるいは「乗我願力」といへる、これらのことばは本経になけれども、義としてあるべきがゆゑに、和尚この句をくはへられたり。しかれば、来迎の益も、もしまことに念仏の益にしてこの願のなかにあるべきならば、もともこれらの引文のなかにこれをのせらるべし。しかるにその文なきがゆへに、来迎は念仏の益にあらずとしらるるなり。処々の解釈にをいては、来迎を釈すといふとも、十八の願の益と釈せられずは、その義相違あるべからず。

(『聖典全 四』五〇八～五〇九・『註釈版』九八四～九八五)

第十八願文に対する善導大師の釈文として四文が挙げられている。

第一は**『観経義』の「玄義分」**の**「序題門の釈」**である。「玄義分」劈頭の「帰三宝偈」が終わったところで『観経疏』全体の構成が示されてあるが、「玄義分」は七節（「七門」）に分かたれる。その第一が「序題門」である。この場合の「序題」とは、そこで述べられてある内容から推測するに、『観経』の教法の前提となるテーマのことであろうと考えられる。例えば真如法性、対機説法、要門弘願といった事柄がそれである。その弘願について述べたところに出ているのが、ここで存覚上人が引用されている「序題門の釈」である。漢語原文を示した後に訓読が掲げられている。即ち**「弘願といふは『大経』にとくがごとし。一切善悪の凡夫、むまるることをうるものは、みな阿弥陀仏の大願業力に乗じて増上縁とせずといふことなし」**（『聖典全　二』六五七・『註七祖』三〇一）。この文が第十八願を解釈したものであると言うためには若干の補足が必要ではあるが、[1]いずれにせよ存覚上人はこれを善導大師による第十八願の解釈を述べた文と見られてここに挙げられ、その中に来迎の概念が皆無であることに注意を促されるのである。

第二は同じく**「玄義分」**の**「二乗門の釈」**である。先に述べた「玄義分」の「七門」中の第六に「和会門」なる一節が置かれてある。『観経』に関する聖道諸師の見解を批判して、九品唯凡、六字釈（別時意会通）等の有名な解釈が次々と出される長大な一節である。その中にこれも有名な「是報非化」の釈を含む「二乗種不生の義を会通す」という一段がある。これが今いう**「二乗門の釈」**である。この一段の中に善導大師の第十八願解釈が見出されるのである。それが本文で引用されている**「若我得仏、十方衆生、称我名号願生我国、下至十念、若不生者、不取正覚**（もし我仏を得たらんに、十方の衆生、我が名号を称して我が国に生ぜんと願ぜんに、下十念に至るまで、もし生ぜずは正覚を取らじ）**」**（同上 六七四・三二六）である。「若不生者、不取正覚」の句は第十八願にしか存在しないので、これは善導大師による第十八願の解釈であると見ることができる。

第三には『往生礼讃』「後述」の文、**「若我成仏、十方衆生、称我名号下至十声、若不生者、不取正覚**（もし我成仏せんに、十方の衆生、我が名号を称すること下十声に至るまで、もし生ぜずは正覚を取らじ）**」**（同上 九五八・七一二）が挙げられ、そして第四に『観念法門』の摂生増上縁を明かして述べられた文**「若我成仏、十方衆生、願生我国、称我名字、下至十声、乗我願力、若不生者、不取正覚**（もし我成仏せんに、十方の衆生、我が国に生ぜんと願じて、我が名字を称すること、下十声に至るまで、我が願力に乗じて、もし生ぜずは正覚を取らじ）**」**（同上 八九二・六三〇）が挙げられてあるが、両者とも、先ほどの二乗門の釈と同じ理由によって、善導大師の第十八願解釈を述べたものとうかがうことができる。

これら三種類の本願取意文は**「そのことばすこしき加減ありといへども、そのこころおほきにおなじ」**であって、本鈔では最後の『観念法門』の文の訓読でその意味を代表させてある。これら本願取意文における、例えば**「称我名号」**や**「乗我願力」**の句は**「本経になけれども」**『大経』の第十八願文には存在しない字句ではあるけれども、**「義としてあるべきがゆへに」**弥陀の願意そして釈尊の教意としてそれらの字句で表現され得る事柄が願底にあるに違いないので、**「和尚この句をくはへられたり」**善導大師はこれらの句を加えられたのである。このように善導大師は、願文の表面的な字句には拘泥されず、願文の底にあるものを敢えて表に出すという姿勢を取られた。そこで**「来迎の益も、もしまことに念仏の益にしてこの願のなかにあるべきならば、もともこれらの引文のなかにこれをのせらるべし」**、本当に臨終来迎が念仏の利益であるのであれば、第十八願文の根底にそれが隠されていることになるわけであるから、右の善導大師の姿勢からすれば、先の本願取意文において、そのことをあらわにされてしかるべきである。だが、大師はそうはなさらなかった。**「しかるにその文なきがゆへに、来迎は念仏の益にあらずとしらるるなり」**だから、来迎は念仏の利益ではないことが分かるのだ、と存覚上人は論ずる。**「処々の解釈においては、来迎を釈すといふとも」**善導大師が方々で来迎を取りあげ解釈なされていることについてはその通りではあるけれども、**「十八の願の益と釈せられずは」**来迎は第十八願の益と見られていないのであるから、**「その義相違あるべからず」**善導大師の教義も親鸞聖人の義と違ったものであるはずがないのである。即ち、来迎は諸行の益であって、念仏の益ではない、ということである。

註

（1）「散善義」深心釈に「彼の阿弥陀仏の四十八願は衆生を摂受したまふこと、疑ひなく慮りなく彼の願力に乗じて定めて往生を得」（『聖典全 一』七六二～七六三・『註七祖』四五七）とあり、この後半は先の「序題門」の「生まるることを得るものは、みな阿弥陀仏の大願業力に乗じて増上縁とせずといふことなし」と一致するので、序題門の「弘願」は十八願というよりは四十八願全体を意味するようにも受け取れる。しかし他方、本文にて次に引用される「二乗門」の釈文の直前の文には「法蔵比丘、世饒王仏の所に在して菩薩の道を行じたまひし時、四十八願を発したまへり。一一の願に言はく『十方の衆生我が名号を称して我が国に生ぜんと願ぜんに、下十念に至るまで、もし生ぜずは正覚を取らじ』と」（同上 六七四・三二六）とあり、「一一の願に言はく」以下の内容は明らかに十八願の願意であるから、善導大師は四十八願の「一一の願に」十八願の願意が潜んでいると見られていることが分かる。このことより、「序題門」の「弘願」はやはり第十八願であると受け取って問題ないことが確かめられる。

第十二節　第十問答 ― 摂取不捨の益としての報仏の来迎（1）

真宗義においては第十八願所誓の行は念仏、益は往生、他方第十九願所誓の行は諸行、益は臨終来迎というように、両願が峻別されることは、これまでの問答の中で明らかになっている。しかし両願をこのように分かつことは真宗固有のことであるため、浄土異流からよほどの反発があった、もしくはあり得ると予想されたのであろうか、いずれにせよ存覚上人は、来迎不来迎についてのこの最後の問答において、真宗の流れを汲む者たちが異流からの反論に惑わされることのないよう、重ねて当流における平生業成・不来迎義の根拠を詳細に論じられるに至る。そして第十八願の念仏者がもし「来迎」にあづかるとすればそれは信一念における摂取不捨のことであるとされ、また「往生」は勝義には無生の生であって生滅去来等から離れたあり方であるから、往生の一念には来迎はあり得ないとされるのである。

この問答は次のように進められる。（A）第十八願と第十九願を峻別する必要はないのではないか、峻別の根拠は何なのかを問う。（B）その根拠は両願において異なる行が誓われてあるからである。第十八願の念仏の信心を因として第十一願の必至滅度の果を得るのが真宗義の骨格である。（C）この滅度について『文類聚抄』の文によって確認する。（D）証果は寂滅無為であるから往生も無生の生であり、生滅去来等の迷いを離れることである。（E）このことから真実報土への往生者には来迎などあるはずがないことが導き出される。（F）このことを『法事讃』の文によって確証し、（G）また善無畏三蔵法師の解釈によっても確証する。そして、（H）そもそも来迎は不定の益でしかなく、かくて十九願を捨て第十八願に帰して真実報土の往生を遂げるべき旨が勧められる。

註

（1）この節は長く、内容も多岐に渡っており、副題として挙げた「摂取不捨の益としての報仏の来迎」については本文全体から見ればついでながらに触れたという小さな扱いにとどまっているのであるが、摂取不捨の益に「来迎」という言葉を当てているのは全篇を通してこの箇所だけであるので、敢えてこれを副題とした。

（A）第十八願と第十九願の峻別への疑問

問ていはく、念仏の行者は十八の願に帰して往生をえ、諸行の行人は十九の願をたのみて来迎にあづかるといひて、各別にこころうることしかるべからず。そのゆへは、念仏の行者の往生をうといふは、往生よりさきには来迎にあづかるべし。諸行の行人の来迎にあづかるといふは、来迎ののちには往生をうべし。なんぞ各別にこころうべきや。

（『聖典全 四』五〇九～五一〇・『註釈版』九八五～九八六）

問いは、第十八願と第十九願とを「**各別にこころうることしかるべからず**」という、真宗義に対するプロテストから始まっている。両願は真宗義の言うほど厳しく分かつべきものなのか。その心を『己卯録』（二五六～二五七頁）は次のように推測する。確かに念仏は阿弥陀如来に親しい行であり、万善万行は弥陀に疎い行であるが、その疎い万善万行にさえ仏菩薩の来迎がある、いわんや親縁近縁増上縁のある念仏の行者に、来迎がないわけがないではないか、それ故に念仏と諸行といずれにも来迎・往生の利益があるはずだ ― として、「念仏の行者の往生をうといふは、往生よりさきには来迎にあづかるべし。諸行の行人の来迎にあづかるといふは、来迎ののちには往生をうべし」と、このように理解するならば、たとえ第十八願は「来迎」の文字を、第十九願は「往生」の文字を、願文の上では欠いているとしても、両願ともに来迎と往生の利益が認められるのであり、両願を一連のものとして頂くことが可能となるのである。なぜ親鸞聖人はそのような柔軟な見方をなされないのか、両願を「なんぞ各別にこころうべきや」と、このような問題ないしプロテストが突きつけられることを想定して、答弁が開始される。

（B）両願峻別の根拠は行が異なるから

こたへていはく、親鸞聖人の御意をうかがふに、念仏の行者の往生をうるといふは、化仏の来迎にあづからず。もしあづかるといふは、報仏の来迎なり。これ摂取不捨の益なり。諸行の行人の来迎にあづかるといふは、真実の往生をとげず。もしとぐるといふも、これ胎生辺地の往生なり。念仏と諸行とひとつにあらざれば、往生と来迎とまたおなじかるべからず。しかれば、他力真実の行人は、第十八の願の信心をえて、第十一の必至滅度の願の果をうるなり。これを念仏往生といふ。これ真実報土の往生なり。この往生は一念帰命のとき、さだまりてかならず滅度に至るべきくらゐをうるなり。

（『聖典全　四』五一〇・『註釈版』九八六）

問は第十八願と第十九願を「なんぞ各別にこころうべきや」であった。これに対する直接的な答は右の第六文、「念仏と諸行とひとつにあらざれば、往生と来迎とまたおなじかるべからず」である。即ち、第十八願所誓の念仏は「諸行」の一つなのではない、両者は本質的に異なる行である、そして因である行が本質的に異なれば当然ながらその果である益もまた異なるのでなければならない、ということである。

第十八願の行が第十九願の諸行の一つではないのは、前者は他力回向の行、後者は自力の行という根本的な違いがあることによる。大行の念仏、即ち他力回向の南無阿弥陀仏は仏心そのものの躍動なのであって、衆生が自力で積み上げていく行なのではない。浄土異流の念仏解釈は親鸞聖人の他力回向の行体験に基づいているわけではないため、自力他力の廃立が真宗義におけるほど厳格ではないのであろう。従って、そもそも第十八願の念仏は他力の念仏なのだという真宗根本義からして、異流にとっては理解困難なのである。

さて、冒頭の「こたへていはく」の直後の「親鸞聖人の御意」は、後続の内容より見て宗祖の『観経』観のことであろう。臨終来迎が全面的に説かれるのは何といっても『観経』であるが、宗祖は『観経』の浄土を方便化身土と見られているので、『観経』所説の来迎仏も化仏と見られていることになる。勿論『観経』では化仏のみでの来迎は下品に限定されるものであるが、宗祖は同経第九「真身観」における仏身をも化仏と見られるので（『聖典全 二』一八三・『註釈版』三七五）、『観経』の来迎仏は九品すべてにわたって化仏と見られていると言い得る。かくて諸行の行者の臨終来迎仏は化仏である。従って逆に**「念仏の行者の往生をうるといふは、化仏の来迎にあづからず」**と言われるのである。

続く**「もしあづかるといふは、報仏の来迎なり。これ摂取不捨の益なり」**は、宗祖独特の「来迎」解釈を踏まえた文である。宗祖は『唯信鈔文意』にて法照禅師『五会法事讃』における「観音勢至自来迎」中の「来迎」に対し、以下のような極めて独特の解釈を与えられている。「『来迎』といふは、『来』は浄土へきたらしむといふ、これすなわち若不生者のちかひをあらはす御のりなり。穢土をすてて真実報土にきたらしむとなり、すなわち他力をあらはす御ことなり。また『来』は〔中略〕法性のみやこへかへるとまふすなり。法性のみやことといふは、法身とまふす如来のさとりを自然にひらくときを、みやこへかへるといふなり。〔中略〕『迎』といふはむかへたまふといふ、まつといふこころなり。〔中略〕尊号をききて、一念もうたがふこころなきを真実信心といふなり。金剛心ともなづく。この信楽をうるときかならず摂取して捨てたまはざれば、すなはち正定聚のくらゐにさだまるなり。このゆゑに信心やぶれず〔中略〕金剛の信心とはまふすなり。これを迎といふなり」（『聖典全 二』六八八～六九〇・『註釈版』七〇二～七〇三）。即ち、「来」とは必ず浄土へ往生させるという如来の誓い、また必ず成仏させるという如来の誓いである。そして「迎」とは如来が必ず浄土へ迎えて下さる、私はその時を待ち受けるのみという、この揺るぎない心を恵んで下さったことである。「来」は当益、「迎」は現益であるが、当益を待ち受ける揺るぎない心が与えられるのは現生においてであるから、「来」「迎」あわせて**「これ摂取不捨の益なり」**と言い得ることになる。これが他力の念仏の行者のあづかるところの**「報仏の来迎」**である。このことを平生業成義に引き当てて言い直すなら、われらは信の一念において報仏の来迎に遇い、臨終の一念において真実報土への往生を遂げると同時に成仏せしめられる、となる。

このように真実報土に往生できるのは報仏の来迎に遇うた念仏行者だけである。これに対し**「諸行の行人の来迎にあづかるといふは」**先述のように化仏の来迎にあづかるのみであって、従って真実報土への往生にはならない。そこで諸行の行人は**「真実の往生をとげず。もしとぐるといふも、これ胎生辺地の往生なり」**と言われる。即ち方便化身土(1)への往生である。

このように**「念仏と諸行とひとつにあらざれば」**両者は全く別の行であるのだから、**「往生と来迎とまたおなじかるべからず」**両者における「往生」「来迎」もまた別々のものであるより他はない。**「しかれば」**そこで、他力回向の南無阿弥陀仏をいただいた本願念仏の行者については、まさに存覚上人がまとめられているように、**「他力真実の行人は、第十八の願の信心をえて、第十一の必至滅度の願の果をうるなり。これを念仏往生といふ。これ真実報土の往生なり。この往生は一念帰命のとき、さだまりてかならず滅度にいたるべきくらゐをうるなり」**と言われる。第十八願の他力の信心を得る一念帰命と同時に、必ず滅度に至る正定聚の位を得、臨終一念と同時に真実報土に往生、成仏する（「第十一の必至滅度の願の果を得る」）。これが真宗の骨格である。

註

（1）『大経』で釈尊は、仏智を疑惑した者は「かの辺地の七宝の宮殿に生まれ」ると説法されて（『聖典全 一』五六・『註釈版』六一）、しばらく後に再び、仏智を疑惑する者は「かの宮殿に生まれ」ると繰り返され「これを胎生といふ」と名づけられた（同上 六六・七七）。即ち「辺地」への往生が「胎生」である。宗祖はこの仏智疑惑者が「胎生」して往くところの辺地の「宮殿」を「疑城胎宮」と名づけられ、それを「化身土」と見られた（『聖典全 二』一八三・『註釈版』三七五）。

（C）『文類聚鈔』「念仏正信偈」の文

このゆへに聖人の『浄土文類聚鈔』にいはく、「必至無上浄信暁、三有生死之雲晴、清浄無礙光耀朗、一如法界真身顕」といへり。文のこころは、「かならず無上浄信のあかつきにいたれば、三有生死のくもはる。清浄無礙の光耀ほがらかにして、一如法界の真身あらはる」となり。「三有生死のくもはる」といふは、三界流転の業用よこさまにたえぬとなり。「一如法界の真身あらはる」といふは、寂滅無為の一理をひそかに証すとなり。しか

れども煩悩におほはれ業縛にさへられて、いまだその理をあらはさず。しかるにこの一生をすつるとき、このことわりあらはるるところをさして、和尚は、「この穢身をすててかの法性の常楽を証す」と釈したまへるなり。

（『聖典全　四』五一〇～五一一・『註釈版』九八六～九八七）

前項の最後の文「**この往生は一念帰命のとき、さだまりてかならず滅度にいたるべきくらゐをうるなり**」に対する文証として、『文類聚抄』「念仏正信偈」の「**必至無上浄信暁**」以下四句の原文が掲げられ、「**かならず無上浄信のあかつきにいたれば、三有生死のくもはる。清浄無礙の光耀ほがらかにして、一如法界の真身あらはる**」と訓読が施される。この四句の解釈については、四句全てを現益とするもの、第一句と第三句を現益とし第二句と第四句を当益とするもの、前の二句を現益とし後の二句を当益とするもの、四句全てを当益とするものというように、諸説が入り乱れている。[1]それぞれなりの根拠があってのことであるが、本講読では立ち入らない。これら四通りの解釈の中では前二句を現益とし後二句を当益とするのが一般的なようであるが、[2]『真要鈔』は四句全てを現益と見る立場であると言える。理由は以下の通り。

まず本鈔は少なくとも第四句を現益と見ている。それは第四句を「**寂滅無為の一理をひそかに証す**」ことと解釈し、その直後に「**しかれども煩悩におほはれ業縛にさへられて、いまだその理をあらはさず**」と続けているからである。「**煩悩におほはれ業縛にさへられて**」いるのはこの現生においてであり、そのせいで「**ひそかに証〔し〕**」た「**その理**」が「**いまだ**」「**あらはさ**」れない事態となっている、というのであるから、第四句「**一如法界の真身あらはる**」はこの現生においてのことと解されていることが分かる。(3) こうして本鈔は第四句を現益と見る。ならば本鈔は四句の全てを現益と解する立場である。なぜなら、第四句は他の三句のどれと比べてみても一段深い境位か少なくとも同等の境位を意味しているので、第四句が現益と解される場合には、残りの三句も全て現益と見るのでなければ整合性が取れないからである。

四句全てを現益とみるとき、各句の意味は次のようなものとなる。「**かならず無上浄信のあかつきにいたれば**」十方衆生は他力によって、いずれかの生において必ず無上浄信を恵まれるのであり、そうなった暁には「**三有生死のくもはる**」、即ち「**三界流転の業用よこさまにたえぬ**」と解説されてある通り、三界六道に衆生を生死流転せしめる業のはたらきが横さまに（＝他力によって）絶滅せしめられる。以前の第一問答において「**横に三界六道輪廻の果報をとづる**」（『聖典全 四』四八八・『註釈版』九六二）と言われ、「信文類」横超断四流釈において「往相の一心を発起するが故に、生としてまさに受くべき生なし。趣としてまた到るべき趣なし。〔中略〕故に即ち頓に三有の生死を断絶す」（『聖典全 二』九七・『註釈版』二五五）と述べられた事柄に他ならない。そのとき「**清浄無礙の光耀ほがらかにして**」とは、本鈔には特に解説はないが、三界流転の業用を切断した光明名号の徳用を述べていると解し得る。「行文類」行一念釈結嘆の「大悲の願船に乗じて光明の広海に浮びぬれば、至徳の風静かに、衆禍の波転ず。すなはち無明の闇を破〔す〕」（同上 五〇・一八九）がその風光をよく伝えているであろう。

そのとき同時に**「一如法界の真身あらはる」**即ち**「寂滅無為の一理をひそかに証す〔る〕」**と言われる。まず**「一如」**は『要集』に『摩訶止観』を引いて、「魔界の如、仏界の如、一如にして二如なし。平等一相なり〔中略〕魔界すなはち仏界なり」（『聖典全 一』一一五〇・『註七祖』一〇二八）とあり、続けて源信僧都の言葉として「魔界・仏界及び自他界同じく空なり無相なり。この諸法の無相これ即ち仏の真体なり。まさに知るべし、魔界即ちこれ仏身なり、また即ち我が身なり。理、無二なるが故に。しかるをもろもろの衆生妄想の夢未だ覚めず、一実の相をさとらずして、是非の想を生じて、五道に輪廻す」（同上 同頁）とあるように、諸法の無差別平等なる実相のことであり、われらが「衆生」の生を生きている限りは決して体得できない境位である。「証文類」冒頭に証果の徳相として「一如」が「真如」「実相」「無為法身」等とともに「滅度」「無上涅槃」と等置されていたこと（『聖典全 二』一三三・『註釈版』三〇七）を想起されたい。次に**「法界」**であるが、これは多義的な術語であり、「念仏正信偈」のこの箇所での意味の特定は難しいが、今は「一如」「真如」の異名と解しておく。(4) **「真身」**は応化身に対するもので、法身あるいは報身あるいは両者の総称である。従って**「真身顕る」**とは阿弥陀仏そのものがまさに顕現すること、弥陀同体の証を開くことである。「行文類」の両重因縁釈では、往生成仏のことを「報土の真身を得証す」と述べられてあった（同上 四九・一八七）。

要するに「**一如法界の真身顕る**」とは一切無差別平等の体得として弥陀同体の証を開くことであるから、存覚上人はこれを「**寂滅無為の一理をひそかに証す**」と解説される。「**寂滅**」は煩悩が滅尽すること、「**無為**」はもはや何事も造作されないこと、従って条件づけの連鎖としての無常の状態にはないということで、ともに涅槃の異名である。(5) つまり「**寂滅無為の一理**」を証するとはやはり弥陀同体の証を体得することに他ならない。但し、ここでは先述のように、このことを存覚上人は現益として述べようとされるので、「**ひそかに**」の一語が付け加えられてある。かつて第一問答において「**信心開発のとき、摂取の光益のなかにありて往生を証得しつる**」と言われていたが、それは信心開発とともに往生を遂げるということではなく、死後に得る往生の果の因を、現生での信一念に得るということであった。そこで右に続けて「**いのちをはるとき、ただそのさとりのあらはるるばかりなり**」（『聖典全 四』四八八・『註釈版』九六三）と言われたのであった。「**いのちをはるとき**」までは、その「**証得しつる**」「**往生**」は顕在化しなかったのである。そこで第三問答においても「**『即得往生 住不退転』といへる本意には、証得往生現生不退の密益をときあらはすなり**」（同上 四九八・九七三）と言われたのであった。今問題にしている句「**寂滅無為の一理をひそかに証す**」の「**ひそかに**」は、「**寂滅無為**」の涅槃を密益として得ることを指し示している。「涅槃の真因はただ信心をもつてす」（『聖典全 二』七九・『註釈版』二二九）、その信心を現生において獲得するのであるから、寂滅無為の真因は現生において獲得されるのである。真因を得た以上は必ずその果を獲得するに決定したのであるから、因を得た時点で果を獲得したも同然である。ただ、果の実際の獲得には然るべき時を待たねばならないので、それまでは、獲得したも同然という域から出ることはできず、つまりは単に**「ひそかに証す〔る〕」**という域にとどまるわけである。

このように、**「寂滅無為の一理をひそかに証す」**とはあくまでも涅槃という果の真因を得ているということであって、そのことは、果の一分なりとでも密かに実現しているということではない。先に、寂滅無為の涅槃を密益として得るとも述べたが、それもあくまでも涅槃の因を得た以上は当来にその果を得る（当益を得る）に決定したということであって、その得るに決定した涅槃は現生では毛一筋ほども実現されておらず、密かにも実現されてはいない。獲信の凡夫において仏の覚りが密かに証せられてあると見ることは滅度密益の異義であり、古来『真要鈔』のこの文をそのように誤解した説もあったようである。(6) この異義は概念の混同に基づく。即ち、当益を得たも同然であるということと、当益の一分なりともを密かに得ているということとを、混同しているのである。『真要鈔』の今の文は前者を言っているのであって、それは、当益の真因を得た以上は当来に必ずその益を得る身と定まったということにすぎない。

「寂滅無為の一理をひそかに証す」とは以上のような意味である。即ち寂滅無為を証したのではなくその真因を決得したのである。**「しかれども煩悩におほはれ業縛にさへられて、いまだその理をあらはさず」**この宿業に繋縛されたる身を生きている間は、いかに因を得たとはいえその果は毛一筋ほども実現せず、顕現しない。**「しかるにこの一生をすつるとき、このことわりのあらはるる」**しかしこの生涯を終えこの身を捨てるに至れば、直ちにその果が実現する。その**「ところをさして、**〔善導〕**和尚は、『この穢身を捨ててかの法性の常楽を証す』と釈したまへるなり」**と言われてある。利益を実際に得る、利益が顕現するのは、あくまでもこの穢身を捨てた後のことであり、つまりは涅槃は当益だということである。

註

（1）易行院法海師『略文類壬辰録』（『真宗大系　第十八巻』所収）二二一頁。なお、四句のうち第一句のみ現益とし、あとは当益とする解釈も可能であろうと思われる。

（2）『己卯録』一六〇頁、『略述』七〇頁、普賢晃壽師『真宗のすくい』一〇六頁。

（3）言うまでもないが、第四句の**「あらはる」**と存師の解説文中の**「あらはさず」**とは矛盾はしない。前者は言わば**「ひそかに」**あらはるることであって、つまり後者の**「あらはさず」**と同じことを言っている。言わずもがなのことであろうが念のため。

（4）「真如の妙理を一如とも法界とも言う。『浄土文類聚抄』の偈には『必至無上浄信暁　三有生死之雲晴　清浄無碍光耀朗　一如法界真身顕』とある。これは他力回向の信心を得れば命終の後浄土に往生して一如法界の妙理を明らかに悟ることを示されたものである」（岡村周薩『真宗大辞典』の「一如法界」の項）。

（5）「寂滅は即ちこれ無上涅槃なり」（『聖典全 二』一三三・『註釈版』三〇七）、「『涅槃』をば滅度といふ、無為といふ」（同上 七〇一・七〇九）。

（6）普賢晃壽師『真宗のすくい』一〇八～一〇九頁。『己卯録』（一六〇頁）はこの文に関し一益法門のように誤解させる可能性ありとの旨を述べ、『略述』（七一頁）も「一益の邪義に陥ることなかれ」と注記している。なお普賢師はこの「寂滅無為の一理をひそかに証すとなり」を、宗祖の「如来とひとし」を意味するものとして解釈され、次のように述べられる。「信心の行者は無上功徳の名号がめぐまれ、仏になるべき身に定まっているから、因の位において果を説いて、如来と等しいというのである。いま問題にしている『真要鈔』の文も、かかる点より解釈すべきであって、信心の行者には、一如法界の真身たる仏徳が、信心の徳として仏よりめぐまれているのであり（中略）その充足感を表白したことばである」（同書 一一〇～一一一頁）。

（D）無生の生としての往生

されば往生といへるも、生即無生のゆへに、実には不生不滅の義なり。これすなはち弥陀如来清浄本願の無生の生なるがゆへに、法性清浄畢竟無生なり。さればとて、この無生の道理をここにして、あながちにさとらんとはげめとにはあらず。無智の凡夫は法性無生のことわりをしらずといへども、ただ仏の名号をたもち往生をねがひて浄土にむまれぬれば、かの土はこれ無生のさかひなるがゆゑに、見生のまどひ、自然に滅して無生のさとりに

かなふなり。この義くはしくは曇鸞和尚の『註論』にみえたり。

（『聖典全 四』五一一・『註釈版』九八七）

前項を「**されば**」という語で承けている意味は、次のようなものであろう。前述のように信一念と同時に「**一如法界の真身あらはる**」のではあるけれども、「**この一生**」の間は「**煩悩におほはれ業縛にさへられて**」いるため一如法界は「**あらは**」とはならない。そのため「**一如法界の真身あらはる**」とはいっても、穢身主体にとってはそれは言葉の上だけのことであって、真身は全く顕現していないに等しい。即ち穢身主体は一分たりとも真如のさとりを証してはいない。以上が前段において述べられていたことであった。それを受けてこの項目冒頭の「**されば**」が来る。穢身のわれらにとっては、一分たりとも体験していない「**一如法界の真身**」「**寂滅無為の一理**」つまりは真如のさとりは、言葉でしかない。「**されば**」真如のさとりを証することと同時であるところの「**往生といへるも**」それと同様なのであって、一分たりとも体験していない「**往生**」もまた言葉でしかなく、だから「**往生**」をわれらは通常の「往く」「生まれる」の意味で ― この世での往来や誕生と類比的に ― 理解することしか、できないのである。しかしながら真宗義における往生が涅槃を得ることと一体である以上、そして涅槃においては一切は「**不生不滅**」たる以上、往生（浄土に往き生まれる、生まれ往く）とは言ってもそれは、われらがつい想像しがちであるような、この世に赤子が生まれてくるのと類比的な生まれ方なのではなくて、

「**生即無生**」の往生なのである。

生即無生の往生とは何か。以下三段落にわたり、『論註』で述べられていること（『聖典全 一』四五四・『註七祖』五四〜五五、「行文類」に所引、『聖典全 二』二七・『註釈版』一五七〜一五八）をもとに、敷衍して述べてみたい。凡夫は「実の衆生」があると思っている。この場合の「実の」とか「思っている」（原文では「謂ふ」）とかいった言葉の意味については議論の余地があるが[1]、今は単純に次のような事態として受け取っておくことにする。例えば私の場合なら、私という主体がこの世に生まれて「松尾宣昭」という名を与えられたのであり、この主体が「松尾宣昭の生涯」と呼ばれるところの生涯を送り、この主体がその生涯を終えて浄土に生まれる、などと思っている。しかし、そんなふうに三世を貫く一なる主体など実は存在しないのである[2]。にもかかわらず、そのような主体を私が思わず想定してしまっている証拠には、例えば前世の記憶がないから前世など信じられないとか、松尾としての身体が失われてしまうのだから来世など信じられないと考えることは話としては理解できる（不合理ではない）と、つい思ってしまうではないか。あるいは逆に、身体や記憶の連続性が失われても私の意識の同一性は残されて往生するのだとか、たとえ意識すら失われても私という同一性だけは保たれて私は浄土に往生するのだ、というように思っている人もあるだろう。そのいずれにしても三世を貫く同一的な何かをつい想定してしまっている。それは明らかに、今生の範囲では社会生活を営むために人間が本能的に仮設せずにはいられない責任主体なるものを、無自覚にも今生の範囲外にまで拡張してしまうからである。この思考習慣はかなり根深く、右のように理性的に反省することはできても、それによって日常生活の中で思いが湧いてくる仕方までが変革されることは、殆んどないように思われる。「前世」「来世」の言葉があるからそれによって分別を起し、「実の生死」ありと思ってしまい、今生の社会生活では放棄できない主体を、そこへと関わらせてしまうのである。

しかし凡夫であっても、理性的に考えるならば、身体は赤子時代のそれから激変して年齢・年月とともに絶えず変化しているため、連続（「相続」）しているとは言えても、同一的であるとは言えないことが分かる。いや、あなたにおいて生きているのは、死ぬまで「同じ」松尾の身体ではないかという反論は、責任主体（「松尾」）を身体に適用していること（「松尾の」身体、として）に気づいていない。記憶についても、空白あり、中断あり、内容も雑多極まりなく、とても同一的とは言えない。だから通常「記憶の同一性」と言われているのは、当然のことながら内容的な同一性ではなく、記憶された諸々の行為の主体の（時間軸を貫く）同一性であり、またそれらと記憶主体との同一性のことである。この種の同一性は明らかに記憶内容のどこを探してもなく、記憶の外部から記憶に加えられたものである（勿論そのつど既に常に無自覚に）。それによって諸々の内容が、同じ「私の」記憶として統合されている。精神活動をここでは記憶で代表させたが、いずれにしても、あるのは仏教的に言えば五蘊にわたる諸因縁の一時的和合(「穢土の仮名人」)であって、責任主体としての同一的「私」、「実の衆生」など存在しない。(3)(4) だからそのような衆生など「無生」、つまりそもそもこの世に生まれてきてもいないのだから、今後もどこにも生まれないのである。

しかし天親菩薩は浄土を「願生」されたではないか。主体としての同一的「私」など存在しないかぎらそんなものが生まれることもないというのなら、何が浄土に生まれるのか。曇鸞大師はこの疑問に「穢土の仮名人」が生まれる、と答えられた。即ち(自己同一的主体としての〈私〉ではなく)因縁生としての「私」が生まれるのである。確かに、それを曇鸞大師は「私」とは表記されていないけれども、天親菩薩は「我一心……願生安楽国」と言われたのだし、曇鸞大師も穢土の今の私と浄土に生まれるそれとは「決定して異なるを得ず」と言われている。ならば、それを因縁生としての「私」と言っても許されるはずである。因縁生としてのその「私」――曇鸞大師の言葉では「浄土の仮名人」――が今のこの私とどのように関係するかについては、「決定して一なるを得ず、決定して異なるを得ず」としか言えない。われらはつい、記憶の連続性を想定してしまうが、諸師は所謂「隔生即忘」を説かれている。(5) 身体の連続性は当然失われているし、記憶の連続性も無いとなれば、この私が浄土へ生まれるとはいかなることであるかは想像を絶する事柄だと言うしかない。(6) しかしそれはともかくとして、因縁生としての「私」であれば天親菩薩が「願生安楽国」と仰せられたように、浄土に生まれることができる。ただ、その「私」には三世を貫くような同一性は無く、決まった在り方がないので、やはり「無生」と言われる。この意味での「無生」の私が浄土を「願生」し、浄土に生まれる。かくて、浄土往生は「無生の生」と言われるのである。

以上、浄土往生が**「生即無生」**であるとはいかなることであるかを確認した。浄土往生はこのように無生の生、因縁生である**「ゆへに、実には不生不滅の義なり」**と言われる。一般的に「不生不滅」は諸法の実相、真如法性を意味し、(7)今の場合もこの一般的な意味であろう。というのも、天親菩薩の「願生」の謂う「生」とは無生の生であることを述べた『論註』の一段を宗祖は「行文類」で引文しているが、その箇所を註釈した『六要鈔』当該部において存覚上人は、曇鸞大師は「もとこれ四論の碩徳」であるから、「『中論』の〔不生不滅を筆頭とする〕八不の法門に依りてこの〔生即無生の〕釈あり」（『聖典全 四』一〇五〇・『真聖全 二』二四二）と注記されているからである。かくて浄土往生を願うとは不生不滅の真如とならんと願うことである。そして不生不滅（『論註』では「無生無滅」とも言い換えられているが）の真如となったのが、「衆生世間清浄」で言われる「衆生」（浄土の聖衆）であるということの意味である（『聖典全 一』四七一・『註七祖』七八〜七九）。浄土の清浄なる衆生（聖衆）は真如であるから、続いて**「これすなはち弥陀如来清浄本願の無生の生な〔り〕」**と言われる。明らかに『論註』の「彼の浄土はこれ阿弥陀仏の清浄本願の無生の生なり。三有虚妄の生の如きには非ざること」（同上 五〇四・一二三）を承けている。真如法性に完全に一致した清浄なる願心によって実現されたる「**無生の生**」の浄土往生であるので、右のように言われ、「**ゆへに、法性清浄畢竟無生なり**」と述べられる。

以上、浄土往生とは真如法性にかなった無生の生である道理が述べられたが、「**さればとて、この無生の道理をここにして、あながちにさとらんとはげめとにはあらず**」つまり生即無生の道理を此土において覚ることを勧めているのではない。それは凡愚には不可能である。[8] 凡愚は生即無生をせいぜい右のように知的に理解できるだけであって、それを一分たりとも体得することはできない。一分の体得もできないということは、言葉の上で分かるだけであって、実際には分かっていない、知らないということである。そこで「**無智の凡夫は法性無生のことわりをしらず**」と言われる。しかし「**しらずといへども、ただ仏の名号をたもち往生をねがひて浄土にむまれぬれば**」よいというのが、浄土諸師の立場であると言えよう。[9]「**かの土はこれ無生のさかひなるがゆへに**」浄土は真如法性にかなった境界であるから、その境界に往生すれば「**見生のまどひ、自然に滅して無生のさとりにかなふ**」のである。続く「**この義**」とはこの一段（D）全体で述べられている往生は無生の生であるという教義のことと受け取ることもできるが、ここではもっと限定して、無生の生の道理を覚らなくとも念仏往生すればその覚りは自然と実現するという教えのことを指すとしておく。それは「**くはしくは曇鸞和尚の『註論』にみえたり**」とあるように、『論註』の所謂「玄黄の幣《きぬ》」と「氷上燃火」の喩（『聖典全 一』五〇六・『註七祖』一二六）にて述べられている事柄である。

浄土往生は無生の生ではあるけれども、生即無生を覚らずとも執持名号によって往生させて頂き、自然と無生の理を体得せしめられるとの教説は、名号法の偉大さを際立たせる教えであり、よほど存覚上人の心を打ったのであろうか、『顕名鈔』においてはこの教えが角度を変えて二度までも取り上げられている（『聖典全 四』六五九・『真聖全 三』三四六〜三四七、及び、同上 六六五〜六六六・三五二）[10]。

註

（1）例えば動物にはこの種の「謂ふ」があるのだろうか。あると仮定すれば、ないと仮定する場合よりも仏教的には深い話ができると思うが、今は、ないと仮定して先に行くことにする。

（2）一貫した主体がないからといって前世も来世も無だというのは断見である。同一的主体は無いが、勿論ひとまとまりの業の流転（相続）はある。次の段落で述べる。

（3）現世と来世を貫く同一的責任主体が存在しないのなら「輪廻」は無意味となるではないか、というのが、和辻哲郎の「輪廻」批判であった。これが仏教の無我輪廻の原理に無理解であることから生じた見当外れの批判であることについては、拙論「『輪廻転生』考（一）」（『龍谷大学論集 第四六九号』）および「同（四）」（同上 第四八一号）を参照されたい。

（4）五蘊のうちの「色」に限定した現代的な譬えで説明するとすれば、次のように言えるかもしれない。この身体は粒子の集合であり、眼前の机も粒子の集合であり、それらは粒子として全く平等であって、ここからここまでが「机」の粒子、ここからここまでが「私の身体」の粒子という線引きは私が私の都合で（常に既に無意識に）行っている虚妄分別にすぎない。肉体の死と火葬という縁に触れたならば、この「肉体」として境界づけを施されていた粒子の集合は、今度は「煙」「水」「骨」などといった新たな境界づけを施されるに至るが、粒子の集合としては何も変わっておらず、不生不滅である。そこには、「私の」と区切られて動かない特別な粒子集合体など、最初から最後まで存在していない。以上は「色」に限定した譬えだが、「受想行識」についても、「色」の場合ほど単純な話にはならないだろうが、基本的には同様に理解できると思われる。なお当然のことながら、以上は単なる知的理解であって、そう理解したからとてくだんの虚妄分別が消滅するわけではない。つまりわれら凡愚は、「この私の身体」という境界線を常に既に無意識のうちに引いてしまっているという意味で、おのれを「実の衆生」とするスタンスからは臨終の一念に至るまで脱し得ないのである（涅槃の真因を頂いていなければ臨終の一念を経た後でも脱し得ずに輪廻することになる）。

（5）例えば法然聖人は「念仏大意」で「隔生即忘して、三千の塵点があひだ、六趣に輪廻せし」（『真聖全 四』二二九）と述べられ、覚如上人は『拾遺古徳伝絵詞』にて「生をあらためば隔生即忘のゆへに、さだめて仏法をわすれなん」（『聖典全 四』一二一・『真聖全 三』六七二）と言われ、存覚上人は『頸名鈔』にて「生をへだてぬればすなはちわすれぬ。〔中略〕生苦といふはむまるるときの苦なり。〔中略〕その苦痛によりて前生の事ことごとくわする」（同上 六三五～六三六・三二五～三二六）と説明されている。

（6）この世における記憶の断絶（記憶喪失）の多くの場合、喪失するのは主として個人史的思い出（エピソード記憶）であって、日本人なら日本語自体は覚えており（意味記憶）、また歯磨きの仕方や自転車の乗り方なども覚えている（手続き記憶）ことが多いが、複数生涯をまたぐ隔生即忘の場合は、それら全てが喪失すると想定する方が適当であろう。この世での記憶が一つも持っていけないのであれば、たとえ眼前に七宝樹林が現出しようとも、それを「七宝樹林」としてどのように認識できるのか。「七宝樹林」という言葉の記憶も、恐らく概念的記憶もなく、また認識の仕方もこの現世での人間的な仕方は記憶として保存されていないのだから、それは現世のわれらの想像を絶する仕方での認識となるより他はないであろう。

（7）『六要鈔』では「行文類」冒頭の「真如一実の功徳宝海」の「真如」を説明する中で『大乗起信論』の次の文が引かれてある。「いはゆる心性は、不生不滅なり。一切の諸法はただ妄念に依て、而も差別あり。もし心念を離るれば、即ち一切境界の相なし。この故に一切の法は本よりこのかた言説の相を離れ、名字の相を離れ、心縁の相を離る。畢竟平等にして変移あることなし。破壊すべからず。ただこれ一心なり。故に真如と名づく」（『聖典全 四』一〇三二～一〇三三・『真聖全 二』二二九）。

（8）『歩船鈔』に言われる。「我等無始曠劫より以来流来生死の間、久しく煩悩の為に纏縛せられて、不生不滅の観解を成じがたく、不来不去の正見に住し難し」（『聖典全 四』七六三・『真聖全 三』二二五）。

（9）この問題に関して表明的に論じられたのは曇鸞大師の他には道綽禅師である。『安楽集』の特に第二大門を参照。浄土の有相無相の問題、穢土の仮名人と浄土の仮名人の不一不異、無生の生の道理など、『論註』と殆んど同文の箇所も多く、曇鸞大師の教義がそのまま継承されている。

（10）更には、覚師または存師の述作とも推定されている『教行信証大意』（『聖典全 四』三六一・『註釈版』九五一

～九五二）でも大きく一段を取って述べられている。

（E）来迎「期すべからず」から来迎「あるべからず」への徹底

しかれば、ひとたび安養にいたりぬれば、ながく生滅去来等のまどひをはなる。そのまどひをひるがへしてさとりをひらかん一念のきざみには、実には来迎もあるべからずとなり。来迎あるべしといへるは方便の説なり。

（『聖典全　四』五二一・『註釈版』九八七）

先の（D）で見たように、生即無生を体得せずとも名号に摂在する功徳を頂いたならば、往生して自然と無生の理を体得するので、**「しかれば、ひとたび安養にいたりぬれば、ながく生滅去来等のまどひをはなる」**と言われる。**「生滅去来等のまどひ」**の言葉は諸注釈書の指摘する通り、『中論』の八不の法門、即ち不生不滅不去不来不断不常不一不異の教説が破ろうとしているところの、生滅去来断常一異の迷いを**「生滅去来等」**で代表させたフレーズであろう。生滅去来断常一異の迷いとは何かについては説明が難しいが、『随聞記』（八一頁）では通俗的に「凡夫の見なり。凡夫は生と滅との差別をみる。〔中略〕死んだとて泣くなり。生まれたとて喜ぶなり。みな迷なり」と解説されてある。『講録（下）』（六三頁）にも「死んだとて泣き生まれたとて喜ぶ、これみな迷の見なり」とある。「わが家族」「わが同朋」

等々、場合場合で違いはあっても、いずれにしても「われ」に関わる人だからこそ「死んだとて泣き、生まれたとて喜ぶ」のである。だが真如においては、「われならざるもの」との分別において造られる「われ」なるもの、だからまた「わがもの」など存在しないのであり、故に「わが子」「わが兄弟」等々、全て迷いの生の中での名称にすぎない。迷いの境界ではなく真如においては「わが子」などどこにもいない。真如においては、言い換えれば真実に即して言うならば、そもそも「われ（私）」など存在しないからである。これが体得できれば、その瞬間「生まれた」も「死んだ」も消滅するのである。ところが、「わが子」がいるとしか思えず、「わが身体」があるとしか思えず、そして極限状況に陥ったらこの「わが身体」のみを護ることに必死になるというあり方が止められない者、即ち私という者が存在しているとしか思えないのである。かくて私は往生成仏の瞬間まで、この迷いに纏縛されたままである。本文に書かれてあるように、**「ながく生滅去来等のまどひをはなる」**のはあくまでも**「ひとたび安養にいたりぬれば」**の話であることを見落としてはならない。

以上、注釈書の通俗的説明に乗って**「生滅」**の**「まどひ」**についての説明を試みたが、**「去来」**以下の迷いについても基本的には同様に説明できると思う。『真要鈔』がこれらの迷いに言及したのは、**「去来」**は迷いであるから真如の覚りを開く一念において来迎はあり得ないと述べるためである。真宗義においては、先ほどの**「安養にいたりぬる」**時と、**「さとりをひらかん一念のきざみ」**とは同時である。そして**「さとり」**においては迷いの**「去来」**など、あり得ないのであった。また真宗義においては、さとりをひらかん一念とは「臨終一念の夕」である。以上より、臨終一念に来迎はないということが帰結する。かくて**「さとりをひらかん一念のきざみには、実には来迎もあるべからずとなり」**と述べられることになる。

要するに、「来」は迷いに属するから、覚りを開く臨終一念に「来」は**「あるべからず」**〔あり得ない〕という論証である。これは来迎説への反駁というよりは寧ろ、真宗不来迎義を徹底する議論と言うべきであろう。第七問答の最後の講読中でも述べたように、そもそも来迎説は、臨終一念の少し手前の、ところで来迎ありと言っているだけであって、覚りの瞬間に来迎はあり得ないという右の論理まで否定しようとするものではないからである。従って今の議論は来迎説への新種の反駁にはなり得ていないし、そもそもそんなことをする必要もない。真宗義から来迎説を排除する議論としては、臨終の少し手前で来迎があったとしても、真実信心の行人には、臨終一念と同時にそれが迷いの相にすぎなかったことが判明するから、来迎を期待する必要は全くない（来迎「あるべからず」ではなく「期すべからず」）という趣旨の議論で尽きていると言ってよく、それは第一問答（D）において、宗祖聖人の**「真実信心の行人は**〔中略〕**正定聚に住するがゆへにかならず滅度にいたる。滅度にいたるがゆへに大涅槃を証するなり。かるがゆへに臨終まつことなし、来迎たのむことなし」**の文を引用しつつ**「これらの釈にまかせば、**

真実信心のひと、一向専念のともがら、臨終をまつべからず、来迎を期すべからず」と結ばれた一段などにおいて、既に果たされているのである。

そういうわけで、来迎説への論駁、来迎説の真宗義からの排除は、既に完了しているのであって、新たに行う必要はない。それではこの箇所では何が行われているのかというと、それが、真宗義においては来迎「期すべからず」から更に来迎「あるべからず」にまで徹底され得るという、不来迎義の深化徹底なのである。言い換えるなら、第一問答以来の議論において示された大筋は、真宗義では信一念と同時に住正定聚不退転となるから、（往生即成仏の一歩手前での）来迎による往生の保証など期待する必要はない、ということであったのに対し、ここ第十問答では更に徹底して、真宗義では往生即成仏、成仏は真如との一致、真如にはそもそも去来は無し、だから来迎もなし、よって真宗義では臨終来迎の余地なし、という議論が展開されている ― ということである。来迎「期すべからず」から「あるべからず」への徹底である。(2)

先に進もう。先ほどの「**さとりをひらかん一念のきざみには、実には来迎もあるべからずとなり**」にすぐ続けて「**来迎あるべしといへるは方便の説なり**」と来ている。ここで「**方便の説なり**」と言われているのは、先ほども述べたように「さとりをひらかん一念のきざみに来迎あるべし」という説なのではない。そんな説はそもそも存在したことがない（と思う）。ここはどうしても、「往生する直前に来迎あるべし」という説でなければならない。つまりは通常の来迎説である。

どんな機類に対する方便説かを正しく理解する必要がある。今の文脈の直前に生即無生の議論があった。往生は無生である道理を理解できなくともいい、**「無智の凡夫は法性無生のことわりをしらずといへども、ただ仏の名号をたもち往生をねがひて浄土にむまれぬれば」**自然と無生が体得できる、だから往生の生を実の生と見ても差し支えない、と言われていた。それならばと来迎にも同じ論理を適用して、真如では不去不来ゆえに来迎もあり得ないという道理を理解できなくともいい、だから方便説を受け入れて来迎ありと期待しても差支えない、**「ただ仏の名号をたもち往生をねがひて浄土にむまれぬれば」**来迎という迷いも自然と滅してくれる ― こう言って何が悪いのかということにもなりかねない。しかしこれは真宗義より来迎説を排除した論理から言って、当然許されないことである。

そのようなわけで、ここで**「来迎あるべしといへるは方便の説なり」**とあるのは、誰に対する方便なのかということを押さえておく必要がある。ここはやはり、『真要鈔』のこれまでにおいて説かれてきた事柄、即ち来迎が誓われているのは第十九願のみであり第十九願は方便の願であるという根本の文脈を前提して読まれなければならない。即ち来迎説はあくまでも自力の機に対する権仮方便なのである。実際このことは、この問答の最後に近い箇所にて明言されるに至る。

註

（1）拙論「阿闍世王への釈尊の『涅槃経』説法について」（『龍谷大学論集　第四七八号』）六〇～六二頁参照。なお、如来にとっては一切衆生が「わが子」であるとの趣旨の記述が聖教の随所に見えるが、如来の「われ」（傍点部）は今問題にしている「われならざるもの」との分別においてある「われ」なるものではないことに注意しなければならない。われら衆生が「わが子」と言う場合その「わが子」は、「人の子」との分別、さらには「われ」と「子」との分別においてある「わが子」に過ぎないのに対し、如来が一切衆生を「わが子」と見そなはす場合は、「人の子」など存在しないし、「われ」と「子」との分別も存在しない。われ（如来）＝一切衆生である。

（2）本文で述べた真宗義の論理から「来迎あるべからず」が帰結するということであって、その論理を外して、来迎という現象などあるはずがないと言っているのではないことに注意して頂きたい。例えば宗祖は来迎という非科学的迷信を否定されたなどという言説をここから引き出すことはできない。当該議論によれば来迎は真如には属さず、迷いの世界の出来事にすぎないわけだが、これは来迎はいわゆる（現代でいう）迷信的現象だということではない。真如には生滅（誰かが生まれたり死んだりすること）もなければ去来（何かが来たったり去ったりすること）もない、「来」がないから来迎もない、これに対し生滅あり去来ありと見てしまうのは迷いの眼差しである、だから来迎ありと見るのは迷いである、というのがここでの論理である。真如の世界にあっては、例えば車が来ることもなければ、新年が来ることもない、車がやって来たり新年が来たりするのは「車」「新年」云々の分別が止まない迷いの境界（まさにわれらが現に生きているこの世界）

においてである。だから来迎は迷いの世界に属するというのは、バスがやって来ることなどない、夏休みがやって来ることなどないというのと同じ資格で来迎もないということなのであって、来迎など所謂迷信でしかないということとは違う。われらはバスがやって来たり、夏休みがやって来たりすることを迷信だとは全く思っていないはずである。

(F) 善導大師『法事讃』の讃文

このゆへに高祖善導和尚の解釈にも、「弥陀如来は娑婆にきたりたまふ」とみえたるところもあり、また「浄土をうごきたまはず」とみえたる釈もあり。しかれども当流のこころにては、「きたる」といへるはみな方便なりとこころうべし。『法事讃』にいはく、「一坐無移亦不動。徹窮後際放身光。霊儀相好真金色。巍々独坐度衆生」といへり。こころは、「ひとたび坐してうつることなくまたうごきたまはず。後際を徹窮して身光をはなつ。霊儀の相好真金色なり。巍々としてひとり坐して衆生を度したまふ」となり。この文のごとくならば、ひとたび正覚をなりたまひしよりこのかた、まことの報身はうごきたまふことなし。ただ浄土に坐してひかりを十方にはなちて摂取の益をおこしたまふとみえたり。

(『聖典全 四』五一一~五一二・『註釈版』九八七~九八八)

先に、「来」は迷いの世界に属する現象であるから臨終即往生即成仏である他力の行者においては

「来」はあり得ず、だから臨終来迎もあり得ない、来迎が説かれているのは自力の行者のための方便としてである、と述べられていた。このように来迎なしとの説と、来迎ありとの説との二種類が混在しているのは、聖教には真実と方便とが共存しているからである。それを受けて「このゆへに」とある。それだから「高祖善導和尚の解釈にも、『弥陀如来は娑婆にきたりたまふ』とみえたるところもあり、また『浄土をうごきたまはず』とみえたる釈もあり」と言われる。『真要鈔』のこの述べ方だと、善導大師の釈では「来迎」と「不動」とが同じ程度に出されてあるように感じられるかもしれないが、実際のところは「来迎」が圧倒的に多い。「来迎」に類する言葉は善導著作の中で三十箇所を超えるのに対し、「不動」の方は本鈔のすぐ後の箇所で引用される『法事讃』の文を含めて五箇所程度にすぎない。もっともこのような頻度数は大した問題ではない。次に「しかれども」とあるからである。善導当面においてどれほど「来迎」の言葉に比重があろうとも ― という流れで読んだとしても次の文にスムースに繋がる ― 「しかれども当流のこころにては、『きたる』といへるはみな方便なりとこころうべし」である。善導当面がどうであれ、来迎義は方便説だというのが、他力回向の信心の念仏者においては臨終即往生即成仏であるという「当流のこころ」から見た場合の、判決である。親鸞聖人の流れを汲むわれらは、そのような視座より善導大師の御文をも頂くということである。

そこで次に、方便ならざる真実において弥陀の不動を述べた文として解釈可能と見られる『法事讃』巻下の文が引用される。「『法事讃』にいはく、『一坐無移亦不動。徹窮後際放身光。霊儀相好真金色。巍々独坐度衆生』といへり」。続いて訓読。「ひとたび坐してうつることなく、またうごきたまはず。後際を徹窮して身光をはなつ。霊儀の相好真金色なり。巍々としてひとり坐して衆生を度したまふ」（『聖典全 二』八四〇・『註七祖』五六〇）。周知のように『法事讃』巻下では『阿弥陀経』全文が十七段に区分され、一段ごとに経文と讃文とが示されてあるが、右の引文は『阿弥陀経』の阿弥陀仏の光寿無量について述べられた文（「舎利弗 於汝意云何 彼仏何故号阿弥陀」以下の経文）に付された讃文の一部である。「ひとたび坐してうつることなく、またうごきたまはず」阿弥陀仏は一たび正覚の座につかれて以来、そこから移ることも動かれることもない。「後際を徹窮して身光をはなつ」後際とは未来のことであるから、未来にも徹し未来をも窮めて身より光を放たれる。言い換えれば過去現在のみならず未来の一切衆生をも摂取の心光で包まれる。「霊儀の相好真金色なり」その霊妙なる容儀（神秘的な尊さに彩られた御姿）の相好は真金色、無量の光明である。「巍々としてひとり坐して衆生を度したまふ」気高く広大なる御姿で、ただお一人で正覚の座において衆生を済度されている。「この文のごとくならば、ひとたび正覚をなりたまひしよりこのかた、まことの報身はうごきたまふことなし」この文の通りであるなら、弥陀が十劫の昔に一たび正覚を取られて以来、弥陀の真実の報身は全く動かれることはなかった、と知れる。即ち「ただ浄土に坐してひかりを十方にはなちて摂取の益をおこしたまふとみえたり」浄土に坐したまま動かれず、ただ御身より光を十方世界に放たれて、念仏衆生摂取不捨の利益をお与えになるものと見える。

当該文中の「不動」に善導大師が、果たして本鈔の意図するところの真如の相としての不去不来を含意せしめられたか否かについては議論の余地あるところではあるかもしれないが、ともかく存覚上人は以上のように述べられる。

(G) 善無畏法師の文

おほよそしりぞいて他宗のこころをうかがふにも、まことにきたると執するならば、大乗甚深の義にはかなひがたきをや。されば真言の祖師善無畏三蔵の解釈にも、弥陀の真身の相を釈すとして、「理智不二名弥陀身、不従他方来迎引接」といへり。こころは「法身の理性と報身の智品と、このふたつきはまりてひとつなるところを弥陀仏となづく。他方より来迎引接せず」となり。真実報身の体は来迎の義なしとみえたり。

(『聖典全 四』五一二・『註釈版』九八八)

「**おほよそしりぞいて他宗のこころをうかがふにも**」そもそも浄土の教えから退いて他宗の教義をうかがってみても、「**まことにきたると執するならば**」方便としてではなく実として来迎があると固執するならば、それは「**大乗甚深の義にはかなひがたきをや**」甚だ深い大乗の教理に相応し難いこととなるのではないか、と存覚上人は言う。そして**「されば」**として、その大乗甚深の義に則って弥陀仏身について述べられた**「真言の祖師善無畏三蔵の解釈」**を引用されている。

善無畏は七世紀インド生まれの三蔵法師で、真言宗の祖師の一人である。(1) その善無畏法師は**「弥陀の真身の相を釈す」**阿弥陀仏の真身の相を解釈するとして、**「理智不二名弥陀身、不従他方来迎引接」**理智不二なるを弥陀身と名づく、他方より来迎して引接せず、と述べられている。(2) その意味は、**「法身の理性と報身の智品と、このふたつきはまりてひとつなるところを弥陀仏となづく。他方より来迎引接せず」**ということである。法身の体であるところの理が**「法身の理性」**(「性」は「理」とほぼ同義)、報身の体であるところの智が**「報身の智品」**と言われている。前者は証さるるもの、後者は証するものであるが、所証の理と能証の智という**「このふたつ」**は**「きはまりて」**究極的には**「ひとつなる」**則ち不二である。そしてこの理智不二の**「ところを弥陀仏となづく」**のだと述べられる。理は法界に遍しているから理智不二なるものとしての弥陀真身も法界に遍している。『一念多念文意』の言葉で言うなら「十方微塵世界にみちみちたまへる」如来である。法界に遍満せる如来であるから去来の差別はない。よって**「他方より来迎引接せず」「真実報身の体は来迎の義なしとみえたり」**と言われることになる。

以上、善無畏法師の文を援用し、先の善導大師の**「まことの報身はうごきたまふことなし」**の文が助顕されたわけである。

註

（1）六三七〜七三五年。東インドの烏荼国《うだ》（現在のオリッサ州）生まれ。サンスクリット名をシュバカラシンハ Śubhakarasiṃha（戌婆掲羅僧訶、輪波迦羅）と言い、浄師子と訳す。善無畏はその意訳。十三歳で王位継職するが、まもなく出家、マガダ国ナーランダ僧院にて達磨鞠多（Dharmagupta ダルマグプタ）について密教の奥義をきわめた。師の命によって、中央アジアから天山北路を通って七一六年（開元四年）長安に到る。玄宗の帰依を受け訳業に従事、『大日経』他、訳書は二五部四五巻に及んだ。伝記は『宋高僧伝 巻第二』（『大正蔵 第五十巻』七一四〜七一六頁）、『仏祖統紀 巻第二十九』（『大正蔵 第四十九巻』二九六頁）等に記載。

（2）出典はどの注釈書を見ても不詳とあるか、記載なし。

（H）来迎は不定の利益

自力不真実の行人は、第十九の願にちかひましますところの「修諸功徳乃至現其人前」の文をたのみて、のぞみを極楽にかく。しかれどももとより諸善は本願にあらず、浄土の生因にあらざるがゆへに、報土の往生をとげず。もしとぐるも、これ胎生辺地の往生なり。この機のためには臨終を期し来迎をたのむべしとみえたり。これみな方便なり。されば願文の「仮令」の句は、現其人前も一定の益にあらざることをときあらはすことばなり。この機は聖衆の来迎にあづからず。臨終正念ならずしては辺地胎生の往生もなほ不定なるべし。しかれば、本願にあらざる不定の辺地の往生を執せんよりは、仏の本願に順じて臨終を期せず来迎をたのまずとも、一念の信心さだ

まれば平生に決定往生の業を成就する念仏往生の願に帰して、如来の他力をたのみ、かならず真実報土の往生をとぐべきなり。

（『聖典全 四』五一二〜五一三・『註釈版』九八八〜九八九）

「自力不真実の行人」とあるからといって、少なくともここでは、他方において自力真実の行人がいると想定されているわけではないであろう。そもそも「一切の群生海、無始よりこのかた乃至今日今時に至るまで、穢悪汚染にして清浄の心なし、虚仮諂偽にして真実の心なし」（『聖典全 二』八〇・『註釈版』二三一）という宗祖の洞察からすれば、自力の行者は全て不真実である。これら他力回向の第十八願の真実信心を頂かない行者は、**「第十九の願にちかひましますところの修諸功徳」**諸々の功徳を修すれば臨終の時に浄土の聖衆と阿弥陀仏が**「現其人前」**その人の前に現れるという第十九願の文を**「たのみて」**あてにして、**「のぞみを極楽にかく」**極楽往生に望みを懸けている。**「しかれどももともと諸善は本願にあらず、浄土の生因にあらざるがゆゑに、報土の往生をとげず」**けれどもそもそも諸善万行によって往生を志すことは、これまで何度も見てきたように、第十八願所誓の事柄ではない。第十八願の上では諸行は浄土往生の因ではない。それ故、第十八願の行信を頂かない自力の行者は真実報土の往生をとげることはない、**「もしとぐるも、これ胎生辺地の往生なり」**遂げるとしても辺地往生であり、化土への胎生であると言われる。**「この機のためには臨終を期し来迎をたのむべしとみえたり」**臨終来迎をあてにするのはこうした自力不真実の機に対してなのだ、というわけである。従って**「これみな」**他力真実へと誘引せんがための**「方便なり」**と言われる。

続く**「されば」**は前後の内容より見て、既述の事柄からの帰結を示しているのではなく、ここでは「先行の事柄から話題を転じたり、新しく事柄を説き起こしたりする時に用いる」（『日本国語大辞典』）言葉であって、「そもそも」とか「いったい」といったほどの意味として受け取る方がよいように思われる。**「されば願文の『仮令』の句は、現其人前も一定の益にあらざることを説きあらはすことばなり」**そもそも第十九願文に、臨終の時に私（阿弥陀仏）が**「仮令《たとひ》」「現其人前《その人の前に現れ》」**ないことがあれば私は覚りを開かないと誓われているその「仮令」という言葉使いからもうかがえる。「仮令」には「仮に」「例えば」「およそ、大概」「偶然、さいわい、都合よく」といった語義があるが（『日本国語大辞典』）、そのいずれにしても、あったりなかったりするというニュアンスを伴う。かくて阿弥陀仏の**「現其人前《その人の前に出現》」**ということも**「一定の益にあらざること」**がこの**「『仮令』の句」**によって**「ときあらは」**されているのだ、と存覚上人は述べる。[1] このように臨終来迎は不定の益であるから、いくら期待しても来迎がないという事態も起り得ることとなる。そこで**「この機は聖衆の来迎にあづからず、臨終正念ならずしては辺地胎生の往生もなほ不定なるべし」**[2]と言われる。もし来迎にあづかることなく、従って臨終に正念にならずしては、辺地胎宮の往生でさえもおぼつかないものとなる筈だ、というわけである。

『随聞記』（八三頁）は「臨終正念なれば来迎あり。正念ならざれば来迎なし」と言い、『講録(下)』（七〇頁）もその見方のようであるが、これは逆ではないか。『己卯録』（一四八、一七五頁）は正念となった者に来迎があるのではなく来迎の力を借りてようやく正念となる、という見方を取っているが、こちらの方が少なくとも法然聖人の説法[3]と一致している。もっとも宗祖義を来迎「期すべからず」から「あるべからず」にまで徹底させた存覚上人に言わせるなら、たとえ法然聖人の説法と一致していようがいまいが、来迎などあるのは自力の行者に他ならない、ということになるのかもしれないが。いずれにしても、本鈔の今のところで問題となっているのはいかなる業繫も障りとはならない他力念仏者ではなく、それぞれの業繫をもった自力行者の場合であるから、それぞれの業縁に応じて来迎はあったりなかったりする。来迎がない場合には臨終正念もなく、辺地往生もない、というわけである。

かくて存覚上人は、**「しかれば、本願にあらざる不定の辺地の往生を執せんよりは」**第十八願に誓われてもいない化土往生に執着するよりは、**「仏の本願に順じて臨終を期せず来迎をたのまずとも、一念の信心さだまれば平生に決定往生の業を成就する念仏往生の願に帰して」**臨終来迎をあてにせずとも平生での信一念に往生の業が成就する第十八願の念仏往生の願に帰依信順して、**「如来の他力をたのみ、かならず真実報土の往生をとぐべきなり」**と勧められるのである。

註

（1）後に成立した『口伝鈔』ではこれについて次のように述べられてある。「第十九の願文にも、『現其人前者』のうへに『仮令不与』と等おかれたり。『仮令』の二字をばたとひとよむべきなり。たとひといふは、あらましなり。〔中略〕もしさもありぬべくはといへるこころなり」（『聖典全 四』二八三～二八四・『註釈版』九一二）。

（2）『聖典全 四』および『註釈版』では「来迎にあずからず。臨終正念ならずしては」となっているが、『真聖全 三』の読み方に従って「来迎にあずからず、臨終正念ならずしては」に変更する。言うまでもないが底本原書にはもともと句読点はない。

（3）複数あるが、以前に引用したものとは別の説法を一つだけ挙げておく。「いきのたえん時は、阿弥陀ほとけのちからにて、正念になりて往生をし候べし。臨終は〔中略〕三種の愛心おこり候ひぬれば、魔縁たよりをえて、正念をうしなひ候也。〔中略〕いのちおはらんとする時、阿弥陀ほとけ聖衆とともに、目のまへにきたり給ひたらんを、まづ見まいらせてのちに、心は顛倒せずして、極楽にむまるべしとこそ心えて候へ。〔中略〕臨終には阿弥陀ほとけの来迎にあづかりて、三種の愛をのぞき、正念になされまいらせて、極楽にむまれんとおぼしめすべく候」（『真聖全 四』七七一～七七二）。

第十三節　第十一問答 ― 諸行の果としての化土往生

この問答では、前問答において諸行往生を化土往生と断じた経証が問われる。答は『大経』下巻の胎化段である。この問答を含めた以下三問答は、いずれも胎化得失をテーマとする。

問ていはく、諸行の往生をもて辺地の往生といふこと、いづれの文証によりてこころうべきぞや。こたへていはく、『大経』のなかに胎生・化生の二種の往生をとくとき、「あきらかに仏智を信ずるものは化生し、仏智を疑惑して善本を修習するものは胎生する」義をとけり。しかれば、「あきらかに仏智を信ずるもの」といふは第十八の願の機、これ至心信楽の行者なり。その「化生」といふはすなはち報土の往生なり。つぎに「仏智を疑惑して善本を修習するもの」といふは、第十九の願の機、修諸功徳の行人なり。その「胎生」といへるはすなはち辺地なり。この文によりてこころうるに、諸行の往生は胎生なるべしとみえたり。されば十八の願に帰して念仏を行じ仏智を信ずるものは、得生の益にあづかりて報土に化生し、十九の願をたのみて諸行を修するひとは、来迎の益を得て化土に胎生すべし。「化土」といふはすなはち辺地なり。

（『聖典全　四』五一三～五一四・『註釈版』九八九～九九〇）

問の内容は既に述べたので、直ちに答を見よう。『大経』下巻の胎化段に「『あきらかに仏智を信ずるものは化生し、仏智を疑惑して善本を修習するものは胎生する』義」が説かれてある。「『あきらかに仏智を信ずるもの』といふは第十八の願の機」である、即ち「至心信楽の行者」であり、つまり他力回向の真実信心を頂いて念仏する行者である。この他力の行者は「化生す」と言われる。「その『化生』といふはすなはち報土の往生なり」弥陀の真仏土へ往生するのである。これに対し、「『仏智を疑惑して善本を修習するもの』といふは、第十九の願の機」である、即ち「修諸功徳の行人」であり、つまり他力信を頂かず、(自力念仏をも含めて)自力で諸行を修する人である。この自力の行者は「胎生する」と言われる。「その『胎生』といへるはすなはち辺地〔の往生〕なり」浄土の辺地と言われる弥陀の化土へ往生するのである。なお、所引の『大経』胎化段の経文は「化身土文類」要門釈にて引用されている(『聖典全 二』一八五・『註釈版』三七七~三七八)と同時に、『三経往生文類』では第二十願成就文としても引用されている(『聖典全 二』五九三~五九四・『註釈版』六三六~六三七)。従って、自力念仏(要門真門にかかわらず)を含めた諸行往生は、等しくこの『大経』胎化段で説かれるところの化土への胎生だということである。そこで「この文によりてこころうるに、諸行の往生は胎生なるべしとみえたり」と言われる。以上まとめるなら、「されば十八の願に帰して念仏を行じ仏智を信ずるものは、得生の益にあづかりて報土に化生し、十九の願をたのみて諸行を修するひとは、来迎の益を得て化土に胎生すべし」となる。

本講読ではこれまでしばしば「化土」の語を使用してきたので、当該本文の最後に**『化土』といふはすなはち辺地なり」**とあるのは今さらながらのように思えるかもしれないが、『真要鈔』本文の「化土」の語はここが初出であるため、このような語注がついている。また『真要鈔』では化土を言い表すのに「辺地」の語のみが使われ、「疑城」「胎宮」「懈慢界」の語は使われていない。[1]

註

（1）宗祖におけるこれらの語の使われ方には問うべき点もないことはないが、基本は「仮の仏土の業因千差なれば、土もまた千差なるべし」（『聖典全 二』一八〇・『註釈版』三七二）であろう。

第十四節　第十二問答 ― 胎生・化生の相

この問答では胎生の相、化生の相はどのようなものかが問われ、『大経』当該箇所の引用でもって答えられている。

問ていはく、いかなるをか「胎生」といひ、いかなるをか「化生」となづくるや。

こたへていはく、おなじき『経』に、まづ胎生の相をとくとしては、「生彼宮殿寿五百歳、常不見仏、不聞経法、不見菩薩・声聞聖衆。是故於彼国土謂之胎生」といへり。こころは、「かの極楽の宮殿にむまれていのち五百歳のあひだ、つねに仏をみたてまつらず、経法をきかず、菩薩・声聞聖衆をみず。このゆへに、かの国土にをいてこれを胎生といふなり」。これ疑惑のものの生ずるところなり。つぎに化生の相をとくとしては、「於七宝華中自然化生、跏趺而坐。須臾之頃身相・光明・智慧・功徳、如諸菩薩具足成就」といへり。こころは、「七宝のはなのなかにをいて自然に化生し、跏趺してしかも坐す。須臾のあひだに身相・光明・智慧・功徳、もろもろの菩薩のごとくして具足し成就す」となり。これ仏智を信ずるものの生ずるところなり。

（『聖典全 四』五一四～五一五・『註釈版』九九〇～九九一）

どのような往生を**「胎生」**というのかとの問に対して、『大経』の文**「生彼宮殿寿五百歳」**以下（『聖典全二』六六・『註釈版』七七）が引かれ、次でこの経文の**「こころは」**としてその意味内容が述べられるが、ほぼ訓読通りである。即ち**「かの極楽の宮殿にむまれていのち五百歳のあひだ、つねに仏をみたてまつらず、経法をきかず、菩薩・声聞聖衆をみず。このゆへに、かの国土にをいてこれを胎生といふなり」**。右の傍点部以外は訓読文に等しい。浄土の仏菩薩を始めとする聖衆に一切まみえることなく、教法を聞くこともない、そうした暗い世界にとどまっていることが、胎内でひたすら眠りこける胎児の有り方に比せられるので、比喩的に**「胎生」**と言われる（次の第十三問答で述べられる）。もともと「胎生」「化生」は『倶舎論』等に述べられる「四生」[1]に包摂される概念であるが、弥陀報土の胎生化生にはその意味はない。[2]なお胎生の土は先の第十一問答で言われたように**「疑惑のものの生ずるところ」**である。

他方、**「化生」**については、同様に『大経』の文**「於七宝華中自然化生」**以下（『聖典全 一』六六・『註釈版』七七）が引かれ、この経文の**「こころは」**としてやはり訓読文が示される。即ち**「七宝のはなのなかにをいて自然に化生し、跏趺してしかも坐す。須臾のあひだに身相・光明・智慧・功徳、もろもろの菩薩のごとくして具足し成就す」**、つまり蓮華中に自ずと化生して両足を組んで坐り、その姿も光明も智慧も功徳も、瞬く間に浄土の菩薩と同じように完全に具わるということである。前問答で既に言われたように**「これ仏智を信ずるものの生ずるところ」**である。

註

（1）『増一阿含経』や『倶舎論』では迷界の衆生の生まれる様態として胎生・卵生・湿生・化生の四種が説かれ、「四生」と言われる。胎生は母の胎内から、卵生は卵から、湿生は湿気によって生まれること（例えばボウフラ等）、化生は天界や地獄の衆生のように忽然と生じることを言う。

（2）真実報土の往生の因を得ると同時に「生としてまさに受くべき生なし。〔中略〕すでに六趣・四生、因亡じ果滅す」（『聖典全 二』九七・『註釈版』二五五）と言われる。方便化土の胎生も、方便化土が報土中の化土であること ― 「真仮〔＝真仏土・仮仏土〕みなこれ大悲の願海に酬報せり。故に知んぬ報仏土なりということを」（『聖典全 二』一八〇・『註釈版』三七二）― をかんがみれば、四生中の胎生でないことは明らかである。なお、化土が報中の化であるとは、疑城胎宮への胎生も実は化生の一種であることを意味する。つまり報土往生一般の場合の広義の化生と、真実報土への往生の場合の狭義の化生があって、後者の対概念が化土への胎生であり、この化土への胎生は広義の化生に包括されるということである。このことは実質的に、次の問答で引用される『略論安楽浄土義』で述べられている（「安楽国は一向に化生なるが故なり。故に知る、実の胎生に非ざることを」『聖典全 二』五五九）。宗祖は『大経』三輩段を第十九願（化土往生が誓われてある願）の成就文と見られているが（同上 一八四・三七六）、その中に「七宝の華の中より自然に化生して」（『聖典全 一』四三・『註釈版』四二）とあるのは、広義の化生のこととなる。

第十五節　第十三問答 ― 化土往生の失

この問答では、（A）なぜ胎生は辺地の往生だと見るべきなのかが問われ、『略論安楽浄土義』に同じ境界を辺地とも胎生とも名づけると言われており、両者はその境界の二つの側面を言い表した名称である旨が示される。問答は実質的にはそこで終わっており、（B）残り三分の二は、化土往生を戒め真実報土の往生を強く勧める内容となっている。

(A)『略論安楽浄土義』の文

問ていはく、なにによりてか、いまいふところの胎生をもてすなはち辺地とこころうべきや。こたへていはく、「胎生」といひ「辺地」といへる、そのことばことなれども別にあらず。『略論』のなかに、いまひくところの『大経』の文をいだして、これを結するに「謂之辺地亦曰胎生」といへり。「かくのごとく宮殿のなかに処するをもて、これを辺地ともいひ、または胎生ともなづく」となり。またおなじき釈のなかに「辺言其難胎言其闇」といへり。こころは、「辺はその難をいひ、胎はその闇をいふ」となり。これすなはち報土のうちにあらずして、そのかたはらなる義をもては辺地といふ。これその難をあらはすことばなり。また仏をみたてまつらず法をきかざる義については胎生といふ。これそのくらきことをいへる名なりといふなり。

(『聖典全 四』五一五・『註釈版』九九一)

問と答の概略は先に見た。胎生を辺地往生と見るべき理由は**「胎生といひ辺地といへる、そのことばことなれども別にあらず」**だからである。存覚上人は曇鸞大師述と言われる『略論安楽浄土義』(宗祖は御覧になっていない)における**「いまひくところの『大経』の文をいだして」**いる箇所に注意を促す。その『大経』の文とは前問答で引かれた、仏智疑惑者は化土に生まれて寿「五百歳、つねに仏をみたてまつらず、経法をきかず、菩薩・声聞の聖衆をみず」の文である。『略論』ではこの経文を**「結するに**

『謂之辺地亦曰胎生』といへり」、即ち『略論』は右の経文を結んだ後この土のことを「**辺地ともいひ、または胎生ともなづく〔曰ふ〕**」と述べている（『聖典全　一』五五九・『真聖全　一』三七〇）。このように「辺地」と「胎生」は同じ境界を指す。このことはそもそも『大経』当面でも既に明らかなのであるが[1]、ここで『略論』が依用されているのは、「辺地」「胎生」の意味の違いを述べているのが『略論』だからであろう。

このように「**辺地**」と「**胎生**」は同じ対象を指すが、意味内容の違いはある。それを説明して「**またおなじき釈**（＝『略論』）**のなかに『辺言其難胎言其闇』といへり**」と述べ、訓読して「**辺はその難をいひ、胎はその闇をいふ**」と示される。まず「**辺**」についてであるが、「**報土のうちにあらずして、そのかたはらなる義をもては辺地といふ**」とある。「**報土のうちにあらず**」とは、辺地が報中の化土であること（前問答の註（2）参照）の否定ではなく、報土の中央から離れた辺境にあるということであり、報土の境界を形成している主体のあり方を共有できていないことを暗示した言葉である。そこでこの「**辺**」の字は辺地の「**難をあらはすことばなり**」と言われる。五百年間三宝を拝見しない、三宝の真の姿と疎遠であるという難点があるということである。『略論』では「辺地とは、言ふこころは、その五百歳の中に三宝を見聞したてまつらず。義、辺地の難に同じく、或いはまた、安楽国土において最もその辺にあり」（『聖典全　一』五五九・『真聖全　一』三七〇）と説明されてある。

次に「胎生」の「胎」についてであるが、まず「仏をみたてまつらず法をきかざる義については胎生といふ」とある。仏にまみえず法を聞かないことがなぜ「胎生」なる言葉で言われるかを次に説明して、「これそのくらきことをいへる名なりと〔『略論』は〕いふなり」と述べる。仏智の光と遇えないことを指して暗いとし、この暗さを胎の中に在ることに譬えているわけである。『略論』では「胎生とは、譬へば胎生の人初生の時、人法未だ成らざるが如し。辺はその難を言ひ、胎はその闇を言ふ」（同上）と述べられている。

註

（1）第十二節、第十問答の（B）の註（1）を参照。

（B）念仏往生と諸行往生の勝劣

されば辺地にむまるるものは、五百歳のあひだ、仏をもみたてまつらず、法をもきかず、諸仏にも歴事せず。報土にむまるるものは、一念須臾のあひだにもろもろの功徳をそなへて如来の相好をみたてまつり、甚深の法門をきき、一切の諸仏に歴事供養して、こころのごとく自在をうるなり。諸行と念仏と、その因おなじからざれば、胎生と化生と勝劣はるかにことなるべし。しかればすなはち、その行因をいへば、諸行は難行なり、念仏は易行なり。はやく難行をすてて易行に帰すべし。その益を論ずれば、来迎は方便なり、得生は真実なり。もとも方便にとどまらずして真実をもとむべし。いかにいはんや来迎は不定の益なり、「仮令不与大衆囲繞」ととくがゆへに。得生は決定の益なり、「若不生者不取正覚」といふがゆへに。その果処をいへば、胎生は化土の往生なり、化生は報土の往生なり。もはら化土の往生を期せずして、直に報土の無生をうべきものなり。されば真実報土の往生をとげんとおもはば、ひとへに弥陀如来の不思議の仏智を信じて、もろもろの雑行をさしをきて、専修専念・一向一心なるべし。第十八の願には諸行をまじへず、ひとへに念仏往生の一道をとけるゆへなり。

（『聖典全 四』五一五〜五一六・『註釈版』九九一〜九九二）

これまで述べられてきたことがまとめられている。いくつかの観点から諸行往生と念仏往生とがそのつど対比されて語られている。容易に読めるので逐文解説は省略して、二者の対比のみ確認しておく。まず第一に、行の難易から言うと諸行は難行、念仏は易行である。第二に利益から言うと、諸行の益として第十九願に誓われた臨終来迎は方便かつ不定の利益にすぎないのに対し、念仏の益として第十八願に誓われた報土往生は真実かつ決定の利益である。この来迎が決定ではなく不定の益にすぎないことの経証として**「仮令不与大衆囲繞」**が挙げられているのは、第十問答の終わりの方で「仮令」の言葉から不定を導いたことを踏まえてのことである。第三に往生の得失から言うと、諸行は化土の胎生、念仏は報土への化生である。そして最後に往生後の果報の点から言えば、諸行は**「五百歳のあ**

ひだ、仏をもみたてまつらず、法をもきかず、諸仏にも歴事せず」であるのに対し、念仏は「一念須臾のあひだにもろもろの功徳をそなへて如来の相好をみたてまつり、甚深の法門をきき、一切の諸仏に歴事供養して、こころのごとく自在をうるなり」である。以上で念仏というのは、本文の終わりに「ひとへに弥陀如来の不思議の仏智を信じて」とある第十八願の念仏であるから他力念仏である。それに伴い、自力念仏は諸行に包摂される。行因が違えば利益も往生果も違ってくる。勝劣は明らかであるとの趣旨である。

第十六節　第十四問答 ― 善知識

最後の問答においては、善知識とはいかなる存在であるかが問われる。（A）答の要旨は、最勝の善知識は仏菩薩であるが、衆生のために法を説き聞かせる者は誰でも善知識であるし、更には法を説かずとも衆生が法を聞く縁となる人もまた善知識だということである。（B）最後に善知識の徳を讃えて締め括りとなる。

（A）「善知識」の規定

問ていはく、一流の義きこえをはりぬ。それにつきて、信心をおこし往生をえんことは、善知識のをしへによるべしといふこと、かみにきこえき。しからば、善知識といへる体をばいかがこころうべきや。

こたへていはく、総じていふときは、真の善知識といふは諸仏・菩薩なり。別していふときは、われに法をあたへたまへるひとなり。〔a〕いはゆる『涅槃経』にいはく、「諸仏・菩薩名知識。善男子、譬如船師善度人。故名大船師。諸仏・菩薩亦復如是。度諸衆生生死大海。以是義故名善知識」といへり。この文のこころは、「もろもろの仏・菩薩を善知識となづく。善男子、たとへば船師のよくひとをわたすがごとし。かるがゆへに大船師と名づく。もろもろの仏・菩薩もまたまたかくのごとし。もろもろの衆生をして生死の大海を度す。この義をもてのゆへに善知識となづく」となり。されば真実の善知識は仏・菩薩なるべしとみえたり。〔b〕しからば、仏・菩薩のほかには善知識はあるまじきかとおぼゆるに、それにはかぎるべからず。すなはち『大経』の下巻に、仏法のあひがたきことをとくとして、「如来興世、難値難見。諸仏経道、難得難聞。菩薩勝法諸波羅蜜、得聞亦難。遇善知識、聞法能行、此亦為難」といへり。文のこころは、「如来の興世、あひがたくみたてまつりがたし。諸仏の経道、えがたくききがたし。菩薩の勝法、諸波羅蜜、きくことをうることまたかたし。善知識にあひて、法をききよく行ずること、これまたかたしとす」となり。されば「如来にもあひたてまつりがたし」といひ、「菩薩の勝法もききがたし」といひて、そのほかに「善知識にあひ法をきくこともかたし」といへるは、仏・菩薩のほかにも衆生のために法をきかしめんひとをば、善知識といふべしときこえたり。〔c〕またまさしくみづから法をときてきかするひとならねども、法をきかする縁となるひとをも善知識となづく。いはゆる妙荘厳王の雲雷音王仏にあひたてまつり、邪見をひるがへし仏道をなり、二子夫人の引導によりしをば、かの三人をさして善知識ととけり。また法華三昧の行人の五縁具足のなかに得善知識といへるも、行者のために依怙となるひとをさす

とみえたり。〔d〕されば善知識は諸仏・菩薩なり。諸仏・菩薩の総体は阿弥陀如来なり。その智慧をつたへ、その法をうけて、直にもあたへ、またしられんひとにみちびきて法をきかしめんは、みな善知識なるべし。

（『聖典全 四』五一七～五一八・『註釈版』九九三～九九四）

問において「**信心をおこし往生をえんことは、善知識のをしへによるべしといふこと、かみにきこえき**」と言われる中の「**かみ〔上〕**」とは、本鈔の最初に置かれた総論の終わり近くになって、「次第相承の善知識ましまさずは、真実の信心をつたへがたし」と言われ、また「往生の善知識にあはずは、たれかよくあひすすめて弥陀の浄土にむまるることをえん」とも言われていた箇所（『聖典全 四』四八六・『註釈版』九六〇～九六一）を指す。善知識に遇わねば真実信心は決定し難く、従って浄土往生は難しいと言われたので、善知識とはいかなる存在であるのかを問うのである。

まず答の大枠が「**総じていふときは、真の善知識といふは諸仏・菩薩なり。別していふときは、われに法をあたへたまへるひとなり**」によって示される。どの経典を通じても言えることに定位する場合には、真の善知識は諸仏・菩薩ということになるが、特定の経典を特別に取り出してそれに定位する場合には、私に仏法を与えて下さる人を善知識と言うのだ、というわけである。以上の大枠に沿って以下詳しく答えられていくが、便宜上答を〔a〕～〔c〕の三段に分けた。善知識を諸仏菩薩とする通仏教的な見方の経証を述べているのが〔a〕、また私に仏法を与えて下さる人すべてを善知識とする見方の経証が〔b〕、更にその**「われに法をあたへたまへるひと」**の意味を拡大解釈する場合に成立する善知識観を述べたものが〔c〕である。そして以上の論旨をまとめた文章が〔d〕に置かれている。

〔a〕『涅槃経』「光明遍照高貴徳王菩薩品」からの引用（北本巻第二十五、南本巻第二十三）であるが、底本異本とも原本の「諸仏菩薩名善知識」（『大正蔵　第十二巻』五一一頁b、七五五頁b）の「善」の字を欠いている。単なる書写ミスであろう。引用に続いて訓読が施されている。文字通りの意味であり難解なところはない。**「さればこそ真実の善知識は仏・菩薩なるべし」**ということである。

〔b〕続いて『大経』流通分からの引用文が出され、訓読が施されている。この世で仏の出世に遇うことは難しく、諸仏の教法を聞くことも難しく、菩薩の教示される勝れた理法や修行方法を聞くことも難しい、と言われた後に**「善知識にあひて、法をききよく行ずること、これまたかたしとす」**と続けられているのであるから、この**「善知識」**は前出の「諸仏」「菩薩」とは区別されている、よって善知識は諸仏菩薩には限定されない、故に**「仏・菩薩のほかにも衆生のために法をきかしめんひとをば、善知識といふべし」**という論旨である。これも文として難解なところはないであろう。『随聞記』（八九頁）と『講録（下）』（八二頁）は、この善知識は諸仏菩薩とは区別されているのであるから凡夫の善知識であり、その相は『観経』中下品以下の四品に対して「善知識」（四品にわたってこの語が出ている）が説法する相として説かれてある、と指摘している。なお、この『大経』流通文の文は先の『涅槃経』の文とともに同じく真門釈にて引かれているものであるが(『聖典全 二』二〇五、二〇八・『註釈版』四〇六、四一〇)、それらの引意は本鈔この箇所での引意とは異なる。

〔c〕次に**「みづから法をときてきかするひとならねども、法をきかする縁となるひとをも善知識となづく」**として、『法華経』の「妙荘厳王本事品」(『大正蔵 第九巻』五九~六〇頁)、および「法華三昧の行人の五縁具足」の一つとしての「得善知識」の記事への言及がなされる。まず「妙荘厳王本事品」の説くところによれば、昔、雲雷音宿王華智如来という仏陀が教えを説かれていた時代に、妙荘厳王という名の国王がいたが、この国王は仏教ではなくバラモンの教えを深く信じていた。しかし王子が二人いて、彼らは在家ながら久しく菩薩の道を歩んでおり、相当の力を身につけていた。ある時、この二人の王子は、雲雷音宿王華智仏が『法華経』を説かれることを聞き知って、母親つまり国王夫人に、共に聴聞なさらぬかと勧めたところ、母は父王をもお連れせよと告げられた。王子たちはそのことの困難さを予感してか、なぜこのような「邪見の家」に生まれたのだろうと嘆いたが、母は外道の国王は言葉で説得するのではなく、眼にもの見せる「神変を現じ」てその心に信解ならしめよと助言したのである。王子らはその助言に従い、父王に対して種々の神変を現ぜしめた。父はわが子らの能力に驚き喜んで、「汝らの師はこれ誰となすや」と問うたので、二人は雲雷音宿王華智仏であることを告げた。

すると父王は自分もその仏に逢いまみえたいとして、国王一家そろって仏に詣でて帰依するところとなった。以上の「妙荘厳王本事品」に説かれた物語の粗筋を更にまとめて、存覚上人は**「妙荘厳王の雲雷音王仏にあひたてまつり、邪見をひるがへし仏道をなり、二子夫人の引導によりし」**とされたわけである。しかし、それに続いて**「かの三人をさして善知識ととけり」**とはあるけれども、『法華経』当該品当面には三人が善知識であるとは必ずしも説かれてはいない。また二人の王子は在家ではあるが明らかに神変を現ずる能力をもった菩薩として描かれており、本鈔の今の文脈にぴったりの話と言えるかどうかは疑問ではある。ただ、菩薩とはいっても国王に直接法を説いているわけではないし、明らかに菩薩ではない国王夫人もまた法を説いているわけではないことをかんがみれば、現在の文脈に合致するではあろう。

次の**「法華三昧の行人」**以下の説示は『摩訶止観』等に出ているものである。法華三昧は四種三昧（常坐・常行・半行半坐・非行非坐の四種の三昧）のうちの半行半坐三昧の一つである。**「五縁具足」**はこれら四種三昧の全ての行者に対し止観のための前方便として説かれるもので、「持戒清浄」「衣食具足」「閑居静処」「息諸縁務」「得善知識」の五縁である（『大正蔵　第四六巻』三六頁ａ）。この「得善知識」について『摩訶止観』には「第五に善知識。これ大因縁なり。所謂化導して仏に見ゆることを得しむ」（同上　四三頁ａ）とある。『真要鈔』のいう**「行者のために依怙となるひとをさす」**はここを述べている。

「依」は「依る」、「怙」は「怙む」ということであるから、「行者のために依怙となるひと」とは修行するに当たってたよりとなる人の意味である。ただ、『真要鈔』の今の文脈〔c〕における善知識は**「みづから法をときてきかするひとならねども、法をきかする縁となるひと」**に限定されるので、第五の縁としての善知識には『摩訶止観』でいう「教授」の善知識は入らず、「同行」及び「外護」の善知識が該当し得ることとなるであろう。「同行」とは「心を同じく志を斉しくして一船に乗るが如し。互いにあひ敬重して世尊を視るが如くす」という関係にある他者のこと、「外護」とは「母が児を養うが如く、虎が子を銜むが如く、調和、所を得」(同上 同頁)という仕方で行者を庇護する他者のことである。共に**「法をきかする縁となるひと」**となり得るであろう。

〔d〕かくて以上〔a〕〜〔c〕をまとめて**「されば善知識は諸仏・菩薩なり。諸仏・菩薩の総体は阿弥陀如来なり。その智慧をつたへ、その法をうけて、直にもあたへ、またしられんひとにみちびきて法をきかしめんは、みな善知識なるべし」**と述べられる。**「しられんひとに」**とは『阿弥陀経』冒頭にて聴衆について「大比丘の衆、千二百五十人」と記し、「みなこれ大阿羅漢なり。衆に知識せらる」と述べてあるように、大衆に知られた存在、知識として仰がれる存在、善知識のことである。従って**「しられんひとにみちびきて法をきかしめん」**とは、先ほどの妙荘厳王の二王子のように、仏陀のみもとに導いて(あるいは導く縁となって)仏法を聞かせようとする人のことを意味するわけである。

（B）善知識の徳相

しかれば、仏法をききて生死をはなるべきみなもとは、ただ善知識なり。このゆへに『教行証文類』の第六に諸経の文を引きて善知識の徳をあげられたり。いはゆる『涅槃経』には、「一切梵行の因は善知識なり。一切梵行の因無量なりといへども、善知識をとけば、すなはちすでに摂在しぬ」といひ、『華厳経』には、「なんぢ善知識を念ぜよ。われを生ずること父母のごとし、われをやしなふこと乳母のごとし、菩薩分を増長す」といへり。このゆへに、ひとたびそのひとにしたがひて仏法を行ぜんひとは、ながくそのひとをまもりてかのをしへを信ずべきなり。

（『聖典全 四』五一八〜五一九・『註釈版』九九四〜九九五）

前段の内容を受けて、仏法による出離生死の源泉となるものは善知識に極まると述べられ、その経証として『涅槃経』と『華厳経』の文が挙げられている。これらは存覚上人も記されているように、親鸞聖人が「化身土文類」において善知識の徳相を述べた文として引用されたものであり（『涅槃経』の文は『聖典全 二』二〇五・『註釈版』四〇六、『華厳経』の文は同上 二〇八・四一〇）、前段（A）の〔a〕〔b〕にて引文されたる『大経』及び『涅槃経』の文と一連のものとして、真門釈にて引かれた経文である。

まず『涅槃経』「迦葉菩薩品」からの引用（北本巻三十五、南本巻三十二）であるが、**「一切梵行の因は善知識なり」**（『大正蔵 第十二巻』五七三頁c、八二一頁a）とは、梵行、即ち出離生死のための清浄なる行は様々にあるが、その全ての因は結局のところ善知識である。生死を出離する道はどの道であっても全て教えて頂かねばならないということであり、だから全ては善知識の御恩なのである。**「一切梵行の因無量なりといへども」**確かにどの仏道も、それが成立しそして発見されるには様々な決定因があったであろうが、**「善知識をとけば、すなはちすでに摂在しぬ」**どの仏道であれ結局はそれ（ら）を私に伝えて下さる善知識がいらっしゃらなければ私にとっては無かったに等しいのであるから、結局のところどんな仏道であっても、私はそれを善知識から頂くしかないのである。そういう意味で、全ての梵行は善知識の御恩を説くことの中におさまるのである。[1]先に言及した『摩訶止観』の当該箇所でも「阿難、知識は得道の半ばの因縁なりと説く。仏言はく、まさにしかるべからず、〔知識は〕全因縁を具足す」（『大正蔵 第四六巻』四三頁a）として、善知識と値遇することの決定的な重要性が述べられている。[2]

次に『華厳経』（八十巻本）「入法界品」からの引用である（『大正蔵 第十巻』四二五頁c）。**「なんぢ善知識を念ぜよ。われを生ずること父母のごとし」**善知識を思え、善知識は父母のように私を生んで下さったとは、菩提あるいは救いを求める心も自分で起こしたものではなく産み付けて下さったものだとの含意であろう。**「われをやしなふこと乳母のごとし、菩薩分を増長す」**[3]菩薩の道を進ませて下さる、そのお育ては、あたかも乳母が養ってくれるかのように慈しみに満ちたものである、との意味である。そこで**「このゆへに、ひとたびそのひとにしたがひて仏法を行ぜんひとは、ながくそのひとをまもりてかのをしへを信ず**

べきなり」として、善知識を敬い尊ぶべきことを説いて、この段の結びとするのである。

註

（1）本鈔では「摂在しぬ」となっているが、「化身土文類」での引文は「摂尽しぬ」であり、こちらの方が正しい。誤写されたのであろう。

（2）本書の序論第二節において述べたように、存覚上人は『真要鈔』を著わすに当たって『浄土文類集』の善知識だのみと受け取られかねない要素をできるだけ払拭しようとされた。しかるに同年の『持名鈔』では、「仏法を授くる師範をもつて、滅後の如来とたのむべき」（『聖典全 四』五七五・『註釈版』一〇一八）といった誤解されかねない表現が見られる。この部分は、直前の「木像ものいはざればみづから仏教をのべず、経典くちなければてづから法門をとくことなし。このゆへに」を強く読まないと、この種の誤解を招きかねない文章である。十三年後の覚師『改邪鈔』に、「木像ものいはず経典くちなければ、つたへきかしむるところの恩徳をみみにたくはへん行者は、謝徳のおもひをもはらにして、如来の代官とあふいであがむべきにてこそあれ、その知識のほかは別の仏なしといふこと、智者にわらはれ愚者をまよはすべき謂これにあり」（同上 三二四・九四三）と出ているのは、そのような誤解 ― 極端な例では「凡形の知識をおさへて、如来の色相と眼見せよとすすむらんこと」（同上 三二四・九四二）― が実際にあったことを、暗示している。

（3）『華厳経』当該箇所の「菩提分を増長す」が底本では**「菩薩分を増長す」**となっている。意図的な改変とも思われないので、『真宗法要』所収本では「菩提分」に戻してあり、『註釈版』もこちらの方を採用している。

著者紹介

松尾　宣昭（まつお　のぶあき）

1962 年　富山県に生まれる

京都大学大学院博士後期課程（哲学専攻）単位取得退学後、龍谷大学大学院修士課程（真宗学専攻）修了

現在　富山教区富山組順正寺住職、本願寺派司教、龍谷大学客員研究員、龍谷大学元教授

著作　『仏教はなにを問題としているのか』（永田文昌堂）、『親鸞と人間』（共著 永田文昌堂）、論文「『輪廻転生』考（一）～（五）」他多数

浄土真要鈔講読

平成二十八年七月十七日　第一刷

著者　松尾宣昭

発行者　永田悟

印刷所　㈱図書印刷　同朋舎

製本所　㈱吉田三誠堂

発行所　永田文昌堂

600-8342　京都市下京区花屋町通西洞院西入

電話（〇七五）三七一―六六五一番

FAX（〇七五）三五一―九〇三一番

ISBN978-4-8162-2152-1　C3015